KB068592

한 권에 담은
학교폭력의
바 이 블

한 권 에 담 은
학교폭력의
바 이 블

초판 1쇄 발행 2024. 4. 30.

지은이 이희범
펴낸이 김병호
펴낸곳 주식회사 바른북스

편집진행 김재영
디자인 배연수

등록 2019년 4월 3일 제2019-000040호
주소 서울시 성동구 연무장5길 9-16, 301호 (성수동2가, 블루스톤타워)
대표전화 070-7857-9719 | **경영지원** 02-3409-9719 | **팩스** 070-7610-9820

•바른북스는 여러분의 다양한 아이디어와 원고 투고를 설레는 마음으로 기다리고 있습니다.

이메일 barunbooks21@naver.com | **원고투고** barunbooks21@naver.com
홈페이지 www.barunbooks.com | **공식 블로그** blog.naver.com/barunbooks7
공식 포스트 post.naver.com/barunbooks7 | **페이스북** facebook.com/barunbooks7

ⓒ 이희범, 2024
ISBN 979-11-93879-58-0 93360

A BIBLE OF SCHOOL VIOLENCE IN A BOOK

한 권에 담은
학교폭력의
바 이 블

저자 **이희범** 변호사

★★★
2024. 3.
개정법을 반영한
학교폭력 사건처리의
모든 것

학교폭력 전문 변호사가 쓴
학교폭력 사건처리 노하우

바른북스

XXX 머리말 XXX

2023년도 대한민국에서는 고등학교 시절 끔찍한 괴롭힘에 시달렸던 한 여학생이 성인이 되어 가해자들을 응징하며 복수하는 '더 글로리'라는 드라마가 매우 큰 호응을 받았습니다. 드라마 이후에도 국가수사본부장 후보자가 후보에 임명됐다가 자녀의 학교폭력문제로 국민들의 비난을 견디지 못해 자진 사퇴하는 등 학교폭력 관련 이슈들이 연이어 발생했습니다. 이제는 유명 연예인들이나 정치인들 관련 학교폭력문제가 발생하면 많은 국민들이 관심을 가지고 비난을 하는 등 학교폭력에 대한 인식이 점점 변화되고 있는 느낌입니다. 이렇게 작년 한 해 동안 사회 전반적으로 학교폭력에 대한 민감도가 매우 높아져 있는 현상이 나타났고 다들 예전보다 더 많은 관심을 가지고 학교폭력문제를 받아들이기 시작했습니다.

하지만 이와 같은 학교폭력에 관한 국민적 관심에도 불구하고 청소년들의 학교폭력은 지속적으로 심각한 문제를 발생시키고 있습니다. 학교폭력은 점차 집단화되고 있으며, 학교폭력 경험 연령은 점차 낮아지고 있고, 그 폭력의 잔인성이나 피해 정도는 성인들도 감당하기 힘든 심각한 수준에 이른 것이 현실입니다. 이렇게 학교폭력이 심각한 사회적 문제로 대두되면서 정부 차원에서 여러 가지 학교폭력대책 강화방안을 발표하였지만 전국 각지에서 벌어지는 크고 작은 학교폭력사건을 효과적으로 관리할 수 있을지는 의문입니다. 저 역시 인천시 교육지원청 학교폭력심의위원으로 4년간 활동하며 교육청과 협업하여 학교폭력예방에 관한 깊은 고민을 했지만 큰 성과를 거두진 못하였습니다.

이러한 고민 속에서도 학교폭력사건은 발생하기 마련이고 뜻하지 않은 학교폭력으로 인한 분쟁을 마주하게 된 학부모, 학생, 교사, 변호사 등 이해관계인들이 학교폭력사건의 처리 절차를 잘 이해하고 학교, 학교폭력심의위원회, 법원, 교육청 등과 소통할 수 있도록 이 책을 집필하였습니다. 본서는 저의 사건 경험들을 바탕으로 학교폭력 관련 쟁점 및 학교폭력심의 절차에 대하여 조금 더 쉽게 설명하려고 노력했습니다. 그뿐만 아니라 실제로 현장에서 이루어지는 학교폭력 처분 관련 심의 결정례들을 다수 수록하여 학교폭력위원회의 심의 조치 최근 경향도 파악할 수 있도록 하였습니다. 마지막으로 학교폭력에 관한 최신판례 등을 분석해 학교폭력으로 인한 조치 불복 시 그 구제 가능성까지 파악할 수 있도록 하였습니다.

바쁜 와중에도 책의 발간을 도와준 승연이, 드카니, 유진이 사랑하는 가족, 출판사 분들에게 무한한 감사를 드립니다.

2024. 2. 변호사 이희범

○ 차 례

머리말

XXXX **제1장** XXXX

학교폭력사건과
사안처리 관련 쟁점

╳╳╳╳ 제4장 ╳╳╳╳

학교폭력심의 조치에 대한
불복 및 그 구제

╳╳╳╳ 제5장 ╳╳╳╳

학교폭력 관련
최신판례

✕ ✕ ✕

작년, 학교폭력심의위원회가 운영된 이후 심의위원회에서 처리한 학교폭력사건 수가 사상 최대치를 이루었습니다. 이처럼 학교폭력사건 발생 건수는 매년 증가하고 있고, 학교 내외에서 학생들 사이에 다양한 갈등이 발생하고 있습니다. 하지만 학교폭력사건 수가 이렇게 늘어나고 있음에도 자녀의 학교폭력문제에 대하여 정확히 인지하고 있거나, 학교폭력사건이 발생했을 경우 이에 대하여 정확히 대처하는 보호자분은 많지 않은 것 같아 안타깝습니다. 보호자가 자녀의 학교폭력사건에 대하여 정확히 대처하지 못할 경우, 자녀에게 발생하지 않아도 될 신체·정신 또는 재산상의 피해가 추가로 발생할 수 있습니다. 만약 학부모님과 학생들이 학교폭력사건처리에 대하여 정확히 이해하고 대처한다면 학교생활을 하는 과정에서 학생들 사이에 크고 작은 갈등이나 분쟁을 조금 더 효과적으로 해결할 수 있을 것입니다. 이 장에서는 학교폭력의 의미와 그 유형, 원인에 대하여 알아보고 현업에서 느낀 학교폭력사건과 관련된 주요 쟁점들에 대하여 알아보도록 하겠습니다.

제1장

학교폭력사건과
사안처리
관련 쟁점

1. 학교폭력의 개념

"학교폭력"이란 학교 내외에서 학생을 대상으로 발생한 상해, 폭행, 감금, 협박, 약취·유인, 명예훼손·모욕, 공갈, 강요·강제적인 심부름 및 성폭력, 따돌림, 사이버 따돌림, 정보통신망을 이용한 음란·폭력, 정보 등에 의하여 신체·정신 또는 재산상의 피해를 수반하는 행위를 말합니다(학교폭력예방 및 대책에 관한 법률 제2조). 하지만 이는 학교폭력의 개념을 예시적으로 열거한 것으로 실제로 현장에서 인정되는 학교폭력의 개념은 더 광범위합니다. 학교폭력예방 및 대책에 관한 법률(이하 '학교폭력예방법'이라고 합니다)의 목적 및 위 정의규정의 문언을 살펴볼 때, 학교폭력은 위에서 나열한 폭행, 명예훼손·모욕, 따돌림 등에 한정되지 아니하고 이와 유사하거나 동질의 행위로서 학생의 신체, 정신 또는 재산상의 피해를 수반하는 모든 행위를 포함한다고 할 것입니다(서울행정법원 2014구합250 판결 등 참조). 즉 학생들 사이에서 발생한 사소한 괴롭힘이나 학생들이 장난으로 여기는 행위라도 피해학생에게는 학교폭력이 될 수 있습니다. 실제 교육청에서는 매년 학교폭력의 예시를 열거하여 학교폭력의 유형을 판단하고 있지만 여기에 해당하지 않더라도 학교폭력이 인정될 수 있음을 유의하셔야 합니다.

이러한 학교폭력에는 학교 내외에서 학생을 대상으로 발생한 '성폭력' 사안도 포함되는데, 상대방의 의사에 반하여 성을 매개로 가해지는 모든 폭력(신체적·심리적·언어적·사회적), 성희롱, 성추행, 성폭행뿐만 아니라 개인의 '성적 자기결정권'을 침해하는 행위는 모두 학교폭력예방 및 대책에 관한 법률상의 조치대상이 됩니다.

이처럼 학교폭력은 형법상으로 처벌되는 범죄보다 더 광범위한 개념으로서 어떠한 행위나 행동이 학교폭력에 해당하는지는 각 개별 사안마다 그 심각성, 지속성, 고의성 정도를 파악하여 피해학생에게 신체·정신 또는 재산상의 피해가 발생했는지 여부로 판단하게 됩니다.

학교폭력예방법

제2조(정의) 이 법에서 사용하는 용어의 정의는 다음 각 호와 같다.

1. "학교폭력"이란 학교 내외에서 학생을 대상으로 발생한 상해, 폭행, 감금, 협박, 약취 · 유인, 명예훼손 · 모욕, 공갈, 강요 · 강제적인 심부름 및 성폭력, 따돌림, 사이버폭력 등에 의하여 신체 · 정신 또는 재산상의 피해를 수반하는 행위를 말한다.

1의2. "따돌림"이란 학교 내외에서 2명 이상의 학생들이 특정인이나 특정집단의 학생들을 대상으로 지속적이거나 반복적으로 신체적 또는 심리적 공격을 가하여 상대방이 고통을 느끼도록 하는 모든 행위를 말한다.

1의3. "사이버폭력"이란 정보통신망(「정보통신망 이용촉진 및 정보보호 등에 관한 법률」 제2조제1항제1호의 정보통신망을 말한다)을 이용하여 학생을 대상으로 발생한 따돌림과 그 밖에 신체 · 정신 또는 는 재산상의 피해를 수반하는 행위를 말한다.

2. "학교"란 「초 · 중등교육법」 제2조에 따른 초등학교 · 중학교 · 고등학교 · 특수학교 및 각종학교와 같은 법 제61조에 따라 운영하는 학교를 말한다.

3. "가해학생"이란 가해자 중에서 학교폭력을 행사하거나 그 행위에 가담한 학생을 말한다.

4. "피해학생"이란 학교폭력으로 인하여 피해를 입은 학생을 말한다.

5. "장애학생"이란 신체적 · 정신적 · 지적 장애 등으로 「장애인 등에 대한 특수교육법」 제15조에서 규정하는 특수교육이 필요한 학생을 말한다.

Q&A

학생들이 학교생활을 하다 보면 학생들 간에 갈등이 발생할 수밖에 없는데 이 모든 갈등이 학교폭력으로 의율될까요?

학교폭력예방법은 학교폭력의 예방과 대책에 필요한 사항을 규정함으로써 피해학생의 보호, 가해학생의 선도·교육 및 피해학생과 가해학생 간의 분쟁조정을 통하여 학생의 인권을 보호하고 학생을 건전한 사회구성원으로 육성하는 것을 목적으로 하기 위해 제정되었습니다(제1조). 하지만 학교생활을 하는 과정에서 학생들 사이에 크고 작은 갈등이나 분쟁의 발생은 당연히 예상되므로, 일상적인 학교생활 중에 일어난 어떤 행위가 학교폭력예방법에서 말하는 '학교폭력'에 해당하는지 여부는 그 발생 경위와 상황, 행위의 정도 등을 신중히 살펴 판단하여야 합니다. 특히 형법상의 처벌 규정이 없는 행위의 경우 이 행위로 상대방 학생이 불쾌감을 느끼거나 화가 났을 수 있지만 이를 바로 학교폭력으로 의율할 수는 없습니다. 따라서 학생 간 갈등이 발생하면 무조건 학교폭력으로 색안경을 끼고 볼 것이 아니라 당사자들 사이의 대화와 타협으로 해결할 수 있는 문제가 아닌가 판단해 보아야 합니다. 최근 학교폭력으로 신고된 사안 중에는 충분히 학생들 간의 화해와 배려로 해결할 수 있는 문제임에도 학교폭력심의까지 넘겨져 많은 사회적 비용이 발생하는 사건들이 많았습니다. 하지만 이런 사소한 학생들 간 단순 갈등의 경우 학교폭력심의로 넘겨진다고 하여 무조건 학교폭력이 인정되는 것이 아니므로 학교폭력피해를 주장할 때는 이 점을 명심하시고 신고로 나아가시는 것이 좋겠습니다.

2. 학교폭력의 유형

과거 학교에서 발생한 학교폭력은 '소수의 문제 학생'에 의한 일탈로 받아들여지는 경우가 많았습니다. 과거에는 학교폭력사건의 발생 빈도가 낮았을 뿐만 아니라 학교폭력이 발생해도 폭행, 금품갈취 등의 단순한 물리적 폭력이 주를 이뤘기에 학교폭력의 심각성이나 고의성의 정도는 지금과 완전히 다르게 받아들여졌습니다. 이처럼 과거에는 학교폭력이 단순했기에 이를 세분화하여 나누어 접근하는 것이 의미가 없었습니다. 하지만 최근의 학교폭력은 다수의 학생들에 의해 반복적, 정서적 폭력의 형태로 이루어지고 있는 실정이며, 그 유형도 단순한 신체폭력을 넘어 강제적인 심부름, 협박, 따돌림, 놀림 등 다양한 형태로 변화하고 있습니다. 특히 SNS 발달로 사이버 공간에서 시간적 제약을 두지 않은 채 명예훼손, 모욕, 사이버불링 등이 일어나고 있고 다양한 방식으로 학교폭력이 변화하고 있습니다. 최근 학교 내·외에서 발생하는 대표적인 학교폭력의 유형은 다음과 같습니다.

가. 신체폭력

신체폭력은 학교폭력의 유형 중 가장 빈번하게 발생하는 폭력 유형 중의 하나입니다. 신체폭력은 말 그대로 학생의 신체에 대한 모든 폭력을 의미합니다. 폭력 대상이 된 학생 1인 또는 1인 이상의 상대로 하여금 광범위하게 물리적 가해를 가하는 행위는 전부 신체폭력이며, 가해학생이 장난이라고 생각하는 행동도 상대방이 폭력 행위로 인식한다면 이는 신체폭력에 해당합니다. 예를 들면 초등학교 학생들의 장난을 가장한 놀이 형태(기절놀이 등)도 신체폭력에 해당할 수 있습니다. 신체폭력의 경우 학년이 올라갈수록 더욱 흉포해져 신체폭력의 정도가 상해, 장애, 심하면 사망까지 이어지는 사례를 보이고 있는 것이 특징입니다. 이처럼 신체폭력은 학교폭력의 유형 중 우리가 가장 쉽게 접할 수 있는데, 신체를 때려 고통을 가하는 행위(폭행 및 상해), 일정한 장소에서 나오지 못하도록 하는 행위(감금), 강제로 일정한 장소로 데리고 가는 행위(약취), 이밖에 장난을 빙자한 모든 폭력, 예를 들면 꿀밤, 꼬집기, 강제팔씨름, 밀치기 놀이, 넘어뜨리기 놀이 등이 신체폭력에 해당합니다.

나. 언어폭력

언어폭력은 '언어'라는 매개체를 이용하여 상대 학생에게 모욕감이나 공포심, 수치심 등 부정적인 감정을 느끼게 하는 것을 의미합니다. 주로 학교 내·외에서 선후배나 친구들을 상대로 이루어지는 놀림이나 조롱, 심한 욕설, 비난, 헐뜯기 등의 행위가 이에 해당합니다. 언어폭력은 피해학생의 신체에 직접적인 영향력을 행사하는 것은 아니지만 정서나 감정 등 정신적으로 부정적인 반응을 일으키게 됩니다. 욕설, 비웃기, 은어로 놀리기, 겁주기, 위협, 협박, 별명 부르기 등으로 피해학생이 부정적 감정을 느낀다면 이는 언어폭력에 해당할 수 있습니다. 최근에는 언어폭력이 온라인상의 악성 댓글과 모욕, 명예훼손 등의 사이버폭력으로 변질되어 함께 나타나기 때문에 더욱 문제가 되고 있습니다.

이런 언어적 폭력은 대상자의 정서나 감정에 치명적인 영향을 줄 수 있으며, 가장 죄책감 없이 반복적으로 일어나게 됩니다. 언어폭력의 더 구체적인 예로는 다른 학생들 사이에서 명예를 훼손하는 구체적인 말을 하거나 퍼트리는 행위(명예훼손), 다른 학생들이 듣는 앞에서 모욕적인 용어(생김새 놀림, 비하적 표현)를 사용하는 행위, 상대적으로 약한 학생에게 해를 끼칠듯한 언행이나 메시지를 보내는 일(협박) 등이 있습니다.

다. 따돌림

따돌림은 학교 내외에서 2명 이상의 학생이 특정인이나 특정 집단의 학생들을 대상으로 지속적이거나 반복적으로 신체적·심리적 공격을 가하여 상대방이 고통을 느끼도록 하는 행위를 의미합니다. 따돌림의 경우 신체폭력이나 언어폭력 못지않게 정신적으로나 신체적으로 심각한 영향을 미치는 것이 특징입니다. 이러한 따돌림의 유형에서 빈번하게 보이는 것이 '괴롭힘'입니다. 괴롭힘이란 언어적 폭력이나 신체적 폭력과 구분되며, 욕설이나 신체적인 폭력 등도 괴롭힘의 한 형태이며, 괴롭힘에는 겁주는 행동, 골탕 먹이기, 비웃기, 빈정거리기, 핀잔주기, 놀리기, 원하지 않는 행동 강요하기 등이 있습니다. 특히 집단적이고 장기적으로 상대방을 따돌리는 경우 신체폭력, 언어폭력에 못지않게 피해학생에게 심각한 트라우마를 남기게 되므로 매우 심각한 학교폭력 중에 하나라고 볼 수 있습니다.

라. 사이버폭력

사이버폭력은 인터넷, 휴대전화 등 정보통신이 발달하게 되면서 나타난 신종학교폭력으로 학생들이 컴퓨터, 휴대전화 등을 이용하여 상대방의 의사와 관계없이 인터넷상의 게시판, 댓글 등을 통한 비방과 욕설, 허위사실 유포, 개인정보와 사생활 유출 등의 행위를 하여 특정 학생에게 불쾌감과 정신적 피해를 주는 행동을 말합니다. 사이버폭력은 최근에서야 발생한 신종학교폭력으로 빠른 증가세를 보이며 학교폭력의 중심으로 자리 잡았으며 익명성을 이용하여 이루어지므로 물리적인 힘으로 이루어지지 않고, 죄책감이 낮아져, 폭력이 일종의 놀이화되는 경향이 있습니다. 사이버폭력은 피해학생과 직접적 대면이 없으므로 상대방의 기분을 일반적인 경우보다 더 이해하기 힘들다는 특징이 있고, 사이버 세계에서는 현실과 달리 감시망이 부재함으로 사이버폭력이 더 쉽게 이루어지며, 기존의 폭력에서 '가해자' 범주에 속하던 사람도 사이버폭력의 '피해자'가 될 수 있는 특징을 가지고 있습니다. 사이버폭력은 불안과 우울증 등의 정신적 문제와 더불어 성적하락, 대인관계 기피, 자살 등의 심각한 후유증을 수반할 수 있기 때문에 심각한 사회문제가 되고 있습니다. 사이버폭력의 대표적인 예로는 사이버 모욕, 사이버 명예훼손, 사이버 성희롱, 사이버 스토킹, SNS를 이용한 각종 괴롭힘, 사이버불링 등이 있습니다.

마. 스토킹

스토킹 행위란 피해학생의 의사에 반(反)하여 정당한 이유 없이 피해학생에게 불안감 또는 공포심을 일으키는 행동을 하는 것을 말합니다. 스토킹의 대표적인 예로는 특정 학생을 몰래 따라다니거나 접근하는 행위, 학교나 학원 근처에서 지켜보는 행위, 전화 SNS 등을 이용하여 불안한 글·말·부호·음향·그림·영상 등을 보내는 행위 등이 있습니다. 이러한 스토킹은 스토킹 단독으로 나타나기도 하지만 보통 다른 학교폭력과 결합하여 나타나는 특징을 가지고 있습니다.

바. 금품갈취(공갈)

성인의 공갈이 폭행·협박을 통하여 금원을 갈취해야 성립하는 반면 학생들의 공갈은 학교 내외에서 다양한 형태로 나타납니다. 피해학생에게 돌려줄 생각이 없으면서 돈을 빌리기, 고가의 의류 등을 빌리는 척 뺏는 행위, 핸드폰 바꿔 사용하기, 학용품을 같이 사용하기, 돈을 걷어오라고 협박하는 행위 등은 전부 금품갈취(공갈)에 해당할 수 있습니다.

사. 강요

폭행 또는 협박으로 피해학생의 권리행사를 방해하거나 의무 없는 일을 하게 하는 것을 '강요'라고 합니다. 학생들은 의사결정의 자유와 그 활동의 자유를 가지므로 자유롭게 커 나아가야 하지만 학교 내외에서 이를 침범하여 학생에게 피해를 주는 경우가 많이 발생하고 있습니다. 강요의 대표적인 예로는 빵셔틀, 숙제 셔틀, 청소 셔틀 등의 강제적 심부름, 다른 학생을 폭행하거나 괴롭히라고 시키는 행위 등이 있습니다. 이처럼 성인 간 강요와 다르게 학생들 간의 강요는 더 다양한 방법으로 광범위하게 발생하는 것이 특징입니다.

아. 성폭력

학교 내외에서 학생을 대상으로 발생한 성폭력 사안도 학교폭력의 범주에 포함됩니다. 최근에는 과거보다 남녀공학이 많이 신설되었기에 성폭력이 많이 발생하고 있고, 학교 간의 교류가 활발해짐에 따라 다른 학교 간에도 성폭력이 빈번하게 발생하고 있습니다. 성폭력은 상대방의 의사에 반하여 성을 매개로 가해지는 모든 폭력(신체적·심리적·언어적·사회적) 행위로 성희롱, 성추행, 성폭행뿐만 아니라 개인의 '성적 자기결정권'을 침해하는 모든 행위를 의미합니다. 폭행·협박으로 성행위를 강제하거나(강간), 유사성행위를 시키는 행위, 성기에 이물질을 넣는 행위, 신체나 성기를 강제로 만지는 행위(강제추행), 성적 발언으로 상대방이 성적 굴욕감, 수치감을 느끼도록 하는 행위 등도 모두 '성폭력'에 해당합니다.

성인 간의 성희롱의 경우 처벌할 규정이 마땅치 않지만 학생들 간의 성희롱의 경우 가해학생이 언어 기타방법으로 피해학생에 정신상의 피해를 유발하였다면 이는 성폭력에 해당합니다. 최근에는 학교 내외에서 실제 성인의 성폭력범죄에 이를 정도로 심각한 강력 성폭력 사건들이 많이 발생하여 문제가 되고 있습니다. 아직 미성년자인 학생들 간에 발생한 일임에도 강간, 강제추행, 카메라 등 이용촬영, 통신 매체 이용 음란,

허위영상물 편집 반포, 촬영물 등 이용 협박 등 성인의 강력 성범죄들이
학생들을 상대로 다양한 형태로 발현되고 있습니다.

Q&A

학교폭력 중 새롭게 등장한 '사이버불링'은 무엇인가요?

사이버불링은 사이버폭력이라는 카테고리에 속한 소수적 용어로 보편적
으로는 인터넷상의 집단 괴롭힘을 뜻하는 신조어입니다. 사이버불링은
사이버 공간에서 이메일이나 휴대전화, SNS 등을 활용해 특정 대상을
지속적이고 반복적으로 괴롭히는 행위를 의미합니다. 사이버불링은 피
해학생의 정서를 황폐화시키고, 심하면 극단적인 선택인 자살로 이어지
게 하는 등 심각한 역기능을 초래합니다. 사이버불링이 같은 학교 집단
내에서 이루어질 경우 상당히 도움을 받기가 힘들어지는데 피해학생이
대부분 매우 위축되어 있는 상태여서 불안감에 신고하기가 쉽지 않습니
다. 사이버불링의 경우 피해학생의 정신 상태를 변화시켜 피해학생이 자
기랑 사이가 안 좋거나 자기 비위에 안 맞으면 직접 가해학생으로 변화
되는 경우도 있습니다.

사이버불링 자체가 인터넷 공간 등에서 발생하다 보니 피해학생이 전학
가거나, 가해학생을 퇴학시킨다 해도 그 발생을 중단시키기 힘들 수 있
습니다. 사이버불링은 발생공간이 학교의 영역을 벗어난 범주이기 때문
에 통솔의 책임을 물을 수도 없어 더더욱 통제하기 어려운 학교폭력 중
하나입니다.

Q&A

사이버폭력 피해학생에 대한 촬영물 등 삭제 지원제 도란?

최근 사이버폭력이 증가함에 따라 교육부는 학교폭력예방법 시행령을 개정하여 사이버폭력 피해학생을 지원할 수 있는 근거를 마련하였습니다. 교육부 장관은 사이버폭력에 해당하는 촬영물, 음성물, 복제물, 편집물, 개인정보, 허위사실 등(이하 이 조에서 "촬영물 등"이라 한다)의 유포로 피해를 입은 학생에 대하여 촬영물 등 삭제가 필요한 피해 등에 관한 상담, 촬영물 등 유포로 인한 피해 정보의 수집 촬영물 등 삭제 여부에 대한 확인·점검, 그 밖에 촬영물 등 삭제 지원과 관련하여 교육부 장관이 필요하다고 인정하는 사항에 대한 지원을 할 수 있게 되었습니다. (학교폭력예방법 시행령 제18조의3)

3. 학교폭력의 특징

가. 학교폭력 피해장소

시대가 바뀜에 따라 많은 학생들이 어린 시절부터 다양한 사회활동과 외부활동을 하고 있습니다. 이렇게 학생들의 활동영역이 다양화됨에 따라 학교폭력의 피해장소도 다양화되고 있습니다. 예전의 학교폭력 피해 발생 장소가 '학교'에 국한되었다면 이제는 다양한 외부공간에서도 다양한 형태로 나타나게 되는 것 같습니다. 특히 학교폭력이 일어나는 장소가 학교 내외뿐만 아니라 사이버 공간까지 확대되어 나타나고 있기 때문에 보호자들은 자녀들이 학교 외에서도 다양한 학교폭력에 노출될 수 있음을 주지해야 합니다.

다중응답, 건수기준(%)

구분		초	중	고	전체
교내 (55.3)	교실 안	21.2	25.0	26.8	22.1
	복도	13.9	17.4	18.2	14.7
	운동장	9.0	7.0	7.4	8.6
	화장실	3.8	5.3	5.7	4.2
	특별실	2.4	2.5	4.7	2.6
	기숙사	0.2	0.6	3.0	0.5
	급식실/매점	2.4	2.8	5.4	2.6
교외 (40.6)	놀이터	16.9	5.7	3.3	14.3
	사이버 공간	7.0	17.6	13.3	9.0
	학원	7.5	3.3	1.8	6.5
	학교 밖 체험	3.5	2.5	2.0	3.2
	집 근처	7.5	4.8	3.3	6.9
	PC/노래방	0.4	1.7	1.5	0.7
	기타	4.3	3.7	3.6	4.2

❙ 학교폭력피해 장소 설문조사(교육부 학교폭력 실태조사)

나. 학교폭력 피해시간(발생시간)

학교와 교육청의 적극적인 교육으로 학생들의 학교폭력에 관한 인식이 많이 바뀌기는 하였지만 아직도 학교 및 방과 후 생활에서 다양한 학교폭력이 나타나고 있습니다. 문제는 학교폭력 피해가 발생하는 시간이 점점 다양화되고 있다는 것입니다. 학교폭력 발생시간이 하교 이후 학교 밖에서 일어나는 경우도 많아졌으며 심지어 야간에도 발생하는 등 다양한 시간대에 학교폭력이 발생하고 있습니다. 학교폭력은 지속적이거나 반복적으로 발생하게 되므로 학교폭력이 발생하는 피해시간이 야간까지 확대되는 점은 학생뿐만 아니라 보호자에게도 시사하는 점이 크다고 할 수 있습니다.

다중응답, 건수기준(%)

구분	초	중	고	전체
쉬는 시간	24.4	28.2	26.8	25.1
점심시간	10.3	16.7	19.3	11.9
하교 이후	22.8	19.7	14.2	21.7
수업 시간	6.0	9.0	12.7	6.9
하교 시간	14.4	8.7	8.0	13.0
학교 밖	4.2	3.1	2.9	4.0
등교 시간	4.1	4.8	5.9	4.3
방과후수업	4.8	3.3	4.6	4.6
기타(야간)	9.0	6.4	5.6	8.4

❘ 학교폭력 피해시간 설문조사(교육부 학교폭력 실태조사)

다. 학교폭력을 가하는 이유

학교폭력은 피해학생과 가해학생 사이에 존재하는 물리적·신체적 불균형을 바탕으로 양 당사자 간의 개인적인 갈등이나 상호작용을 통해 발생하기도 하지만 실제로는 아무런 이유 없이 발생하는 경우도 많습니다. 학교폭력심의위원회에 들어가서 학생들을 상대로 질의를 하다 보면 가해학생이 피해학생을 상대로 왜 학교폭력을 행사했는지에 대해 제대로 말하지 못하는 경우가 많습니다. 이처럼 학교폭력의 경우 특정한 원한 관계보다는 장난이나 특별한 이유 없이 행해지는 경우도 많습니다. 아직 어린 학생들의 경우 아직 학교폭력에 대한 인식이 부족할 수는 있지만 그래도 아무런 원한도 없이 학교폭력을 가하는 것을 보면 안타깝습니다. 최근 다문화 가정이 많이 형성됨에 따라 초등학교 학생들 사이에서는 단지 엄마가 외국인이기 때문에 놀리고, 외모가 달라서 괴롭히는 등 다문화 가정의 특징으로부터 발생한 학교폭력 역시 늘어나고 있어 학교폭력 예방 및 피해자 보호를 위한 실효성 있는 정책의 필요성이 느껴집니다.

다중응답, 건수기준(%)

구분	초	중	고	전체
상대방이 먼저 괴롭혀서	22.6	12.5	10.7	20.5
장난이나 특별한 이유 없이	35.7	37.3	30.2	35.7
오해와 갈등으로	8.9	16.9	17.9	10.5
상대방의 행동이 마음에 안 들어서	7.5	11.1	14.2	8.4
다른 친구들이 하니까	3.9	4.8	5.0	4.1
화풀이 또는 스트레스	10.8	7.3	11.7	10.3
강해 보이고 싶어서	5.5	4.6	4.5	5.3
관심을 받고 싶어서	1.9	1.9	3.1	1.9
선배나 친구가 시켜서	3.2	3.6	2.8	3.3

❙ 학교폭력 가해 이유 설문조사(교육부 학교폭력 실태조사)

Q&A

저는 학원에서 다른 학교 학생의 학교폭력 사실을 목격하였습니다. 가해학생과 피해학생 모두 저와는 전혀 상관없는데 제3자인 제가 이를 신고할 수 있을까요?

'학교폭력신고'는 꼭 학교폭력 피해를 입은 피해학생만 신고할 수 있는 것이 아닙니다. 학교폭력신고의 경우 직접 학교폭력 피해를 입은 학생, 보호자, 목격 학생 등 누구든지 할 수 있습니다(학교폭력예방법 제20조). 많은 신고자들이 학교폭력을 신고하게 되면 자신에게 불이익이 오지 않을까 걱정하지만 누구든지 학교폭력을 신고한 사람에게 그 신고를 이유로 불이익을 주어서는 안 됩니다. 또한 학교폭력과 관련된 업무를 수행하거나 수행하였던 사람은 신고자를 누설할 수 없고 이를 위반하는 경우 처벌받게 되므로 신고자에 대하여 함부로 발설하거나 이를 공개할 수 없습니다. 학교폭력심의위원회는 가해학생에 대한 조치 시에 피해학생에 대한 접촉, 협박 금지뿐만 아니라 신고자에 대한 접촉, 협박 금지 처분도 같이 할 수 있습니다. 이처럼 신고자의 경우 신고자에 대한 보호장비가 마련되어 있으므로 목격 학생의 경우 학교폭력을 발견하거나 인지한 경우 이를 적극적으로 신고하도록 하여야 합니다.

한 권에 담은 학교폭력의 바이블

4. 학교폭력의 신고 및 신고접수 방법은?

학생 스스로 학교에서 학교폭력을 당하고 있거나, 학부모로서 자녀의 학교폭력을 처음 인지하였다면 너무나도 무섭고 당황스러울 것입니다. 신고는 어디에다가 하는 것이 좋을지, 신고하면 보복을 당하지는 않을지 많은 생각이 들 것입니다. 하지만 최근에는 학교뿐만 아니라 경찰청, 학교폭력신고센터 등 많은 외부기관에서도 관심을 가지고 학교폭력신고 접수를 받아주고 있고 각 기관과 학교가 상호 연계되어 피해학생의 보호를 위한 노력을 하고 있으므로 자신이 학교폭력의 피해를 당하고 있다면 적극적으로 신고하시고 전문가의 도움을 얻는 것이 좋습니다.

가. 교내 신고방법

학교 내외에서 발생하는 학교폭력을 알게 된 자는 누구라도 학교에 신고할 수 있도록 되어 있습니다. 하지만 학교폭력의 가장 큰 피해자는 피해학생과 그 학부모이기 마련이기에 신고의 주체는 피해학생이 되는 것이 좋습니다. 학교폭력의 피해자인 피해학생, 학부모(보호자) 등은 학교폭력에 대하여 직접 담임교사나 학교폭력담당 교사에게 신고할 수 있습니다. 신고의 방법에는 제한이 없으므로 구두신고, 서면신고, 이메일신고, 전화신고 등 모든 방법으로 신고할 수 있습니다.

최근 교육청은 모든 학교 내 학교폭력신고함을 만들도록 권유하고 있으며, 실제로 대부분의 학교들이 신고함 제도를 운영하고 있습니다. 이뿐만 아니라 학교 자체에서 지속적으로 학교폭력에 대한 설문조사를 하도록 하고 있으므로 교사나 학교에 대한 직접신고가 부담스러운 경우 이러한 간접신고제도를 이용하여 신고할 수도 있습니다.

나. 교외 신고방법

학교폭력의 정도가 심하거나 학교폭력이 범죄의 수준까지 이른 경우 경찰에 직접 신고하는 방법도 있습니다. 학교폭력에 대하여 112 경찰청을 통해 직접 신고하거나 경찰청의 사이버 범죄 시스템에 신고를 통하여 학교폭력 접수가 가능합니다. 또한 전국에서 발생되는 학교폭력신고를 접수하여 각 일선 학교와 업무연계를 위한 '117 학교폭력 신고센터'가 운영되고 있습니다. 누구나 국번 없이 117을 누르면 전화 상담이 가능하고 #0117로 문자를 보내는 경우 문자로 상담원과 상담이 가능하므로 학교 신고가 부담스러운 경우 이렇게 외부기관에 학교폭력을 신고할 수도 있습니다.

한 권에 담은 학교폭력의 바이블

신고접수내용	관련 기관	전화번호
학교폭력예방교육 및 전화·문자 상담	교육부, 여성가족부, 경찰청	117
청소년 가출, 학업중단, 인터넷 중독, 고민 상담	청소년사이버상담센터	1388
자녀 학교·가정생활, 특수교육 상담	서울시청소년상담복지센터	02-2285-1318
학교폭력 전화 상담, 인터넷 상담, 개인 및 집단상담	푸른나무재단 (청소년폭력예방재단)	1588-9128
성폭력·성착취·디지털성범죄 피해상담	탁틴내일 (아동·청소년성폭력상담소)	02-3141-6191

❙ 교외 신고기관

관련 법령

학교폭력예방법 제19조(학교의 장의 의무)

② 학교의 장은 학교폭력을 축소 또는 은폐해서는 아니 된다.

③ 학교의 장은 교육감에게 학교폭력이 발생한 사실과 제13조의2에 따라 학교의 장의 자체해결로 처리된 사건, 제16조, 제16조의2, 제17조 및 18조에 따른 조치 및 그 결과를 보고하고, 관계 기관과 협력하여 교내 학교폭력 단체의 결성예방 및 해체에 노력하여야 한다.

④ 학교의 장은 학교폭력 예방을 위하여 필요한 경우 해당 학교의 학교폭력 현황을 조사하는 등 학교폭력 조기 발견 및 대처를 위하여 노력하여야 한다. 〈신설 2023. 10. 24.〉

학교폭력예방법 제20조(학교폭력의 신고의무)

① 학교폭력 현장을 보거나 그 사실을 알게 된 자는 학교 등 관계 기관에 이를 즉시 신고하여야 한다.

② 제1항에 따라 신고를 받은 기관은 이를 가해학생 및 피해학생의 보호자와 소속 학교의 장에게 통보하여야 한다.

③ 제2항에 따라 통보받은 소속 학교의 장은 이를 심의위원회에 지체 없이 통보하여야 한다.

④ 누구라도 학교폭력의 예비·음모 등을 알게 된 자는 이를 학교의 장 또는 심의위원회에 고발할 수 있다. 다만, 교원이 이를 알게 되었을 경우에는 학교의 장에게 보고하고 해당 학부모에게 알려야 한다.

⑤ 누구든지 제1항부터 제4항까지에 따라 학교폭력을 신고한 사람에게 그 신고행위를 이유로 불이익을 주어서는 아니 된다.

학교폭력예방법 제21조(비밀누설금지 등)

① 이 법에 따라 학교폭력의 예방 및 대책과 관련된 업무를 수행하거나 수행하였던 사람은 그 직무로 인하여 알게 된 비밀 또는 가해학생·피해학생 및 제20조에 따른 신고자·고발자와 관련된 자료를 누설하여서는 아니 된다.

③ 제16조, 제16조의2, 제17조, 제17조의2, 제18조에 따른 심의위원회의 회의는 공개하지 아니한다. 다만, 피해학생·가해학생 또는 그 보호자가 회의록의 열람·복사 등 회의록 공개를 신청한 때에는 학생과 그 가족의 성명, 주민등록번호 및 주소, 위원의 성명 등 개인정보에 관한 사항을 제외하고 공개하여야 한다.

학교폭력예방법 시행령 제33조(비밀의 범위)

법 제21조제1항에 따른 비밀의 범위는 다음 각 호와 같다.

  1. 학교폭력 피해학생과 가해학생 개인 및 가족의 성명, 주민등록번호 및 주소 등 개인정보에 관한 사항

2. 학교폭력 피해학생과 가해학생에 대한 심의·의결과 관련된 개인별 발언 내용
3. 그 밖에 외부로 누설될 경우 분쟁당사자 간에 논란을 일으킬 우려가 있음이 명백한 사항

Q&A

중학교 때 받은 '괴롭힘', 고등학생 진학 후에도 신고가 가능할까요?

만약 중학교 시절 명백히 학교폭력의 피해를 당했음에도 당시 가해학생들이 무서워 신고를 하지 못한 경우 피해학생이 고등학교 진학한 후에 이를 문제 삼을 수 있을까요? 피해학생이 아직 학생 신분이라면 현재 적을 두고 있는 학교에 학교폭력신고가 가능합니다. 학교폭력예방법 및 관련 시행령에서는 학교폭력 사안처리 관련 시효나 기간을 정해두고 있지 않습니다. 따라서 고등학교 진학 후에도 피해학생의 피해가 회복되지 않았고 피해학생을 위한 보호의 필요성이 인정된다면 당연히 이는 학교폭력신고가 가능하고 이를 처리하기 위한 심의도 열릴 수 있다고 보아야 합니다. 다만 시간이 너무 지난 후의 학교폭력 관련 신고는 관련 증거를 모으기가 힘들고 관련 목격 학생들의 진술을 받기 어려울 수도 있으므로 만약 학교폭력이 발생하였다면 가급적 신고는 발생한 날로부터 빠른 시일 내에 하시는 것이 좋습니다.

Q&A

학교폭력신고 후 취소가 가능한가요?

피해학생이 학교폭력으로 학교에 가해학생을 처벌해 달라는 요청을 한 후 마음이 바뀐 경우 이를 번복할 수 있을지에 대하여 문의하시는 경우가 많습니다. 우선 학교폭력이 신고되는 경우 학교장 자체해결 사안의 요건을 충족하지 못한다면 학교장은 학교폭력 발생 사실을 심의위원회에 지체 없이 통보해야 하고(학교폭력예방법 제20조 제3항), 심의위원회 위원장은 피해학생 또는 그 보호자가 요청하는 경우뿐만 아니라 학교폭력이 발생한 사실을 신고받거나 보고받은 경우에는 심의위원회를 소집해야 합니다. 따라서 신고 후에 사정변경이 발생하였더라도 교육지원청은 학교폭력심의위원회를 소집할 의무가 있습니다. 다만 신고 후 양측이 화해한 사정이나 기타 피해학생이 가해학생의 처벌을 원치 않는 경우는 이를 심의 시 고려하여 낮은 처분으로 변경할 수 있습니다.

한 권에 담은 학교폭력의 바이블

5. 사안 조사의 의미와 그 중요성

　피해학생으로부터 직접 학교로 학교폭력이 접수되거나 117 학교폭력 신고센터, 경찰청 등 외부기관으로부터 학교폭력이 학교에 통보되어 학교에서 학교폭력사건을 인지하게 되면 전담기구의 주도하에 학교폭력 담당교사 및 학교폭력 전담관의 사안 조사가 이루어지게 됩니다. 사안 조사는 전담기구 혹은 학교폭력담당 교사(학교폭력전담관)가 서면조사, 면담조사, 현장조사 등 종합적인 방법으로 학교폭력에 관한 증거자료를 확보하는 과정이기도 하고 피해학생의 보호와 가해학생의 선도를 위한 광범위한 조치를 위한 자료 수집의 과정이기도 합니다. 학교폭력이 접수된 후 전담기구의 주도하에 학교폭력 사안을 조사 후 증거들을 첨부하여 사안 조사 보고서를 작성하게 되는데 이 과정을 통틀어 사안 조사라고 합니다.

가. 사안 조사는 왜 중요할까요?

사안 조사는 성인의 재판으로 따지면 수사기관의 수사에 해당합니다. 수사가 부실하다면 재판을 제대로 할 수 없듯이 학교폭력 사안에 관한 사안 조사가 부실한 경우 부실한 심의가 이루어질 수밖에 없습니다. 다년간 학교폭력심의위원으로 참여하면서 느낀 가장 안타까운 점은 학교의 사안 조사가 매우 부실하다는 것입니다. 물론 학교의 학교폭력담당 선생님들이 현업에 바빠서 사안 조사에 엄청난 시간을 투자할 수 없다는 현실적 한계도 있지만 기본적으로 신고에 대한 사실관계파악이나 목격학생 조사 등이 매우 부족한 경우가 많습니다. 학교폭력예방법 개정안에는 학교폭력 전담조사관을 도입하여 이런 사안 조사의 부실함을 보완하려 하였습니다.

사안 조사의 경우 최소한 사실관계를 확정할 만한 조사는 되어 있어야 합니다. 학교폭력이 매우 의심이 가는 상황이지만 사실관계를 확정할 만한 조사가 되어 있지 않고 보강증거가 없다면 심의위원들 역시 학교폭력의 해당 여부를 쉽게 판단할 수 없게 되므로 사안 조사는 매우 중요한 의미를 가질 수밖에 없습니다. 학교폭력 사안이 발생 후 전담기구에서 사안 조사를 마치고 나면 '사안 조사 보고서'를 작성하게 되는데 이는 학교폭력심의에서 가장 중요한 역할을 하게 됩니다.

나. 훌륭한 사안 조사란?

① 훌륭한 사안 조사는 사건의 발생 경위와 쟁점 사안이 정확히 파악되

한 권에 담은 학교폭력의 바이블

어 있어야 합니다. 피해학생과 가해학생을 명확히 구분하고, 신고된 사안이 쌍방 사안인지 일방 사안인지 명확히 파악되어 있어야 합니다. 또한 사건의 일시와 장소가 명확히 적시되고 학생들 간의 어떠한 구체적 행동과 피해가 있었는지 파악되어 있어야 합니다. 이외에도 관련 학생들 간의 관계 및 학교폭력의 동기 등이 잘 정리되어 있어야 합니다.

② 사안 조사는 피해학생의 신고 사실에 대하여 정확한 학교폭력의 유형이 파악되어 있어야 합니다. 발생한 사안이 신체폭력인지, 경제적 폭력인지, 정서적 폭력인지 언어적 폭력인지, 혹은 사이버폭력인지 학교폭력의 유형이 정확히 검토되어 있어야 합니다.

③ 학교폭력의 유형이 파악되었으면 해당 학교폭력의 특징별 정확한 피해 근거가 적시되어 있어야 합니다. 정확한 사건 일시와 내용이 파악된 피해 및 가해학생 확인서, 목격학생 확인서, 피해 및 가해학생과 관련된 학생과 학급을 대상으로 실시된 설문조사나 진술서, 관련 이메일, 채팅, 게시판, SNS, 피해 화면 온라인상 캡처, 문자 메시지, 관련 사진, 동영상 자료, 음성증거자료 등이 사안 조사 보고서에 첨부되어 있어야 하고 폭력사건의 경우 폭력 피해를 증명할 수 있는 신체·정신적 진단서, 의사 소견서 등이 증거로 뒷받침되어 있어야 합니다.

④ 더 훌륭한 사안 조사는 학교폭력 접수 이후의 상황까지 파악되어 있어야 합니다. 피해·가해 상황에 대한 수용 정도 및 사과, 처벌, 치료비 등에 대한 합의, 재발 방지 요구(설문조사) 등이 나타나 있고, 피해

학생의 부모님이 경찰에 신고한 경우 경찰신고(형사)의 진행 상황까지 정리되어 있으면 좋습니다.

다. 사안 조사 시 책임교사 및 사안 조사 전담관의 역할

학교폭력 사안 조사 전담관은 목격자, 담임교사, 전문교사 등의 협조를 받아 피해 및 가해 사실을 조사할 수 있습니다. 학교폭력위원회의 경우 전담교사(혹은 사안 조사 전담관)가 작성한 사안 조사 보고를 기본으로 심의를 진행하기에 사안 조사 전담관의 사안 조사는 매우 중요합니다. 전담교사 및 사안 조사 전담관은 자신의 사안 조사에 따라 학교폭력의 인정 여부가 갈리게 된다는 책임감을 가지고 피해학생, 목격학생, 가해학생 관련 증거들을 수집하고 기록해 주어야 합니다. 이렇게 사안 조사 보고서 작성자는 자신의 사안 조사 보고서에 따라 학생의 장래가 결정된다는 부담감을 갖고 조사 보고서를 객관적이고 편견 없이 작성하여야 합니다.

라. 사안 조사 시 학부모의 역할

자녀가 학교폭력의 가해학생 혹은 학교폭력의 피해학생으로 인지되었다면 부모로서는 너무 두렵고 당황스러울 것입니다. 하지만 학부모는 미성년자를 책임지는 주체로서, 학교폭력이 발생하면 신속 정확하게 움직여야 자녀의 피해를 줄일 수 있습니다. 학교폭력이 인지되면 학부모는 우선 명확한 사실관계를 파악해야 합니다. 자녀의 상담, 교우와의 연락 등을 토대로 신고된 사안이 정말 사실인지 파악하여 사안 조사에 대응해야 합니다. 또한 파악된 상황을 정리한 후 미성년자 자녀를 조력하여 자녀가 사안 조사에서 적절한 진술을 하게 할 수 있어야 합니다.

Q&A

학교폭력 전담조사관 및 전담지원관은 무엇인가요?

교육부에 따르면 다음 달 2024. 새 학기부터는 사안 조사 과정에서 교원의 과중한 학교폭력 업무 부담을 경감하고, 사안처리 절차의 공정성과 전문성을 강화하기 위하여 교육감이 '조사·상담 관련 전문가(학교폭력 전담조사관)'를 활용해 사안 조사를 실시할 수 있도록 하였습니다. 그동안 교원들이 사안 조사를 담당해 오면서 학부모 협박, 악성 민원 등으로 많은 어려움을 겪고, 이로 인해 정작 본질적인 업무인 수업과 생활지도에 집중할 수 없다는 비판이 계속 제기되어 왔습니다. 그래서 조금 더 전문적인 조사관 제도를 통해 학교폭력 사실을 조사하겠다는 취지입니다. 또한 피해학생이 필요로 하는 서비스(법률, 상담, 보호 등)를 파악하여 지원기관을 연계하는 '피해학생 지원 조력인(전담지원관)' 제도가 신설됨에 따라, 관련 시행령에 조력인의 자격요건, 지정철회사유 등 제도 운영에 필요한 세부사항을 학교예방법 시행령에 규정하였습니다. 특히, 피해학생 지원 조력인(전담지원관)의 자격요건을 사회복지사, 교원·경찰로 재직하고 있거나 재직했던 사람 등 피해학생에 대한 충분한 이해를 갖춘 사람으로 하여, 피해학생이 필요로 하는 서비스가 무엇인지 적시에 파악하여 맞춤형 지원이 제공될 수 있도록 하였습니다. 다만 이 경우에도 전담기구나 책임교사가 사안 조사에 중요한 조력자임에는 변함이 없습니다.

Q&A

학교폭력 사안 조사란?

각급 학교의 장은 교감, 전문교사, 보건교사, 및 학교폭력 전담교사, 학부모 등으로 학교폭력문제를 담당하는 전담기구를 구성하게 할 수 있습니다. 학교가 학교폭력 사안을 인지한 경우 지체 없이 전담기구 또는 학교폭력담당 교사, 학교폭력 전담조사관 등으로 하여금 피해 및 가해 사실 여부를 확인하도록 하여야 합니다(학교폭력예방법 법률 제14조제4항). 즉 학교는 학교폭력이 접수되면 전담기구의 주도하에 사안을 조사하게 돕고 관련 학생 보호자에게 알리고 관련 학생들에 대한 조사 등의 절차에 대하여 안내하는 등 의견진술 기회를 제공해야 합니다. 이와 같이 전담기구의 주도하에 학교폭력 사안을 조사 후 증거들을 첨부하여 사안 조사 보고서를 작성하게 되는데 이러한 사안 조사 보고서는 학교폭력에 관한 심의위원회의 조치에서 매우 중요한 역할을 하게 됩니다. 위원들이 직접 현장조사를 할 수는 없기에 이러한 사안 조사 보고서는 판단에 가장 중요한 역할을 하게 됩니다.

한 권에 담은 학교폭력의 바이블

Q&A

전담기구의 사안 조사 시 관련 학생의 부모가 참여할 수 있을까요?

학교폭력 전담기구의 주도하에 사안 조사가 이루어지는 경우 관련 학생들의 사실확인 절차 등이 예정되어 있습니다. 전담기구는 관련 학생들에게 조사일정에 대하여 안내하는 등 의견진술 기회를 부여하게 됩니다. 보호자는 출석 사실 확인조사 및 서면조사 시에 보호자 의견서를 제출할 수 있고 학생이 직접 대면조사를 어려워하는 경우 동석하여 진술의 조력을 할 수 있습니다. 이처럼 학교폭력 사안 조사의 경우 관련 학생들의 부모님들의 경우 자녀 진술을 조력할 수 있으므로 사건을 정확히 파악하여 자녀가 정확히 진술할 수 도록 같이 노력해 주셔야 합니다.

학교폭력예방법

제8조(전담부서의 구성 등)

① 법 제11조제1항에 따라 다음 각 호의 업무를 수행하기 위하여 시 · 도교육청 및 교육지원청에 과 · 담당관 또는 팀을 둔다. 〈개정 2014. 6. 11., 2020. 2. 25., 2024. 2. 27.〉

1. 학교폭력 예방과 근절을 위한 대책의 수립과 추진에 관한 사항

2. 학교폭력 피해학생의 치료 및 가해학생에 대한 조치에 관한 사항

3. 학교폭력 피해학생과 가해학생 간의 관계 회복을 위하여 필요한 조치에 관한 사항

3의2. 학교폭력 피해학생을 위한 법률 자문 등 법률지원에 관한 사항

3의3. 학교폭력 관련 조사 · 상담에 관한 사항

4. 그 밖에 학교폭력의 예방 · 대책 및 통합지원과 관련하여 교육감이 정하는 사항

② 교육감은 법 제11조의2에 따른 학교폭력 조사 · 상담 업무의 효율적인 수행을 위하여 필요한 경우에는 제1항에 따른 전담부서에서 학교폭력 조사 · 상담 관련 전문가를 활용하도록 할 수 있다. 〈신설 2024. 2. 27.〉

③ 제2항에 따라 활용하는 학교폭력 조사 · 상담 관련 전문가의 역할, 요건, 수당 지급 등에 관한 세부 사항은 교육감이 정한다. 〈신설 2024.〉

제18조의2(피해학생 지원 조력인의 지정 · 운영)

① 교육감 또는 교육장은 법 제16조의3에 따라 다음 각 호의 요건을 모두 갖춘 사람으로서 청소년 보호 및 정서 지원에 대한 지식과 경험이 풍부한 사람을 피해학생이 필요로 하는 법률, 상담, 보호 등을 위한 서비스 및 지원기관을 연계하는 조력인(이하 "피해학생 지원 조력인"이라 한다)으로 지정할 수 있다.

1. 다음 각 목의 어느 하나에 해당하는 사람일 것

가. 「사회복지사업법」제11조에 따른 사회복지사

나. 교원으로 재직하고 있거나 재직했던 사람

다. 경찰공무원으로 재직하고 있거나 재직했던 사람

라. 그 밖에 청소년 보호 및 정서 지원 등에 대한 지식과 경험이 풍부하다고 교육감 또는 교육장이 인정하는 사람

2. 다음 각 목에 해당하지 않는 사람일 것

가. 「국가공무원법」제33조 각 호의 어느 하나에 해당하는 사람

나. 「아동·청소년의 성보호에 관한 법률」에 따른 아동·청소년 대상 성범죄 또는 「성폭력범죄의 처벌 등에 관한 특례법」에 따른 성폭력범죄를 저질러 벌금형을 선고받고 그 형이 확정된 날부터 10년이 지나지 않았거나, 금고 이상의 형이나 치료감호를 선고받고 그 집행이 끝나거나 집행이 유예·면제된 날부터 10년이 지나지 않은 사람

다. 「청소년 보호법」제2조제5호가목3) 및 같은 목 7)부터 9)까지의 청소년 출입·고용금지업소의 업주나 종사자

② 피해학생 지원 조력인이 되려는 사람은 교육감 또는 교육장에게 제1항제2호 각 목에 해당하지 않는다는 확인서를 제출해야 한다.

③ 교육감 또는 교육장은 제1항에 따라 피해학생 지원 조력인으로 지정된 사람이 다음 각 호의 어느 하나에 해당하는 경우에는 그 지정을 철회할 수 있다.

1. 심신쇠약으로 인하여 직무를 수행할 수 없게 된 경우

2. 직무와 관련된 비위사실이 있는 경우

3. 직무태만, 품위손상이나 그 밖의 사유로 인하여 피해학생 지원 조력인으로 적합하지 않다고 인정되는 경우

4. 피해학생 지원 조력인 스스로 직무를 수행하는 것이 곤란하다고 의사를 밝히는 경우

5. 제1항제2호 각 목의 어느 하나에 해당하는 사실이 밝혀진 경우

④ 제1항부터 제3항까지에서 규정한 사항 외에 피해학생 지원 조력인의 운영 등에 필요한 사항은 교육감 또는 교육장이 정한다.

[본조신설 2024. 2. 27.]

학교폭력 사안조사 보고서

◆ **사안번호: (신성여자고등)학교 2024-(14)호**

신고 접수 일자	2024년 3월 14일	담당자 성명 & 연락처	책임교사 김한길 010-3757-1672
사안 유형	신체폭력		

관련 학생	학교	학년 반 / 번호	성명	성별	(공동사안인 경우) 관련 학교의 사안 번호	학생선수 여부 (∨ 표시, 가해(관련) 학생에 한함)*	비고 (가해 (관련)/ 피해 (관련))
	신성 여고	1/7	이유림	여			가해
	신성 여고	1/3	김선경	여			피해

* 국민체육진흥법 개정으로 「학생징계정보 수집」이 시행(22. 8. 11.)됨에 따라 학교의 학생선수 담당교사로부터 학생선수 확인 서류를 제출받은 경우 ∨표시

사안 개요 (참석 안내서 사안 개요)	2024. 3. 13. 점심시간에 제주 신성여고 1학년 7반 이유림 학생이 같은 학교 1학년 3반 김선경 학생을 찾아가 머리채를 잡고 안면부를 가격, 이에 김선경 학생은 입술 안쪽이 찍혀 상처를 입었으며 윗 앞니 3개의 치아진탕 상해를 입음. 김선경 학생은 전치 4주의 진단서를 제출하였음.

사안 경위	−2024. 1월경 김선경 학생이 평소 이유림 학생이 짝사랑하던 사대부고 한경수 오빠와 영화를 보고, 탑동 부두에서 데이트한 것에 화가나 반으로 찾아가 일방적으로 폭행한 것임. −당시 같은 반인 김효정 학생의 목격자 진술 확보(학교 짱인 이유림 학생이 일방적으로 폭행하는 모습이 너무도 무서웠다고 진술) −현재 제주 동부경찰서에 상해죄로 고소장 접수함.		

	분리 시행 여부		가해자와 피해학생 분리 예외
가해자와 피해 학생의 분리 여부	시행	미시행	* 피해학생 반대의사 표명( ) * 교육활동 중이 아님( ) * 학교장이 긴급 선도조치를 시행하여 가해학생이 이미 분리됨(O)
		미시행	* 피해학생 반대의사 표명( ) * 교육활동 중이 아님( ) * 학교장이 긴급 선도조치를 시행하여 가해학생이 이미 분리됨(O)

자체해결 요건 충족 여부	**객관적 요건(4가지) 충족 여부: X 2주 이상의 진단서를 제출하였음.**	**피해학생 및 그 보호자 자체해결 동의 여부: X 피해학생의 부모님이 가해학생의 엄벌을 탄원 중.**

6.
학교장
자체해결 제도

　학교폭력심의에 참여하다 보면 과연 이러한 갈등 정도로 인해 학폭위가 열리는 게 맞을까 싶을 정도로 단순한 사안도 존재합니다. 양 당사자 간에 화해한 후 충분히 관계가 회복될 수 있는 사안임에도 단순한 감정 싸움으로 쌍방 학교폭력 신고되어 학교폭력위원회까지 오게 되면 학생들뿐만 아니라 학부모, 학교, 학교폭력위원회 모두 엄청난 시간과 노력을 들여야 하기에 엄청난 사회적 비용이 발생하게 됩니다. 그렇다면 학교에서 이렇게 간단한 사안을 자체 종결시킬 수 있는 방법은 없을까요? 학교폭력예방법에서는 학교가 학교폭력 사안을 접수하면 학교폭력 전담기구의 조사를 거쳐 학교장이 자체적으로 해결할 수 있는지를 심의하고, 자체해결이 불가능한 경우 각 관련 교육지원청에 심의위원회 개최를 요청하도록 하고 있습니다. 즉 학교장의 경우 요건에 맞으면 학교폭력사건을 자체적으로 해결할 수 있도록 법적 근거를 마련해 두고 있습니다.

가. 학교장이 자체해결 하기 위한 요건

학교폭력사건으로 신고된 경우에도 피해학생 및 그 보호자가 심의위원회 개최를 원하지 않고, 아래 네 요건에 모두 해당하는 경우 학교장에 의한 자체해결이 가능합니다.

① 피해학생이 2주 이상의 신체적·정신적 치료를 요하는 진단서를 발급받지 않은 경우
② 재산상 피해가 없는 경우 또는 재산상 피해가 즉각 복구되거나 복구 약속이 있는 경우
③ 학교폭력이 지속적이지 않은 경우
④ 학교폭력에 대한 신고, 진술, 자료제공 등에 대한 보복행위가 아닌 경우

나. 학교장 자체해결 절차

① 학교폭력 사안 조사 및 안내

전담기구는 사안 조사과정에서 피해 관련 학생 및 그 보호자를 상담할 때 학교장 자체해결 제도에 대하여 안내합니다.

② 전담기구 심의

학교장의 자체해결 요건 해당 여부는 전담기구 심의에서 협의를 통해 결정합니다. 전담기구는 학교폭력예방법 제13조2(학교의 장의 자체해결) 요건에 객관적으로 부합하는 경우 자체해결을 결정할 수 있습니다.

③ 피해학생 및 그 보호자의 서면 확인

전담기구의 심의 결과 학교장 자체해결 요건에 해당하는 사안의 경우, 전담기구에서 객관적으로 판단한 기준에 대해 피해학생 및 그 보호자에게 설명하고, 피해학생과 그 보호자가 심의위원회 개최 요구 의사 확인서를 통해 학교장 자체해결에 동의하면 학교장이 자체해결 할 수 있습니다.

④ 학교장 자체해결 결재 및 교육(지원)청 보고

학교의 장은 학교장 자체해결 결과를 교육(지원)청 및 심의위원회에 보고해야 합니다.

⑤ 관련 학생 보호자 통보

학교의 장은 학교폭력신고 사안이 학교장 자체해결로 마무리되는 경우 서면, 유선, 문자 등으로 관련 학생 및 보호자에게 통보하여야 합니다.

> **관련 법령**
>
> **학교폭력예방법 제13조2**(학교의 장의 자체해결)
> ① 제13조의2(학교의 장의 자체해결) ① 제13조제2항제4호 및 제5호에도 불구하고 다음 각 호에 모두 해당하는 경미한 학교폭력에 대하여 피해학생 및 그 보호자가 심의위원회의 개최를 원하지 아니하는 경우 학교의 장은 학교폭력사건을 자체적으로 해결할 수 있다. 이 경우

학교의 장은 지체 없이 이를 심의위원회에 보고하여야 한다. 〈개정 2021. 3. 23., 2023. 10. 24.〉

1. 2주 이상의 신체적·정신적 치료가 필요한 진단서를 발급받지 않은 경우
2. 재산상 피해가 없는 경우 또는 재산상 피해가 즉각 복구되거나 복구 약속이 있는 경우
3. 학교폭력이 지속적이지 않은 경우
4. 학교폭력에 대한 신고, 진술, 자료제공 등에 대한 보복행위(정보통신망을 이용한 행위를 포함한다)가 아닌 경우

② 학교의 장은 제1항에 따라 사건을 해결하려는 경우 다음 각 호에 해당하는 절차를 모두 거쳐야 한다.

1. 피해학생과 그 보호자의 심의위원회 개최 요구 의사의 서면 확인
2. 학교폭력의 경중에 대한 제14조제3항에 따른 전담기구의 서면 확인 및 심의

③ 학교의 장은 제1항에 따른 경미한 학교폭력에 대하여 피해학생 및 그 보호자가 심의위원회의 개최를 원하는 경우 피해학생과 가해학생 사이의 관계회복을 위한 프로그램(이하 "관계회복 프로그램"이라 한다)을 권유할 수 있다. 〈신설 2023. 10. 24.〉

④ 국가 및 지방자치단체는 관계회복 프로그램의 개발·보급 및 운영을 위하여 필요한 경우 행정적·재정적 지원을 할 수 있다. 〈신설 2023. 10. 24.〉

⑤ 그 밖에 학교의 장이 학교폭력을 자체적으로 해결하는 데에 필요한 사항은 대통령령으로 정한다. 〈개정 2023. 10. 24.〉

학교폭력예방법 시행령 제14조의 3(학교의 장의 자체해결)
학교의 장은 법 제13조의2 제1항에 따라 학교폭력사건을 자체적으로 해결하는 경우 피해학생과 가해학생 간에 학교폭력이 다시 발생하지 않도록 노력해야 하며, 필요한 경우에는 피해학생·가해학생 및 그 보호자 간의 관계 회복을 위한 프로그램을 운영할 수 있다.

Q&A

가해학생과 피해학생의 소속 학교가 다른 경우 학교장 자체해결이 불가능한가요?

학교장 자체해결 제도의 경우 피해학생의 의사를 존중하여 경미한 학교폭력사건에 대하여 피해자의 신속한 피해회복을 지원하고 가해학생에게 교화의 기회를 주는 것입니다. 따라서 관련 학생들의 소속 학교가 다른 경우에도 학교장 자체해결의 요건을 갖춘 경우라면 얼마든지 학교장 자체해결이 가능합니다. 다만 그 제도의 특성상 피해학생의 소속 학교 전담기구에서 자체해결이 가능한지를 심의하게 되며 피해학생 소속 학교의 장이 자체해결을 결정하면 가해학생 측 소속 학교에서는 이 결정을 따라 심의할 수 있습니다. 즉 학교 간의 협조만 이루어진다면 관련 학생들의 소속 학교가 달라도 학교장 자체해결 제도를 통해 분쟁을 조기 종결할 수 있습니다. 그렇기 때문에 전담기구의 경우 관련 학생들의 소속 학교가 달라도 자체해결 사안에 해당한다면 이를 적극적으로 고려하여야 합니다.

학교장 자체해결 결과 보고서

◆ 사안번호: (상일중)학교 2024-(7)호

피해 학생	소속학교	학년/반	학생성명	보호자성명
	상일중	3/1	오유진	
가해 학생	소속학교	학년/반	학생성명	보호자성명
	상일중	3/2	정승연	

사안 조사 내용	부천 상일중 오유진 학생이 정승연 학생으로부터 5천 원씩 두 번 돈을 빌려 가고 3달 동안 갚지 않은 상황에서 정승연 학생이 이를 학교폭력으로 신고함.
학교장 자체 해결 결과	① 오유진 학생의 진술을 들어보면 이를 까먹고 있었다고 진술 ② 신고접수 이후 바로 돈을 변제하였으며, 학생들 간 관계도 나쁘지 않아 보임. ③ 정승연 학생의 부모님 의사확인 결과 돈을 갚았으면 심의위원회까지 개최되는 것은 원치 않는다고 함. (서면확인) ④ 오유진 학생의 부모님 역시 재발방지를 약속함 (서면확인) **⑤ 학교폭력예방법 제13조2 해당 사유에 해당하지 않고 전담기구 심의 결과 자체해결로 종결하기로 함.**

학교장 자체해결 결과를 보고합니다.

2024. 11. 28.

상일중학교장

7. 관련 학생들의 보호를 위한 긴급조치

예전에는 학교폭력신고 접수 후 심의위원회의 결정까지 절차가 신속하게 진행되어 문제 해결까지 시간이 오래 걸리는 경우가 많지 않았습니다. 하지만 최근에는 학교폭력사건의 폭발적인 증가로 각 교육지원청마다 사건이 적체되어 있는 경우가 많습니다. 이렇게 일선 학교에서 학교폭력사건에 대한 신고를 접수한 후 교육지원청에 학교폭력에 관한 심의를 요청했음에도 후속 처리시간이 많이 소요되는 경우 관련 학생들이 학교생활에 많은 어려움을 겪을 수 있습니다. 이런 경우를 대비하여 학교의 장은 학교폭력의 내용과 관련 학생들의 상태를 고려하여 피해학생을 긴급하게 보호할 필요가 있거나 혹은 가해학생에 대한 선도가 필요한 경우라면 각 관련 학생별로 긴급조치를 내릴 수 있습니다.

가. 피해학생 보호를 위한 긴급조치

① 긴급조치 결정권자
학교장

② 긴급조치 사유
학교의 장은 학교폭력사건을 인지한 경우 피해학생의 반대 의사 등 특별한 사정이 없으면 지체 없이 가해자와 피해학생을 분리하여야 하며 학교장은 피해학생이 긴급보호의 요청을 하는 경우에는 학교장 자체해결 혹은 심의위원회 개최 요청 전에 제1호, 제2호 및 제6호의 조치를 할 수 있습니다. 이렇게 학교장은 심의위원회 운영 상황을 고려하여 조치 결정 전이라도 긴급조치를 할 수 있습니다.

③ 긴급조치 범위
- 피해학생에 대한 서면사과(1호)
- 일시보호(2호)
- 그 밖에 피해학생의 보호를 위하여 필요한 조치(6호)

④ 긴급조치 후 보고의무
학교장이 피해학생에 대한 긴급조치를 한 경우 이에 대하여 향후 심의위원회에 보고하여야 합니다.

나. 가해학생 선도를 위한 긴급조치

① 긴급조치 결정권자
학교장

② 긴급조치 사유
학교장은 가해학생에 대한 선도가 긴급하다고 인정할 경우 학교장 자체해결 혹은 심의위원회 개최 요청 전에 우선 제1호부터 제3호까지, 제5호 및 제6호 및 제7호의 조치를 할 수 있습니다. 학교폭력예방법 개정안에서는 학교의 장이 학교폭력을 인지한 경우 지체 없이 피해학생 및 신고·고발 학생에 대한 접촉, 협박 및 보복행위(정보통신망을 이용한 행위를 포함한다)의 금지조치를 하도록 규정하였습니다(학교폭력예방법 제17조4항). 또한 학교장의 긴급조치 범위를 기존의 제6호 처분에서 제7호의 학급교체 처분까지 할 수 있도록 확대하였습니다(학교폭력예방법 제17조5항). 이외에도 학교의 장은 학교폭력심의 전이라도 피해학생 및 그 보호자가 요청할 경우 전담기구 심의를 거쳐 제1항 제6호(출석정지) 또는 제7호(학급교체)의 조치를 할 수 있도록 하여 피해학생을 더 두텁게 보호하도록 하였습니다. 학교장이 가해학생에 대한 긴급조치를 한 때에는 가해학생과 그 보호자에게 이를 통지하여야 하며, 가해학생이 이를 거부하거나 회피하는 때에는 학교의 장은 초·중등교육법 제18조에 따라 징계를 할 수도 있습니다.

③ 긴급조치 범위
- 학내외 전문가에 의한 심리상담 및 조언(1호)
- 피해학생 및 신고·고발 학생에 대한 접촉, 협박 및 보복행위의 금지(2호)

한 권에 담은 학교폭력의 바이블

– 학내 외 전문가에 의한 특별교육이수 또는 심리치료(5호)

– 학교에서의 봉사(3호)

– 출석정지(6호) 및 학급교체(7호)

2명 이상의 학생이 고의적·지속적으로 폭력을 행사한 경우, 학교폭력을 행사하여 전치 2주 이상의 상해를 입힌 경우, 학교폭력에 대한 신고, 진술, 자료제공 등에 대한 보복을 목적으로 폭력을 행사한 경우, 학교의 장이 피해학생을 가해학생으로부터 긴급하게 보호할 필요가 있다고 판단하는 경우(학교폭력예방법 시행령 제21조) 학교장이 우선 출석정지 조치, 혹은 학급교체를 하려는 경우에는 반드시 해당 학생 또는 보호자의 의견을 들어야 합니다.

④ 긴급조치 후 추인 의무

가해학생에 대한 긴급조치는 심의위원회에 즉시 보고하고 추인을 받아야 합니다. 피해학생에 대한 긴급조치의 경우 보고만 하면 되지만 가해학생에 대한 긴급조치는 향후 심의위원회의 추인을 반드시 받아야 합니다.

학교폭력예방법 제16조(피해학생의 보호)

① 심의위원회는 피해학생의 보호를 위하여 필요하다고 인정하는 때에는 피해학생에 대하여 다음 각 호의 어느 하나에 해당하는 조치(수개의 조치를 동시에 부과하는 경우를 포함한다)를 할 것을 교육장(교육장이 없는 경우 제12조제1항에 따라 조례로 정한 기관의 장으로 한다. 이하 같다)에게 요청할 수 있다. 다만, 학교의 장은 학교폭력사건을 인지한 경우 피해학생의 반대의사 등 대통령령으로 정하는 특별한 사정이 없으면 지체 없이 가해자(교사를 포함한다)와 피해학생을 분리하여야 하며, 피해학생이 긴급보호를 요청하는 경우에는 제1호, 제2호 및 제6호의 조치를 할 수 있다. 이 경우 학교의 장은 심의위원회에 즉시 보고하여야 한다.

학교폭력예방법 제17조(가해학생에 대한 조치)

④ 학교의 장은 학교폭력을 인지한 경우 지체 없이 제1항제2호의 조치를 하여야 한다. 〈신설 2023. 10. 24.〉

⑤ 학교의 장은 피해학생의 보호와 가해학생의 선도·교육이 긴급하다고 인정할 경우 우선 제1항제1호, 제3호, 제5호부터 제7호까지의 조치를 각각 또는 동시에 부과할 수 있다. 이 경우 심의위원회에 즉시 보고하여 추인을 받아야 한다. 〈개정 2012. 1. 26., 2012. 3. 21., 2019. 8. 20., 2021. 3. 23., 2023. 10. 24.〉

⑥ 학교의 장은 피해학생 및 그 보호자가 요청할 경우 전담기구 심의를 거쳐 제1항제6호 또는 제7호의 조치를 할 수 있다. 이 경우 심의위원회에 즉시 보고하여 추인을 받아야 한다. 〈신설 2023. 10. 24.〉

⑦ 제5항 및 제6항에 따라 학교의 장이 부과하는 제1항제6호 조치의 기간은 심의위원회 조치결정시까지로 정할 수 있다. 〈신설 2023. 10. 24.〉

⑩ 학교의 장이 제4항에 따른 조치를 한 때에는 가해학생과 그 보호자에게 이를 통지하여야 하며, 가해학생이 이를 거부하거나 회피하는

때에는 학교의 장은 「초·중등교육법」 제18조에 따라 징계하여야
한다.

학교폭력예방법 시행령 제21조(가해학생에 대한 우선 출석정지 등)

제21조(가해학생에 대한 우선 출석정지 등)

① 법 제17조제5항 전단 및 같은 조 제6항 전단에 따라 학교의 장이 출
석정지 또는 학급교체 조치를 할 수 있는 경우는 다음 각 호와 같다.
〈개정 2024. 2. 27.〉

　1. 2명 이상의 학생이 고의적·지속적으로 폭력을 행사한 경우

　2. 학교폭력을 행사하여 전치 2주 이상의 상해를 입힌 경우

　3. 학교폭력에 대한 신고, 진술, 자료제공 등에 대한 보복을 목적으
　　로 폭력을 행사한 경우

　4. 학교의 장이 피해학생을 가해학생으로부터 긴급하게 보호할 필
　　요가 있다고 판단하는 경우

　5. 피해학생 및 그 보호자가 가해학생과의 분리를 요청하는 경우

② 학교의 장은 제1항에 따라 출석정지 또는 학급교체 조치를 하려는
경우에는 해당 학생 또는 보호자의 의견을 들어야 한다. 다만, 학교
의 장이 해당 학생 또는 보호자의 의견을 들으려 하였으나 이에 따
르지 아니한 경우에는 그러하지 아니하다. 〈개정 2024. 2. 27.〉

Q&A

가해학생 긴급조치에 대한 추인 의무란?

가해학생에 대한 긴급조치는 향후 심의위원회에 즉시 보고하고 추인을 받아야 합니다. 피해학생에 대한 긴급조치의 경우 보고만 하면 되지만 가해학생에 대한 긴급조치는 추인을 받아야 합니다. 긴급조치는 정확한 사실관계에 의한 조치가 아니라 처분 전에 나오는 긴급조치이므로 심의위원회의 판단을 받아야 한다는 의미입니다. 심의위원회는 긴급조치를 판단하여 추인, 혹은 일부 추인을 하거나 추인하지 않을 수도 있습니다. 만약 가해학생에 대한 긴급조치를 심의위원회가 추인하게 되면 이는 심의위원회의 조치로 보게 되며 향후 학교생활기록부에 기재되게 됩니다. 반대로 긴급조치로 출석정지 등의 처분을 내렸다가 심의위원회가 추인하지 않는 경우 이는 출석으로 인정할 수 있습니다. 가해학생 측은 향후 위원회가 '일부 추인', '추인하지 않음'을 결정하였더라도 긴급조치를 결정할 당시에 그 필요성이 인정된 긴급조치를 향후 문제 삼을 수는 없습니다.

한 권에 담은 학교폭력의 바이블

Q&A

피해학생이 치료를 받느라 학교에 가지 못한 경우는 결석으로 처리될까요?

학교폭력의 정도가 심각한 경우 피해학생이 일정 기간 치료를 받거나 심리상담을 받아야 하는 경우가 생길 수 있습니다. 이 경우 본인의 의지와는 상관없이 학교에 출석하지 못한 부분을 결석으로 처리한다면 이는 피해학생 입장에서 매우 억울할 수 있습니다. 다만 실무적으로는 피해학생이 이와 같은 사유로 결석했다고 하더라도 실제 결석처리 되는 경우는 거의 없으니 너무 걱정하지 않으셔도 됩니다. 학교의 장은 성적 등을 평가함에 있어 학교폭력 피해학생의 보호조치로 인하여 학생에게 불이익을 주지 아니하도록 노력해야 할 의무가 있고(학교폭력예방법 제16조 제5항) 피해학생의 경우 보호조치를 받은 경우 그 보호조치에 필요한 결석을 출석 일수에 산입할 수 있습니다. 향후 학교에 진단서와 심리상담을 받은 내역만 제출하면 결석처리가 되는 경우는 없으니 안심하셔도 됩니다.

(피해·가해학생) 긴급조치 보고서

◆ 사안번호: (상일중)학교 2024-(7)호

대상학생	학년/반	1/4	성명	김한길
사안 개요 (조치원인)	*접수한 사안 내용을 육하원칙에 의거 간략히 기재 2024. 5. 12. 12시 점심시간 인천 동암중 김한길 학생과 정현종 학생이 서로 실랑이를 벌이다 주먹 다툼을 벌임, 김한길 학생이 다음 날 다시 찾아가 싸움을 제안하여 2차 주먹 다툼이 벌어짐. 이후 양측 학생들의 감정이 가라앉지 않은 상황임.			

조치 내용	피해학생 (쌍방 사안)	조치사항	2. 관련 학생에 대한 접촉, 협박, 보복행위금지	
		법적 근거	「학교폭력 예방 및 대책에 관한 법률」 제16조 제1항	
	가해학생 (쌍방 사안)	조치사항	2. 관련 학생에 대한 접촉, 협박, 보복행위금지	
		법적 근거	「학교폭력 예방 및 대책에 관한 법률」 제16조 제1항	

조치일자	2024년 5 월 13일
긴급조치의 필요성	학교장이 판단할 때 양측의 감정이 아직도 남아있어 추가 분쟁을 막고, 두 학생을 긴급이 보호할 필요가 있다고 판단
관련 학생 또는 보호자 의견청취 여부	① 의견청취 완료 (일시 2024. 5. 13 , 방법: 전화) ② 의견을 들으려 하였으나 이에 따르지 않음 * 출석정지 조치를 하고자 할 경우 의견청취는 필수 절차임

관련학생 및 보호자 통지	통지일자	2024. 5. 13.
	통지방법	서면

김한길 보호자 귀하	작성자 : 책임교사 심보선 동암중학교장

[참고] 피해학생 긴급 보호조치는 법률 제16조 제1항에 의거 즉시 심의위원회에 보고
가해학생 긴급 선도조치는 법률 제17조 제4항에 의거 즉시 심의위원회에 보고 및
추인을 받아야 함.

8. 학교폭력신고와 형사고소

자녀에게 발생한 학교폭력이 심각하여 대한민국에서 형법상으로 처벌받는 범죄에도 해당한다면 보호자는 어떻게 해야 할까요? 이 경우 보호자는 학교폭력신고뿐만 아니라 가해학생에 대한 형사고소를 동시에 진행할 수 있습니다. 특히 최근 학교폭력의 비율 중 성폭력의 비율이 높아지고 있고 이 중에는 형법 및 성폭력범죄의 처벌 등에 관한 특례 위반 등 성인범죄에 해당하는 경우도 많습니다. 비록 학생들 간의 발생한 일이라도 공갈, 특수폭행, 상해, 강제추행 등 형사처벌의 대상이 되는 행위일 경우 피해학생의 보호자는 학교폭력 신고 외에도 수사기관에 형사고소를 동시에 진행하실 수 있습니다.

학교폭력대책심의위원회는 학교폭력예방 및 대책에 관한 법률 개정에 따라 2020년경부터 설립되고 운영되는 의결기관으로, 교내외에서 발생한 학교폭력 사안에 대해 전문성을 지닌 학폭위 위원들이 객관적 자료를 근거로 하여 가해학생의 선도와 피해학생의 보호를 위한 결정을 내리는 기관이고, 학교폭력심의가 학교폭력의 발생 여부 및 학생들에 대한 조치의견에 대해 판단을 내리는 과정이라면, 형사고소를 통한 형사 절차는 법을 위반한 피의자에 대하여 법률상 범죄 수사의 권한이 인정되어있는 국가기관이 수사하여(검사와 사법경찰관리) 조사가 진행된 후 혐의가 입증되면 사건이 법원으로 넘어가고, 가해자는 피고인 신분으로 재판 및 처벌을 받게 되는 과정입니다.

이처럼 학교폭력신고 및 심의가 가해학생의 선도를 위한 조치라면 형사고소는 범죄의 피해자, 기타 고소권자가 수사기관에 대하여 일정한 범죄사실을 신고하여 그 소추(訴追)를 구하는 의사표시를 하는 것으로서 형사처벌의 문제입니다. 피해학생과 보호자가 학교폭력신고와 동시에 형사고소를 진행하게 되면 형사 절차는 학교폭력 사안과 별개로 진행됩니다. 형사사건의 경우 학교폭력의 진행과 결과에 전혀 영향을 받지 않습니다. 학교폭력에서 학교폭력이 아님이라고 판단했더라도 이는 수사기관을 구속할 수 없고 수사기관은 자체 조사에 의해 범죄가 인정되면 이를 기소하게 됩니다.

Q&A

학교폭력과 형사고소가 동시 진행되는 경우 합의 시점은?

학교폭력신고와 형사고소가 동시에 진행되는 경우 통상적으로 학교폭력 심의위원회의 심의 결과가 형사고소의 결과보다 빨리 나오는 경우가 대부분입니다. 따라서 가해학생 부모님의 경우 자녀가 행한 행동이 형사고소의 대상이고 처벌의 대상이 되는 경우 피해학생 측과 빠른 합의를 진행하시는 것이 좋습니다. 만약 학교폭력심의위원회의 심의 전에 합의를 하여 합의서가 제출된다면 형사처벌의 감경뿐만 아니라 학교폭력심의 시 화해점수에서 매우 높은 점수를 받아 조치를 감경시킬 수 있습니다. 실무적으로 학교폭력심의 시 출석정지와 사회봉사는 단 1점 차이로 갈리게 됩니다. 즉 합의만 빨리해도 조치를 1~2단계 내릴 수 있는 사건이 존재할 수 있으므로 적극적으로 합의를 시도하시는 것이 좋습니다.

한 권에 담은 학교폭력의 바이블

Q&A

미성년자는 고소해도 처벌받지 않는 것이 아닌가요?

미성년자는 소년법상의 소년에 해당하고, 소년재판은 19세 미만인 자에 대한 재판입니다(소년법 제2조). 소년부에서 보호사건으로 심리하는 소년 유형은 ① 죄를 범한 소년(이하 '범죄소년'이라 합니다), ② 형벌 법령에 저촉되는 행위를 한 10세 이상 14세 미만의 소년(이하 '촉법소년'이라 합니다), ③ 집단적으로 몰려다니며 주위 사람들에게 불안감을 조성하는 성벽이 있는 것 또는 정당한 이유 없이 가출하는 것 또는 술을 마시고 소란을 피우거나 유해환경에 접하는 성벽이 있는 것 중 하나에 해당하는 사유가 있고 그의 성격이나 환경에 비추어 앞으로 형벌 법령에 저촉되는 행위를 할 우려가 있는 10세 이상인 소년(이하 '우범소년'이라 합니다)입니다.

미성년자에 대한 고소가 발생하면 촉법소년과 우범소년은 형사처벌 대상이 아니므로 경찰서장이 직접 관할 소년부에 송치하는 반면, 범죄소년은 경찰이 사건을 수사하여 검사에게 송치합니다. 검사는 직접 인지하거나 경찰로부터 송치받은 범죄소년에 대한 피의사건을 조사한 결과 보호처분에 해당하는 사유가 있다고 인정하면 그 사건을 관할 소년부에 송치하여야 합니다. 보호처분에 해당하는 사유가 있는 경우가 아니라면 관할 법원에 기소하여 일반 형사사건의 예에 따라 형사사건으로 처리하게 됩니다. 즉 사건에 따라서는 소년범죄라도 부정기형, 벌금, 집행유예로 처벌받는 경우가 존재하고 아직 나이가 어려 소년부에 송치되어 보호재판으로 가게 되더라도 이는 가해학생에게 큰 부담이 됩니다. 따라서 범죄의 피해가 발생하였다면 적극적으로 고소를 고려하시는 것이 좋습니다.

9. 학교폭력사건과 학교생활기록부 기재

학교폭력 관련 상담을 하다 보면 학부모님들이 가장 많이 물어보시는 질문 중 하나가 가해학생과 피해학생의 경우 조치사항이 학교생활기록 부에 기재되는지입니다. 많은 학부모님들이 입시에 관한 관심이 많은 만큼 학교생활기록부 학교폭력 조치사항 기재는 많은 관심사일 수밖에 없습니다.

가. 조치사항 기재의 원칙

심의위원회의 판단을 거친 학교폭력 가해학생에 대한 조치사항의 경우 학교에서 교육장의 조치 결정통보 공문을 접수한 즉시 학교생활기록부에 기재하며, 구체적인 작성·관리에 관한 사항은 학교생활기록 작성 및 관리지침을 따르게 됩니다. 즉 모든 학교폭력 가해자의 경우 학교폭력 사항이 학교생활기록부에 기재되는 것이 원칙입니다. 가해학생이 가해학생 조치사항에 대한 행정심판 및 소송을 제기하는 경우에도 기재된 조치사항을 삭제하지 아니하고 즉시 기재하는 것이 원칙입니다. 향후 불복절차에서 조치가 변경되거나 취소될 경우 기재된 내용을 수정하게 되며 조치 결정 일자는 변경하지 않습니다.

나. 학교폭력 가해학생 조치(제1호·제2호·제3호) 조건부 기재유보 조치

만약 가해학생이 제1호·제2호·제3호 처분을 받은 경우, 가해학생이 학교폭력심의위원회가 결정한 조치사항을 심의위원회가 정한 기간 내에 이행을 하고 동급 학교급에 재학하는 동안 다른 학교폭력사건으로 가해학생 조치를 받은 사실이 없다면 학교는 가해학생 조치에 관한 생활기록부 기재를 유보할 수 있습니다.

다. 법원의 집행정지에 따른 기재유보

가해학생이 학교폭력심의위원회의 1~3호 조치를 받은 이후 그 이행만료 기간 전에 법원의 집행정지(법원의 효력정지) 결정을 받은 경우에도 학교생활기록부 기재가 보류됩니다. 다만 조치 이후 이행만료 기간 전까지 법원의 집행정지를 받아내야 하므로 실무적으로 시간이 부족하다는 단점이 있습니다. 4호 처분 이상의 경우 교육청이 학교에 통보하는 즉시 학교생활기록부에 우선 기재되므로 가해학생은 심의 단계부터 이를 주의하여 대책을 세워야 합니다.

라. 기재 내용 삭제

학교의 장은 학교생활기록부 및 세부사항 기록부를 관리, 보존하는 주체입니다. 2024. 3. 1. 부터 학교의 장은 각 조치에 따라 기재된 내용을 가해학생의 졸업과 동시에 삭제하거나 가해학생이 졸업한 후 2~4년 후 삭제하게 됩니다. 학교생활기록부에 기재된 가해학생 조치 제1호·제2호·제3호 관련 내용은 해당 학생의 졸업과 동시에 삭제하게 됩니다. 가해학생 조치 중 제4호·제5호·제6호·제7호 조치는 해당 학생 졸업 2~4년 후에 삭제하는 것을 원칙으로 하되, 심의 대상자 조건을 만족할 경우 해당 학생의 반성 정도와 긍정적 행동 변화 정도를 고려하여 졸업 직전 전담기구 심의를 거쳐 졸업과 동시에 삭제할 수 있습니다. 제8호 처분의 경우 졸업일로부터 4년 후에나 삭제되며 졸업과 동시 삭제는 불가능합니다.

가해학생에 대한 조치	생활기록부 기재영역	생활기록부 삭제 시점
제1호(피해학생에 대한 서면사과)	행동특성 및 종합의견 부분	– 졸업과 동시 삭제
제2호(피해학생 및 신고·고발 학생에 대한 접촉, 협박 및 보복행위의 금지)		
제3호(학교에서의 봉사)		
제4호(사회봉사)	출결상황 특기사항부분	– 4, 5호 처분: 졸업 후 2년 후 삭제 – 6, 7호 처분: 졸업 후 4년 후 삭제 – 다만 졸업 직전 전담기구 심의를 거쳐 졸업과 동시 삭제 가능
제5호(학내외 전문가에 의한 특별교육 이수 또는 심리치료)		
제6호(출석정지)		
제7호(학급교체)	행동특성 및 종합의견	
제8호(전학)	인적·학적사항 특기사항부분	졸업일로부터 4년 후
제9호(퇴학)		삭제 불가능

❚ 2024. 3. 1. 이후 가해학생 조치에 따른 생활기록부 삭제 시점

초 · 중등교육법 시행규칙 제22조(학교생활기록의 관리 · 보존 등)

① 학교의 장은 「공공기록물 관리에 관한 법률」 및 같은 법 시행령에 따라 학교생활기록부 및 학교생활 세부사항기록부를 관리 · 보존해야 한다.

② 학교의 장은 학교생활기록의 기록 사항 중 「학교폭력예방 및 대책에 관한 법률」 제17조제1항제1호부터 제3호까지의 조치사항을 해당 학생의 졸업과 동시에 삭제해야 한다.

③ 학교의 장은 학교생활기록의 기록 사항 중 「학교폭력예방 및 대책에 관한 법률」 제17조제1항제4호부터 제8호까지의 조치사항을 다음 각 호의 구분에 따른 기간이 지난 후에 지체 없이 삭제해야 한다. 다만, 같은 항 제4호부터 제7호까지의 조치사항은 교육부장관이 정하는 바에 따라 해당 학생이 졸업하기 직전에 「학교폭력예방 및 대책에 관한 법률」 제14조제3항에 따른 전담기구의 심의를 거쳐 해당 학생의 졸업과 동시에 삭제할 수 있다.

  1. 「학교폭력예방 및 대책에 관한 법률」 제17조제1항제4호 및 제5호의 조치사항: 해당학생이 졸업한 날부터 2년

  2. 「학교폭력예방 및 대책에 관한 법률」 제17조제1항제6호부터 제8호까지의 조치사항: 해당학생이 졸업한 날부터 4년

④ 학년도별 학교생활기록의 작성이 종료된 이후에는 해당 학교생활기록의 내용을 정정할 수 없다. 다만, 정정을 위한 객관적인 증명자료가 있는 경우에는 정정할 수 있다.

학교생활기록 작성 및 관리지침 제18조(자료의 보존)

④ 학교의 장은 학교생활세부사항기록부(학교생활기록부 II)의 '학교폭력 조치상황 관리'에 입력된 「학교폭력예방 및 대책에 관한 법률」 제17조제1항제4호부터 제8호까지의 조치사항은 「초 · 중등교육법 시행규칙」 제22조제3항에서 정한 기간이 지난 후 삭제하여야 한다. 다만, '학교폭력 조치사항 관리'에 입력된 「학교폭력예방 및 대책에 관

한 법률」제17조제1항제4호부터 제7호까지의 조치사항은 해당 학생의 반성 정도와 긍정적 행동변화 정도를 고려하여 졸업하기 직전에 「학교폭력예방 및 대책에 관한 법률」제14조제3항에 따른 학교폭력 전담기구의 심의를 거쳐 학생의 졸업과 동시에 삭제할 수 있다.

⑤ 제4항 단서에도 불구하고 다음 각 호의 어느 하나에 해당하는 경우 학교폭력 전담기구의 조치사항 삭제 심의 대상이 될 수 없다.

1. 재학기간 동안 서로 다른 학교폭력 사안 2건 이상으로 「학교폭력 예방 및 대책에 관한 법률」제17조제1항 각 호의 조치사항을 각각 받은 경우

2. 「학교폭력예방 및 대책에 관한 법률」제17조제1항 조치사항의 조치 결정일로부터졸업학년도 2월 말일까지 6개월이 경과되지 않은 경우

⑥ 학교의 장은 학교생활세부사항기록부(학교생활기록부Ⅱ)의 '학교폭력 조치상황 관리'란에 입력된 「학교폭력예방 및 대책에 관한 법률」제 17조제1항제1호 · 제2호 · 제3호의 조치사항을 학생의 졸업과 동시에 삭제하여야 한다

10. 학교폭력예방법 개정안 주요 내용 정리

지난해 정부는 자유롭고 공정하게 교육받을 권리를 침해하는 학교폭력에 엄정히 대처하고 피해학생을 보다 두텁게 보호하여, 안전하고 정의로운 학교를 만들기 위한 '학교폭력 근절 종합대책(2023. 4. 12.)'을 발표하였습니다. 이후 교육부와 국회가 협력하여 종합대책 추진을 위한「학교폭력예방 및 대책에 관한 법률 및 시행령」이 일부 개정되었고 그 개정안이 2024. 3. 1.부터 시행됩니다. 개정안의 주요 내용은 다음과 같습니다.

가. 학교폭력 전담조사관 및 피해학생 전담지원관 제도의 도입

그동안 교원들이 직접 사안 조사를 담당해 오면서 학부모의 협박, 악성 민원 등으로 많은 어려움을 겪고, 이로 인해 정작 본질적인 업무인 수업과 생활지도에 집중할 수 없다는 비판이 계속 제기되어 왔습니다. 이에, 지난해 12월 교육부, 행정안전부, 경찰청은 사안처리 제도를 개선해,

오는 3월부터 학교폭력 사안 조사는 교사가 아닌 '학교폭력 전담조사관'이 담당할 수 있게 되었습니다(학교폭력예방법 시행령 제8조, 제14조). 또한 법률 개정으로 피해학생이 필요로 하는 서비스(법률, 상담, 보호 등)를 파악하여 지원기관을 연계하는 '피해학생 지원 조력인(전담지원관)' 제도가 신설됨에 따라, 피해학생 지원 조력인(전담지원관)의 자격요건을 사회복지사, 교원·경찰로 재직하고 있거나 재직했던 사람 등 피해학생에 대한 충분한 이해를 갖춘 사람으로 하여, 피해학생에게 조금 더 전문적인 조력과 지원을 할 수 있는 길이 열렸습니다(학교폭력예방법 시행령 제18조의2).

나. 학교폭력 대응 전문교육기관 및 학교폭력예방센터의 운영

개정안에서는 교육부 장관이 피해학생의 치유와 회복 관련 조사, 분석 연구, 피해학생 교과학습, 대안교육 실시 등을 위해 학교폭력 대응 전문교육기관을 설치하여 운영할 수 있도록 하였습니다. 이는 조금 더 전문적으로 피해학생을 조력할 수 있는 교육기관을 설치하여 피해학생의 피해회복을 돕겠다는 의미입니다(학교폭력예방법 시행령 제2조의3). 또한 공공기관, 정부 출연 연구기관 등 업무수행에 필요한 전문 인력과 전담 조직을 갖춘 기관이나 단체가 학교폭력예방센터로 지정되어 학교폭력의 학교폭력예방 및 대응 업무를 수행할 수 있도록 하였습니다(학교폭력예방법 시행령 제2조의3).

다. 학교폭력대책심의위원회 구성 시 학교전담경찰관 포함 의무화

기존에도 학교폭력대책심의위원회 위원을 구성할 때 해당 지역의 현직 경찰관이 심의위원에 포함될 수 있었습니다. 하지만 이는 필수적인 규정이 아니었었기에 수사전문가들이 심의과정에 참여하는 일이 많지는 않았습니다. 개정안에서는 학교폭력예방 및 근절을 위해 학교폭력 업무 등을 전담하는 경찰관(학교전담경찰관)을 반드시 학교폭력대책심의위원으로 포함시키도록 하였습니다(학교폭력예방법 시행령 제14조). 따라서 향후 모든 학교폭력심의위원회 위촉 및 구성 시 학교전담경찰관이 위원으로 꼭 포함되어야 합니다.

라. 사이버폭력 피해학생 지원제도 신설

학교폭력 중 사이버폭력의 피해가 심각해짐에 따라 사이버폭력에 해당하는 촬영물, 음성물, 복제물, 편집물, 개인정보, 허위사실 등의 유포로 피해를 입은 학생에 대하여 지원을 할 수 있도록 촬영물 등에 대하여 상담, 정보수집, 삭제에 대한 확인 점검 등 그 지원 범위를 규정하고 피해학생과 그 보호자에 대한 지원요청을 명문화했습니다. 또한 국가가 촬영물 등 삭제지원에 소요되는 비용을 지출한 경우 사이버폭력의 가해학생 또는 그 보호자에게 상환청구권을 행사할 수 있는 규정을 신설하였고, 상환청구권을 행사하려는 경우 사이버폭력의 가해학생 또는 그 보호자에게 청구금액의 산출근거 등을 명시하여 이를 납부할 것을 서면으로 통지하도록 하였습니다(학교폭력예방법 시행령 제18조의3).

마. 가해학생의 보복행위 시 조치 가중규정 신설

심의위원회가 교육장에게 가해학생에 대한 조치를 요청할 때 그 사유가 피해학생이나 신고 고발 학생에 대한 보복행위일 경우에는 제6호의 출석정지, 제7호의 학급교체, 제8호의 전학 조치, 제9호의 퇴학 조치를 동시에 부과하거나 조치를 가중할 수 있도록 하여 가해학생의 보복행위에 대하여 피해학생의 보호를 강화하였습니다(학교폭력예방법 제17조 제2항).

바. 학교장의 긴급조치 확대

개정안에서는 학교의 장이 학교폭력을 인지한 경우 지체 없이 피해학생 및 신고·고발 학생에 대한 접촉, 협박 및 보복행위(정보통신망을 이용한 행위를 포함한다)의 금지조치를 하도록 규정하였습니다(학교폭력예방법 제17조4항). 또한 학교장의 긴급조치 범위를 기존의 제6호 처분에서 제7호의 학급교체 처분까지 할 수 있도록 확대하였습니다(학교폭력예방법 제17조5항). 이외에도 학교의 장은 학교폭력심의 전이라도 피해학생 및 그 보호자가 요청할 경우 전담기구 심의를 거쳐 제1항 제6호(출석정지) 또는 제7호(학급교체)의 조치를 할 수 있도록 하여 피해학생을 더 두텁게 보호하도록 하였습니다. 학교장에 의한 긴급조치 혹은 피해학생의 요청에 의한 긴급조치 시 그 조치의 기간은 심의위원회 조치 결정 시까지로 정할 수 있도록 규정되었습니다(학교폭력예방법 제17조6항, 제7항).

사. 행정심판 시 피해학생에 대한 서면통지 의무화 및 집행정지 시 피해학생 의견청취방식 규정

개정안에서는 가해학생이 자신의 조치처분에 대한 행정심판을 청구하는 경우 행정심판위원회는 피해학생 또는 그 보호자 및 피·가해학생의 소속 학교에 가해학생의 행정심판의 청구 사실을 통지하고 「행정심판법」 제20조에 따른 심판참가에 관한 사항을 문서로 안내하도록 하였습니다. 또한 행정심판위원회 및 법원이 가해학생 선도조치에 대하여 「행정심판법」 제30조 또는 「행정소송법」 제23조에 따른 집행정지 결정을 하려는 경우에는 피해학생 또는 그 보호자의 의견을 청취하여야 하고, 피해학생 또는 그 보호자가 의견진술의 기회를 포기한다는 뜻을 명백히 표시한 경우 등에는 의견청취를 아니할 수 있도록 규정하였습니다(학교폭력예방법 시행령 제24조).

아. 행정소송 기간 단축규정

개정안에서는 교육장이 가해학생에 대하여 내린 조치에 대하여 이의가 있는 가해학생 또는 그 보호자가 「행정소송법」에 따른 행정소송을 제기한 경우 그 행정소송 사건의 재판은 다른 재판에 우선하여 신속히 하여야 하며, 그 판결의 선고는 제1심에서는 소가 제기된 날부터 90일 이내에, 제2심 및 제3심에서는 전심의 판결의 선고가 있는 날부터 각각 60일 이내에 하여야 한다고 규정하여 학교폭력 재판이 다른 재판에 우선하여 신속히 진행될 수 있도록 규정하였습니다(학교폭력예방법 제17조의5).

학교폭력 사건처리 흐름도

단계	처리 내용	주체
학교폭력 사건 발생 인지	사건현장 목격, 117신고센터 통보, 신고 등을 통해 사건 발생을 인지한 교사, 학생, 학부모 등은 학교폭력 전담기구(책임교사 등)에 신고	학생, 학부모, 교사

↓

| 신고 접수 및 학교장 보고 | ■학교폭력 전담기구는 신고된 사안을 신고대장에 반드시 기록하고, 학교장, 담임교사에게 보고한 후 관련 학생 학부모에게 통지
■사안이 중대한 경우, 학교장 및 자치위원장에게 즉시 보고 | 학교폭력 전담기구 |

↓

| 즉시 조치 〈긴급조치 포함〉 | 피해학생과 가해학생 우선 격리
■신고·고발한 학생도 피해학생의 수준에서 가해학생으로부터 보복행위를 당하지 않도록 조치
〈피해학생〉
■「아동·청소년의 성보호에 관한 법률」에 따라 성폭행에 대해서는 반드시 수사기관에 신고하고, 성폭력 전문상담기관 및 병원을 지정하여 정신적·신체적 피해 치유
■피해학생의 신체적·정신적 피해를 치유하기 위한 조치 실시
〈가해학생〉
■출석정지
– 전치 2주 이상의 상해
– 보복을 목적으로 폭력 행사
– 학교장이 피해학생을 보호할 필요가 있다고 판단 시
■가해학생의 선도가 긴급한 경우, 「학교폭력예방 및 대책에 관한 법률」 제17조제4항에 따라 학교장은 가해학생에 대한 조치를 취한 후, 자치위원회에 즉시 보고하여 추인 | 학교장, 학교폭력 전담기구, 담임교사 |

사안조사	■ 학교폭력전담기구에서 구체적인 사안조사 실시 – 가·피해학생 면담, 주변학생 조사, 설문조사, 객관적 인 입증자료 수집 등 ■ 가·피해학생 심층상담 ■ 조사한 결과를 바탕으로 가해자와 피해자 확정 ■ 성폭력의 경우 비밀유지에 유의	학교폭력 전담기구 담임교사 학교폭력 전담조사관

⬇

가·피해 학생 부모면담	■ 조사결과에 대해 부모에게 알리고, 향후 처리 절차 등에 대해 통보	학교폭력 전담기구 담임교사

⬇

처리방향 심의	■ 자치위원회 개최 시기 결정	학교폭력 전담기구

⬇

처리방향 결정	■ 전담기구의 심의결과를 바탕으로 자치위원회 개최 요구	학교장

⬇

자치위원회 개최 및 조치	■ 가해학생 및 보호자에게 의견진술의 기회를 부여하는 등 적절한 절차를 거쳐야 함 ■ 자치위원회를 개최하여 가·피해학생에 대한 조치 결정	자치위원회

⬇

결정통보 및 재심안내	■ 자치위원회의 결정을 가해자와 피해자 및 그 보호자에게 통보 ■ 통보 시 재심을 받을 수 있는 방법 안내	학교장

학교장 자체해결 사안이 아닌 학교폭력의 경우 학교는 사건을 필수적으로 심의위원회에 회부하여 처리하여야 합니다. 각 일선 학교에서 교육지원청에 학교폭력심의를 요청하는 경우 이때부터 관련 학생에 대한 학교폭력심의가 시작된 것이므로 관련 학생들은 침착하게 대응해야 합니다. 학교폭력 관련 상담을 하다 보면 피해학생과 가해학생 모두 학교폭력심의에 상당한 부담을 느끼고 출석을 두려워하는 것을 알 수 있습니다. 하지만 관련 학생 및 학부모님들이 심의위원회의 구성 및 역할, 심의 절차 및 심의에 따른 조치 내용 및 그 성격에 대하여 미리 파악해 본다면 학교폭력심의에 대하여 효과적으로 대비할 수 있을 것입니다. 이 장에서는 학교폭력심의위원회 및 심의과정, 피해학생 및 가해학생에 대한 조치, 심의에 대응하는 방법 등에 대해 살펴보도록 하겠습니다.

제2장

학교폭력사건과
학교폭력심의

1. 학교폭력심의 전에 따로 준비할 것이 있을까?

학교폭력사건의 경우 관련 학생들이 학교의 사안 조사를 마친 후에 심의에 출석하기 때문에 어느 정도 본인에 대한 심의가 열릴 것을 미리 예상할 수 있습니다. 학교에서 교육청에 심의를 요청하면 심의위원회는 관련 학생들에게 심의에 대하여 서면으로 통지해야 합니다. 이렇게 관련 학생들은 학교폭력심의위원회의 출석요구를 받은 후 심의장에 출석하게 됩니다. 학교폭력 관련 사건의 경우 특별한 일이 없으면 관할 교육지원청에서 담당하게 되며 담당 학교폭력 소위원회 위원들의 질문에 관련 학생들이 응답하는 형식으로 심의 및 조사가 진행하게 됩니다. 그렇다면 학교폭력 관련 학생들은 학교폭력심의를 가기 전에 어떻게 심의를 준비해야 할까요?

가해학생이 자신에 대한 신고 사실을 전부 인정하고 반성하는 학교폭력사건의 경우 심의위원들이 목격학생들의 진술 등 학교폭력 가해 사실에 대한 명백한 증거를 가지고 있는 경우가 많아 크게 쟁점이 존재하지는 않습니다. 따라서 관련 학생들은 사건의 경위를 정리해서 심의장에 출석하기만 하면 됩니다. 학교폭력이 발생한 경위는 본인이 가장 잘 알고 있기 마련이고 심의위원들이 참작할 만한 상황이 있다면 심의장 진술로 남을 수 있도록 하기만 하면 됩니다. 가해학생의 경우 심의장에서 반성하는 모습과 화해를 위한 노력을 보여주면 되고 피해학생의 경우 자신이 학교폭력으로 인해 힘든 점이나 학교나 심의위원회에 바라는 점을 정확히 진술하면 됩니다. 하지만 만약 인정사건이 아닌 경우, 즉 가해학생의 학교폭력 혐의에 대하여 다툴 여지가 있으면 반드시 심의 전에 변호사 등 전문가와 상의하여 어떠한 점이 쟁점이고 어떠한 점을 주장해야 할지 미리 정리하여야 합니다. 많은 관련 학생들과 보호자분들이 학교폭력위원회의 사안 심의를 두려워하지만 대부분의 심의위원들은 가해학생에게도 친절하므로 너무 걱정하지 않으셔도 됩니다. 특히 위원들의 상당수가 학부모이기에 편안한 마음으로 출석하셔도 됩니다. 따라서 심의 질의에 대한 두려움 없이 위원들의 질문에 대해 자신이 정리한 사건 경위에 맞춰 정확히 답변하는 것이 중요합니다.

Q&A

가해학생이 학교폭력 관련 상대의 신고를 다룰 경우 준비사항은?

학교폭력심의위원회는 학부모, 교원, 경찰관, 변호사, 심리전문가, 청소년 전문가 등 다양한 직역의 위원으로 구성되어 있습니다. 학교폭력심의위원회는 수사기관이 아니다 보니 사실 조사와 조사대응에 한계가 있는 것이 사실입니다. 그렇기 때문에 자신이 가해학생으로 의심받고 있는 상황에서, 피해학생의 신고내용에 허위사실이 있거나 과장이 있는 경우 이를 적극적으로 다투어야 하며 신고에 대한 반대증거를 제시할 수 있으면 이를 제시하여 상대방의 주장을 탄핵할 수 있어야 합니다. 즉 가해학생이 상대의 신고를 다투는 경우 심의 전에 신고사항에 대하여 정확히 파악 후 구체적인 반박사항을 준비하셔야 합니다. 사안 조사 때 미처 학교 측이 조사하지 못한 목격학생의 진술을 확보한다거나, CCTV 등 구체적 영상을 확보한다거나, 문자 메시지, SNS 캡쳐 사진, 등 객관적인 증거를 활용하여 반박할 수 있어야 합니다. 심의위원들은 조사된 사안 조사와 관련 학생들의 심의장 진술만으로 학교폭력에 대한 평가를 할 수밖에 없습니다. 그렇기 때문에 반대증거 등이 제출되고 가해학생 측이 상대방의 주장에 논리적으로 반박한다면 가해학생에 대한 학교폭력인정을 쉽게 할 수 없습니다. 만약 가해학생이 스스로 증거 채집을 하기 힘든 경우 변호인의 조력을 얻는 것도 하나의 방법입니다. 명심할 것은 모든 증거와 주장은 심의 전에 제출되어야 하기에 이미 학교폭력심의 일정이 잡힌 경우 그 전까지 모든 입증자료와 진술을 정리하시는 것이 좋습니다.

2. 학교폭력심의 시 변호인을 선임해야 할까?

학교폭력사건의 학교폭력심의는 각 위원들의 질문에 대하여 관련 학생들이 대답하고 이를 녹취하며 심의하는 방식으로 진행됩니다. 관련 학생들의 심의장 진술은 심의에서 학교폭력을 인정하는 증거로 쓰이기에 위원들의 질의에 대한 대답은 신중하게 하여야 합니다. 심의 시 변호인의 조력을 받을 권리는 헌법상의 권리로서 이는 학생들 관련 학교폭력심의 시에도 당연히 행사할 수 있는 권리입니다. 만약 변호인이 선임되어 있는 경우 학생들은 대답하기 전에 부모님이나 변호인에게 묻고 상의한 후 대답할 수도 있습니다.

우선 가해학생의 경우 학교폭력의 심각성이 크지 않고, 자녀가 학교폭력 전력이 없으며, 학교폭력의 지속성이 크지 않고, 가해학생이 학교폭력 가해 사실을 인정하며 자백하는 경우에는 변호인이 가해학생을 조력할 수 있는 부분이 많지는 않습니다. 따라서 자녀가 처음으로 학교폭력심의에 회부되었고 학교폭력 피해가 심각하지 않은 학교폭력사건의 경우에는 변호인 없이 스스로 심의에 협조하여 위원들에게 선처를 구하는 것도 좋은 방법입니다.

하지만 자신에 대한 조치 여부 판단이 어려운 경우나 특목고 등을 염두에 두고 있어 학교생활기록부 기재 등이 부담이 되는 등 신분상 제약이 있는 학생들의 경우에는 사안 조사부터 변호인의 조력을 얻는 것이 좋습니다. 전담기구나 학교폭력심의위원회는 별다른 사정이 없는 한 학생의 요청 시 모든 조사에 변호인을 참여하게 해야 하고, 이런 요청이 있는데도 이를 무시하고 조사나 심의를 진행하는 경우 이는 위법한 절차에 의한 처분으로 조치처분이 부적법하게 됩니다. 만약 사안 조사 단계 혹은 심의 단계에서 변호인을 선임하는 경우 변호인이 학교폭력 사안에 대해 다시 세밀하게 검토하여 관련 학생에게 유리하도록 조언해 줄 수 있습니다.

또한 가해학생뿐만 아니라 피해학생의 경우에도 가해학생의 올바른 처분(높은 처분)을 위해 변호인을 선임하여 심의에 대응할 수 있습니다. 사안이 심각한 경우, 혹은 성폭력 등 피해학생이 제대로 진술하지 못할 염려가 있고 가해학생에 대한 엄벌을 요구해야 하는 경우 등 피해학생 측에서 변호인을 선임한다면 가해학생에게 그에 응당한 조치가 내려질 수 있도록 조언이 가능합니다. 또한 피해학생의 경우 위원회의 보호조치가 필요한 경우가 많아 변호인의 의견으로 피해학생이 올바른 보호조치를 받을 수 있도록 심의위원회를 설득할 수 있습니다.

한 권에 담은 학교폭력의 바이블

Q&A

학교폭력 조사, 어떤 경우에 변호인을 선임해야 할까?

① 학교폭력의 심각성이 매우 큰 경우

(피해학생의 상해가 2주 이상, 성폭력 사안, 다수의 가해자가 관련된 사안 등)

② 학교폭력의 지속성이 큰 경우

(장기간 동안 괴롭힘, 폭행 등이 발생한 경우)

③ 학교폭력신고 외에 형사고소가 진행되어 높은 처벌이 예상되는 경우

④ 학교폭력신고에 따른 심의전력이 2회 이상으로 선처를 받기 어려운 경우

⑤ 특목고 진학, 대학진학에 있어 불이익이 예상되는 경우

⑥ 상대 학생이 과장된 사실과 허위의 사실로 신고하였지만 증거가 없는 경우

⑦ 피해학생의 경우, 가해학생의 응당한 처분을 원하고 자신에 대한 적절한 보호조치가 필요한 경우

3. 학교폭력심의위원의 구성과 역할

학교폭력심의에 잘 대응하기 위해서는 학교폭력위원회가 어떻게 구성되고 그 역할은 무엇인지 잘 파악하는 것이 중요합니다. 학교폭력심의위원회(이하 "심의위원회"라 함)는 학교폭력의 예방 및 대책에 관련된 사항을 심의하는 교육지원청 내의 법정 위원회로서(학교폭력예방법 제12조) 해당 지역에서 발생한 학교폭력에 대한 조사와 조치를 하는 기관입니다.

가. 심의위원회의 구성

심의위원회는 위원장 1인을 포함하여 10명 이상 50명 이내의 위원으로 구성하되, 법률에 따라 전체 위원의 3분의 1 이상을 해당 교육지원청 관할 구역 내 학교(고등학교 포함)에 소속된 학부모로 위촉하여야 합니다(학교폭력예방법 제13조 제1항). 또한 2024년부터는 학교폭력대책심의위원회 위원으로 학교전담경찰관을 반드시 포함하도록 규정(학교폭력예방법 시행령 제

8조, 제14조)하였습니다. 학교폭력 피해 및 가해학생이 각각 다른 교육지원청 관할 구역 내 학교에 재학 중인 경우에는 교육감의 보고를 거쳐 둘 이상의 교육지원청이 공동으로 심의위원회를 구성할 수 있습니다(학교폭력예방법 제12조 제1항). 심의위원회의 구성이 중요한 이유는 이는 법률상의 정해진 구성 사유기 때문에 그 위원 구성에 문제가 있다면 적법하지 않은 심의가 되므로 추후 처분의 하자가 생겨 취소의 문제가 발생하기 때문입니다.

나. 심의위원회의 활동 및 권한

통상 심의위원회는 교육 전문직원, 학부모, 변호사, 경찰공무원, 의사, 청소년 전문가 등으로 구성되어 관할 교육청에서 한 번 위촉되면 2년 동안 활동하게 됩니다. 보통 심의위원회는 소위원회 형식으로 운영되며 각 위원회는 10명가량으로 구성되어 활동하게 됩니다. 해당 소위원회의 의결은 심의위원회의 의결과 같은 효력이 있습니다. 소위원회 위원들은 2년 동안 거의 매주 단위로 학교폭력에 관한 심의를 하게 됩니다.

학교폭력심의위원회는 관내에서 발생한 학교폭력에 대하여 조사할 수 있고, 학교장 및 관련 경찰서장에게 법령에 근거하여 관련 자료를 요청할 수 있는 권한이 있습니다(학교폭력예방법 제12조 제2항). 즉 학교폭력심의위원회는 학교장에게 심의에 필요한 자료 또는 정보의 제출을 요구하거나 심의를 위해 필요한 경우 해당 학교의 관련 교원에게 의견진술 요청, 심의를 위해 필요한 경우 전문가 등 참고인의 의견진술 요청, 관할 경찰서장에게 관련 자료 요청 등이 가능합니다. 또한 심의위원회는 위원회가 필요하다고 인정할 때에는 학교폭력이 발생한 해당 학교 소속 교원이나 학교폭력예방 및 대책과 관련된 분야의 전문가 등을 출석하게 하거나 서면 등의 방법으로 의견을 들을 수 있습니다(학교폭력예방법 시행령 제14조 제8항). 이외에도 심의위원회는 소아청소년과 의사, 정신건강의학과 의사, 심리학자, 그 밖의 아동심리와 관련된 전문가를 출석하게 하거나 서면 등의 방법으로 의견을 들을 수 있습니다(법률 제13조 제4항).

다. 심의위원회의 심의 사항

학교폭력예방법 제12조에서는 심의위원회의 심의 사항에 정하고 있습니다. 구체적인 심의 사항은 아래와 같습니다.

① 학교폭력의 예방 및 대책에 관한 사항
② 피해학생의 보호에 관한 사항
③ 가해학생에 대한 교육, 선도 및 징계를 위한 조치
④ 피해학생과 가해학생 간의 분쟁조정을 위한 활동
⑤ 그 밖에 대통령령으로 정하는 사항

라. 심의위원회의 운영 및 심의 방식

심의위원회의 회의는 재적 위원 과반수의 출석으로 개의하고, 출석위원 과반수의 찬성으로 의결합니다(학교폭력 시행령 제14조 제5항). 심의위원회는 회의 시 회의의 일시, 장소, 출석위원, 토의내용 및 의결사항 등이 기록된 회의록을 작성하여야 합니다(학교폭력예방법 제13조 제3항). 심의위원회의 회의는 공개하지 않는 것이 원칙입니다. 다만, 피해 및 가해학생 또는 보호자가 회의록의 열람·복사 등 회의록 공개를 신청한 때에는 학생과 그 가족의 성명, 주민등록번호 및 주소, 위원의 성명 등 개인정보에 관한 사항을 제외하고 공개할 수 있습니다(학교폭력예방법 제21조 제3항). 학교폭력 심의는 대면 심의를 원칙으로 하기 때문에 피해 및 가해학생과 보호자가 심의위원회에 직접 출석하여 진술해야 합니다. 다만, 피해 및 가해학생 측의 요구가 있거나 도서 지역의 경우 등 특별한 여건을 고려할 필요가 있는 경우, 전화, 화상, 서면 등의 심의 방식을 활용할 수 있습니다.

Q&A

학교폭력심의위원들이 대부분이 학부모라던데 개인 정보가 외부로 유출될 가능성은 없을까요?

학교폭력심의위원들이 학교폭력이 발생한 지역 내 인사들이다 보니 관련 학생들을 간접적으로 알 수 있는 경우도 있습니다. 이러한 경우 심의에 들어오는 피해학생이나 가해학생의 학부모님들은 자신의 자녀에 대한 사안이 외부로 알려질까 걱정될 수도 있습니다. 하지만 학교폭력의 예방 및 대책에 관련된 업무를 수행하거나 수행하였던 자는 그 직무로 알게 된 비밀 또는 피해 및 가해학생 및 신고자·고발자와 관련된 자료를 누설하여서는 아니 되고 이를 위반할 경우 처벌을 받게 됩니다. 학교폭력예방법 시행령 제33조에서는 학교폭력 피해 및 가해학생 개인 및 가족의 성명, 주민등록번호 및 주소 등 개인정보에 관한 사항, 학교폭력 피해 및 가해학생에 대한 심의·의결과 관련된 개인별 발언 내용, 학교폭력 피해 및 가해학생에 대한 심의·의결과 관련된 개인별 발언 내용을 비밀로 정하여 외부로의 유출을 금지시키고 있습니다. 따라서 학생과 관련된 개인정보는 밖으로 유출되지 않으니 걱정하지 않으셔도 됩니다.

학교폭력예방법 제12조(학교폭력대책심의위원회의 설치·기능)

① 학교폭력의 예방 및 대책에 관련된 사항을 심의하기 위하여 「지방교육자치에 관한 법률」 제34조 및 「제주특별자치도 설치 및 국제자유도시 조성을 위한 특별법」 제80조에 따른 교육지원청(교육지원청이 없는 경우 해당 시·도 조례로 정하는 기관으로 한다. 이하 같다)에 학교폭력대책심의위원회(이하 "심의위원회"라 한다)를 둔다. 다만, 심의위원회 구성에 있어 대통령령으로 정하는 사유가 있는 경우에는 교육감 보고를 거쳐 둘 이상의 교육지원청이 공동으로 심의위원회를 구성할 수 있다.

② 심의위원회는 학교폭력의 예방 및 대책 등을 위하여 다음 각 호의 사항을 심의한다.

1. 학교폭력의 예방 및 대책
2. 피해학생의 보호
3. 가해학생에 대한 교육, 선도 및 징계
4. 피해학생과 가해학생 간의 분쟁조정
5. 그 밖에 대통령령으로 정하는 사항

③ 심의위원회는 해당 지역에서 발생한 학교폭력에 대하여 조사할 수 있고 학교장 및 관할 경찰서장에게 관련 자료를 요청할 수 있다.

④ 심의위원회의 설치·기능 등에 필요한 사항은 지역 및 교육지원청의 규모 등을 고려하여 대통령령으로 정한다.

학교폭력예방법 제13조(심의위원회의 구성·운영)

① 심의위원회는 10명 이상 50명 이내의 위원으로 구성하되, 전체 위원의 3분의 1 이상을 해당 교육지원청 관할 구역 내 학교(고등학교를 포함한다)에 소속된 학생의 학부모로 위촉하여야 한다. 〈개정 2019. 8. 20.〉

② 심의위원회의 위원장은 다음 각 호의 어느 하나에 해당하는 경우에

회의를 소집하여야 한다. 〈신설 2011. 5. 19., 2012. 1. 26., 2012. 3. 21., 2019. 8. 20.〉

1. 심의위원회 재적위원 4분의 1 이상이 요청하는 경우
2. 학교의 장이 요청하는 경우
3. 피해학생 또는 그 보호자가 요청하는 경우
4. 학교폭력이 발생한 사실을 신고받거나 보고받은 경우
5. 가해학생이 협박 또는 보복한 사실을 신고받거나 보고받은 경우
6. 그 밖에 위원장이 필요하다고 인정하는 경우

③ 심의위원회는 회의의 일시, 장소, 출석위원, 토의내용 및 의결사항 등이 기록된 회의록을 작성·보존하여야 한다. 〈신설 2011. 5. 19., 2019. 8. 20.〉

④ 제2항에 따라 회의가 소집되는 경우 교육장(교육지원청이 없는 경우 해당 시·도 조례로 정하는 기관의 장)은 가해학생·피해학생 및 그 보호자에게 다음 각 호의 사항을 통지하여야 한다. 〈신설 2024. 1. 9.〉

1. 회의 일시·장소와 안건
2. 조치 요청사항 등 회의 결과

⑤ 심의위원회는 심의 과정에서 소아청소년과 의사, 정신건강의학과 의사, 심리학자, 그 밖의 아동심리와 관련된 전문가를 출석하게 하거나 서면 등의 방법으로 의견을 청취할 수 있고, 피해학생이 상담·치료 등을 받은 경우 해당 전문가 또는 전문의 등으로부터 의견을 청취할 수 있다. 다만, 심의위원회는 피해학생 또는 그 보호자의 의사를 확인하여 피해학생 또는 그 보호자의 요청이 있는 경우에는 반드시 의견을 청취하여야 한다. 〈신설 2020. 12. 22., 2024. 1. 9.〉

⑥ 그 밖에 심의위원회의 구성·운영에 필요한 사항은 대통령령으로 정한다. 〈개정 2011. 5. 19., 2019. 8. 20., 2020. 12. 22., 2024. 1. 9.〉

[제목개정 2011. 5. 19., 2019. 8. 20.]

학교폭력예방법 시행령 제14조(심의위원회의 구성·운영)

① 제14조(심의위원회의 구성·운영) ① 심의위원회의 위원은 다음 각 호의 어느 하나에 해당하는 사람 중에서 해당 교육장이 임명하거나 위

촉한다. 이 경우 제5호의2에 해당하는 사람은 반드시 포함해야 한다. 〈개정 2020. 2. 25., 2024. 2. 27.〉

1. 해당 교육지원청의 생활지도 업무 담당 국장 또는 과장(법 제12조 제1항에 따라 조례로 정하는 기관의 경우 해당 기관 소속의 공무원 또는 직원으로 한다)

1의2. 해당 교육지원청의 관할 구역을 관할하는 시·군·구의 청소년보호 업무 담당 국장 또는 과장

2. 교원으로 재직하고 있거나 재직했던 사람으로서 학교폭력 업무 또는 학생생활지도 업무 담당 경력이 2년 이상인 사람

2의2. 「교육공무원법」 제2조제2항에 따른 교육전문직원으로 재직하고 있거나 재직했던 사람

3. 법 제13조제1항에 따른 학부모

4. 판사·검사·변호사

5. 해당 교육지원청의 관할 구역을 관할하는 경찰서 소속 경찰공무원

5의2. 법 제20조의6제1항에 따라 학교폭력 예방 및 근절을 위해 학교폭력 업무 등을 전담하는 경찰관(이하 "학교전담경찰관"이라 한다)

6. 의사 자격이 있는 사람

6의2. 「고등교육법」 제2조에 따른 학교의 조교수 이상 또는 청소년 관련 연구기관에서 이에 상당하는 직위에 재직하고 있거나 재직했던 사람으로서 학교폭력 문제에 대하여 전문지식이 있는 사람

6의3. 청소년 선도 및 보호 단체에서 청소년보호활동을 2년 이상 전문적으로 담당한 사람

7. 그 밖에 학교폭력 예방 및 청소년보호에 대한 지식과 경험이 풍부한 사람

② 심의위원회의 위원장은 위원 중에서 교육장이 임명하거나 위촉하는 람이 되며, 위원장이 부득이한 사유로 직무를 수행할 수 없을 때에는 위원장이 미리 지정하는 위원이 그 직무를 대행한다. 〈개정 2020. 2. 25.〉

③ 심의위원회의 위원의 임기는 2년으로 한다. 다만, 심의위원회 위원의

사임 등으로 새로 위촉되는 위원의 임기는 전임위원 임기의 남은 기간으로 한다. 〈개정 2020. 2. 25.〉

④ 교육장은 제1항제2호, 제2호의2, 제3호부터 제5호까지, 제5호의2, 제6호, 제6호의2, 제6호의3 및 제7호에 따른 심의위원회의 위원이 제3조의2 각 호의 어느 하나에 해당하는 경우에는 해당 위원을 해임하거나 해촉할 수 있다. 〈신설 2016. 5. 10., 2020. 2. 25., 2024. 2. 27.〉

⑤ 심의위원회의 회의는 재적위원 과반수의 출석으로 개의하고, 출석위원 과반수의 찬성으로 의결한다. 〈개정 2016. 5. 10., 2020. 2. 25.〉

⑥ 심의위원회의 위원장은 해당 교육지원청 소속 공무원(법 제12조제1항에 따라 조례로 정하는 기관의 경우 직원을 포함한다) 중에서 심의위원회의 사무를 처리할 간사 1명을 지명한다. 〈개정 2016. 5. 10., 2020. 2. 25.〉

⑦ 심의위원회의 회의에 출석한 위원에게는 예산의 범위에서 수당과 여비를 지급할 수 있다. 다만, 공무원인 위원이 그 소관 업무와 직접적으로 관련하여 회의에 출석한 경우에는 그렇지 않다. 〈개정 2016. 5. 10., 2020. 2. 25.〉

⑧ 심의위원회는 필요하다고 인정할 때에는 학교폭력이 발생한 해당 학교 소속 교원이나 학교폭력 예방 및 대책과 관련된 분야의 전문가 등을 출석하게 하거나 서면 등의 방법으로 의견을 들을 수 있다. 〈개정 2020. 2. 25.〉

⑨ 제1항부터 제8항까지에서 규정한 사항 외에 심의위원회의 운영 등에 필요한 사항은 교육장이 정한다. 〈신설 2020. 2. 25.〉

[제목개정 2020. 2. 25.]

4.

학교폭력사건심의 절차

학교는 학교장 자체해결 사안이 아닌 학교폭력사건의 경우 반드시 심의위원회에 사건을 회부하여야 합니다. 교육지원청은 각 학교로부터 사안 조사 보고서와 관련 서류를 공문으로 송달받으면 학교폭력심의 절차를 개시하게 됩니다. 구체적인 학교폭력심의 절차는 아래와 같습니다.

가. 관련 학생 소환 통지 및 의견진술 기회부여

관할 학교폭력심의위원회가 사안 심의를 위한 학교폭력심의위원회를 개최하면 교육지원청은 우편으로 관련 학생 및 보호자에게 참석안내장을 송달하여야 합니다. 참석안내장이 송달된 경우 이는 귀하의 자녀 관련 학교폭력위원회에 학교폭력 사안이 접수되었고 곧 관련 학생에 대한 학교폭력대책심의가 열릴 예정이니 당신은 관련 학생(피해학생 혹은 가해학생)으로서 심의에 출석해야 한다는 의미입니다.

참석안내장은 교육지원청의 심의 일정에 따라 심의기일 이전에 송달하도록 되어 있습니다. 송달된 참석안내장에는 심의일시, 심의장소, 안건, 사안 개요, 아동심리 전문가 의견청취 요청 의사확인서, 서면진술서 등이 동봉되어 있습니다. 관련 서류와 참석안내장이 송달되었다면 이제 당신에 대한 학교폭력대책심의가 시작된 것이므로 자신이 어떠한 학교폭력으로 심의에 넘겨졌는지를 정확히 살피고 차분히 심의를 준비해야 할 것입니다.

학교폭력예방법 제17조에서는 피해학생 및 가해학생 보호자에 대한 의견진술 기회를 부여하고 있습니다. 이는 처분을 하기 전에 관련 학생들이 제반 사항을 정확히 파악하게 하고, 당사자들에게 사건에 관한 의견진술의 기회를 주어 이를 바탕으로 정확한 처분을 하기 위한 규정입니다. 이 과정에서는 심의를 개최하기 전에 미리 관련 학생 및 보호자에게 처분의 원인이 되는 학교폭력의 일시, 장소, 행위 내용 등의 구체적 사실을 통지하는 것이 포함됩니다.

Q&A

관련 학생은 심의기일에 꼭 출석해야 할까요?

관련 학생은 심의기일에 반드시 출석해야 할까요? 형사재판의 경우 피고인 없이 재판을 진행할 수 없습니다. 이는 피고인의 방어권을 보장하기 위함이기도 하지만 피고인의 출석은 재판에 중요한 요소이기 때문입니다. 하지만 학교폭력심의는 형사재판이 아닙니다. 따라서 관련 학생(피해학생, 가해학생)의 출석은 필수가 아닙니다. 따라서 부모님만 출석하든 학생만 출석하든 심의는 열리게 됩니다. 다만 관련 학생이 출석하지 않는 경우 심의위원들은 당사자의 진술을 들을 수 없어 관련 자료들만 가지고 사안 인정 및 학교폭력 해당 여부를 판단할 수밖에 없습니다. 이렇게 관련 학생이 정당한 사유 없이 심의일시에 출석하지 않는 경우 해당 학생 진술의 신빙성을 보장받지 못할 수 있습니다. 따라서 관련 학생들은 가급적 심의에 출석하여 본인에게 유리한 진술을 하는 것이 좋습니다. 다만 관련 학생이 질병(특히 최근에는 코로나 등의 전염병) 기타의 사유로 출석하지 못하는 경우 진단서 등 소명자료를 첨부하여 심의기일 변경신청을 할 수 있습니다. 관할 교육지원청의 경우 소명자료 없이 심의기일을 쉽게 변경해 주지 않으므로 가급적이면 정해진 심의기일에 출석하시는 것이 좋겠습니다. 만약 부득이한 사유로 학생의 출석이 힘든 경우 사안의 특성에 따라 출석 진술 외에도 서면 제출, 통화, 사전 면담 등 다양한 방법으로 협조할 수 있습니다.

Q&A

학교폭력심의위원회는 언제 열리나요?

학교에서 사안 조사까지 전부 마쳤는데 이후 학교폭력심의위원회가 열리지 않는 경우 가해학생과 피해학생 모두 애가 탈 수 있습니다. 교육청은 학교의 심의요청이 있는 경우, 특별한 사정이 없는 한 요청일로부터 21일 내 심의개최를 권고하고 있고 상황에 따라서는 7일 연장이 가능하다고 안내하고 있습니다. 하지만 해당 지침은 필수가 아닙니다. 실제 일선 교육지원청의 경우 거의 매일 심의가 예정되어 있을 만큼 학교폭력에 관한 사건 수가 증가하면서 위 지침은 잘 지켜지지 않는 경우가 많습니다. 관련 학생들의 학부모님의 경우 학교폭력심의가 너무 늦어지는 경우 학교폭력 전담기구나 학교 측에 심의기일을 서둘러 달라고 의견을 제출할 수 있습니다. 이렇게 심의 일정의 지연이 일반화되면서 학교장의 긴급조치나 사전조치가 더욱 중요해졌다고 할 수 있습니다.

학교폭력대책심의위원회 참석 안내

정승연 학생

본 위원회는 「학교폭력예방 및 대책에 관한 법률」 제13조에 따라 제139호 사안 심의를 위한 학교폭력대책심의위원회를 아래와 같이 개최하고자 하오니 참석하여 주시기 바랍니다.

1. 일시 : 2024. 7. 4. (금)

순	참석 시각	학교	학년반	성명	대기실
1	14:00	국제통상고	3-11	정승연	당일 안내

2. **장소 :** 부천교육지원청 학교폭력대책심의위원회실(5층)
3. **안건 :** 부천-2024-139호 학교폭력사안 심의
4. **사안 심의 진행 안내**
5. **사안 개요**

- 이득환 학생이 정승연 학생의 얼굴이 합성된 음란물을 자신의 핸드폰에 보관하고 트위터 계정에 올렸으며, 장영구 학생이 이와 관련된 소문을 퍼뜨린 사실이 신고되어 접수된 사안

본 사안과 관련하여 두 학생 간 추가적인 가해 피해 내용 및 사안 개요에 기록되지 않은 세부 내용은 제출자료와 심의위원과의 질의응답 과정을 통해 자신의 견해를 진술할 수 있습니다.

2024년 10월 26일
학교폭력대책심의위원회 위원장(직인 생략)

※ 참고사항
1. 문의 사항이 있으면 부천교육지원청 학교폭력대책심의위원회 담당 부서로 연락하시기 바랍니다 ☎ 032-620-0344, 032-620-0346(간사 장학사 전화와 관련 주무관)
2. 출석하실 때는 이 통지서, 신분증 및 기타 참고자료를 지참하시기 바랍니다.
3. 관련 학생과 보호자께서는 회의 당일 출석이 어려운 경우 첨부한 서면진술의견서(별지양식)을 작성하여 학교를 통해 부천교육지원청으로 심의위원회의 전까지 제출하여 주시기 바랍니다.
4. 피해학생은 위 사안과 관련하여 학교폭력예방법 제13조 제4항에 따라 심의위원회에 전문가의의견 청취를 요청하실 수 있습니다. 필요 없을 시 미제

전문가 의견 청취는 필수 아님(희망 시 제출)

피해학생	소속학교	학년/반	학생성명	보호자성명

「학교폭력예방 및 대책에 관한 법률」 제13조 제4항에 따라 심의위원회 심의과정에서 아동심리 관련 전문가의 의견 청취를 요청합니다.

■ 심의위원회 개최 예정일시: 2022. 11. 4. (금)~(학생별 참석 시간 다름)

전문가 의견 청취 요청 방법(택 1)	√ 표시
1. (무료) 해당 학교 Wee클래스 전문상담(교)사 ※ 전문상담(교)사 미배치교는 부천교육지원청 Wee센터 전문상담(교)사	
2. (개인 부담) 피해학생을 상담 또는 치료한 전문가 ※ 상담이나 치료를 받은 경우 관련 전문가나 전문의 의견서 제출	

■ 개인정보 수집 · 이용 동의 ■ 수집목적: 학교폭력대책심의위원회 전문가 의견 청취 및 전문가에 대한 정보 제공 ■ 수집항목: 　해당 학생 성명, 학교, 학년 · 반, 성별 / 보호자 성명, 연락처 ■ 개인정보 보유 및 기간: 　학교폭력대책심의위원회 조치 결정까지	
개인정보 수집 · 이용에 동의하십니까?	

2024년　월　일

피해학생:　　(서명 또는 인)

피해학생 보호자:　　(서명 또는 인)

학교폭력대책심의위원회 위원장 귀중

서면 진술(의견)서

* 심의번호:

피해학생	소속학교	학년/반	학생성명	보호자성명

상기 본인은 부득이한 사정으로 학교폭력대책심의위원회의에 참석할 수 없어 아래와 같이 서면으로 의견을 대신하고자 의견서를 제출합니다.

학교폭력 사실에 대한 의견	
요구 사항	
기타 사항	

2022년 월 일

보호자   (인)

학교폭력대책심의위원회 위원장 귀중

학교폭력대책심의위원회 참석 안내

※ 심의위원회 오시는 방법

· 경기도부천교육지원청(경기도 부천시 계남로 219)

➡ 현재 교육청 증축 공사로 인하여 주차 공간이 협소하므로 세무서

　뒤편 공영 주차장(신흥로275번길 17) 이용 권장

· 대중교통 : 7호선 신중동역 하차 4-5번 출구(도보 10분 거리)

　1호선 부천역(택시 15분) 또는 중동역(택시 15분)

나. 심의기일

심의기일은 실제 학교폭력에 관한 심의가 열리는 날입니다. 학생과 보호자는 본인임을 확인하기 위해 신분증을 지참하여 심의에 나가야 합니다. 학교폭력심의는 학생 및 보호자가 당일 심의에 출석하지 않더라도 진행되게 됩니다. 다만 가해학생의 경우 자신의 방어권을 행사하기 위해서, 피해학생의 경우 가해학생이 올바른 처분을 받게 하기 위해 심의기일에 출석하여 적극적으로 의견을 진술하시는 것이 좋습니다. 학교폭력 사건의 경우 특별한 사정이 없는 한 단 1회의 심의로 심의가 마무리됩니다. 즉 1회의 심의에서 학교폭력 해당 여부 판단부터 각 관련 학생에 대한 심의 조치 결정까지가 까지 모든 절차가 종료됩니다. 구체적 심의의 진행절차는 다음과 같습니다.

① 개회 및 안내

심의위원장은 학교폭력대책심의가 시작되면 개회선언과 함께 회의를 위한 의사 정족수를 확인합니다. 심의위원회의 회의는 재적 위원 과반수의 출석으로 개의하고, 출석위원 과반수의 찬성으로 의결하도록 되어 있습니다(학교폭력예방법 시행령 제14조 제5항). 각 학교폭력심의위원회 소위원회마다 재적의원이 정해져 있고 과반수의 의사 정족수를 갖추어 성원이 된 경우에만 심의를 절차대로 시작할 수 있습니다.

📖 위원장: 안녕하십니까, 부천시 교육청 제5소위원회 여러분 바쁘신 와중에 학교폭력심의에 참석하여 주셔서 감사합니다. 학교폭력예방법 시행령 제14조 제5항에 따라 제적 위원 12명 중 8명이 출석하여 성원이 되었으므로 2024-18호 소위원회의 개회를 선언합니다.

(의사봉 탕탕탕)

이번 위원회는 부천 경기 ○○고등학교 학교폭력 사안을 심의 의결하기 위해 소집되었습니다. 위원님들께서는 위원회의 운영목적과 법률 규정에 의거하여 피해학생의 보호와 가해학생의 올바른 선도를 위한 깊은 고민을 함께 해주시길 간청드립니다.

금일 심의한 안건은 2024-18호 경기 국제○○고등학교 학교폭력 건입니다.

② 제척, 기피, 회피 확인 및 주의사항 안내

공정한 심의를 위해서는 공평한 심의위원의 구성이 전제가 되어야 하는 바, 구체적 사건에서 불공정한 심의를 할 염려가 있는 위원이 위원회를 구성할 때 그 불공정한 심의를 할 염려가 있는 위원을 위원회의 구성에서 배제시킬 수 있는 제도가 필요한데 이러한 제도가 제척, 기피, 회피 제도입니다. 제척 사유가 있는 위원은 스스로 심의를 회피해야 하고 심의의 당사자들 역시 해당 사유가 발생한 경우 위원회에 기피신청을 할 수 있습니다. 또한 심의에 참여한 위원들은 학교폭력 예방 및 대책과 관련된 업무를 수행하거나 수행하였던 사람에 해당하여 그 직무로 인하여 알게 된 비밀 및 자료를 누설하여서는 아니 됩니다. 위원들이 비밀유지의무를 위반하는 경우 이는 1년 이하의 징역 또는 1천만 원 이하의 벌금에 처해질 수 있습니다(학교폭력예방법 제22조).

(제척 기피 회피 확인)

📑 위원장: 심의를 시작하기 전에 관련 학생들에 대한 제척 기피 회피 사항을 확인해 보도록 하겠습니다. 간사님께서는 제척, 기피, 회피 사유에 대하여 설명해 주시기 바랍니다.
간사: 학교폭력예방법 시행령 제26조에서는 위원님들의 제척 기피 회피 사항에 대하여 정하고 있습니다. 구체적 사유는 다음과 같습니다.

(제척, 기피, 회피 사유 설명)

📑 위원장: 참여하신 위원님들 중 법률이 정한 사항에 해당되어 제척되거나 회피해야 하실 위원님이 계신다면 지금 말씀해 주시길 바랍니다.

(위원들의 개별 학생 신상 확인 후)

📑 위원들: 법률이 정한 제척, 기피, 회피 사항이 없습니다.

(회의 주의사항 안내)

📑 위원장: 회의를 시작하기 전에 위원님들이 꼭 알아주셔야 하는 사항들이 있습니다. 첫 번째로 본 위원회는 처벌이 아닌 교육적 선도를 목적으로 진행됩니다. 두 번째로 위원님들께서는 공정하고 객관적인 조치가 이루어지도록 최선을 다해주시길 바랍니다. 세 번째로는 심의는 비공개로 진행되며 심의를 통해 알게 된 비밀 또는 관련자들의 자료는 학교폭력예방법에 의해 비밀 누설 금지 의무가 있음을 유의하여 주시기 바랍니다.

학교폭력예방 및 대책에 관한 법률 시행령

제26조(심의위원회 위원의 제척·기피 및 회피) ① 심의위원회의 위원은
법 제16조, 제17조 및 제18조에 따라 피해학생과 가해학생에 대한 조치
를 요청하는 경우와 분쟁을 조정하는 경우 다음 각 호의 어느 하나에
해당하면 해당 사건에서 제척된다. 〈개정 2020. 2. 25.〉

1. 위원이나 그 배우자 또는 그 배우자였던 사람이 해당 사건의 피
   해학생 또는 가해학생의 보호자인 경우 또는 보호자였던 경우
2. 위원이 해당 사건의 피해학생 또는 가해학생과 친족이거나 친족
   이었던 경우
3. 그 밖에 위원이 해당 사건의 피해학생 또는 가해학생과 친분이
   있거나 관련이 있다고 인정하는 경우

② 학교폭력과 관련하여 심의위원회를 개최하는 경우 또는 분쟁이 발
   생한 경우 심의위원회의 위원에게 공정한 심의를 기대하기 어려운
   사정이 있다고 인정할 만한 상당한 사유가 있을 때에는 분쟁당사자
   는 심의위원회에 그 사실을 서면으로 소명하고 기피신청을 할 수 있
   다. 〈개정 2020. 2. 25.〉
③ 심의위원회는 제2항에 따른 기피신청을 받으면 의결로써 해당 위원
   의 기피 여부를 결정해야 한다. 이 경우 기피신청 대상이 된 위원은
   그 의결에 참여하지 못한다. 〈개정 2020. 2. 25.〉
④ 심의위원회의 위원이 제1항 또는 제2항의 사유에 해당하는 경우에
   는 스스로 해당 사건을 회피할 수 있다. 〈개정 2020. 2. 25.〉
② 심의위원회의 위원장은 다음 각 호의 어느 하나에 해당하는 경우에
   는 스스로 해당 사건을 회피할 수 있다. 〈개정 2020. 2. 25.〉

③ 학교폭력 사안 보고 및 쟁점파악

학교폭력심의 진행 전에 간사 혹은 운영위원장은 심의 대상에 대한 사안 보고를 확인 후 각 사안별 쟁점을 정리하게 됩니다. 관련 학생들의 입장 전에 안건으로 올라온 학교폭력의 특성을 살펴보고 각 쟁점을 파악하고 질의 사항을 정리하게 됩니다.

📖 위원장: 간사님은 본 소위원회의 심의 대상에 관한 사안 보고를 진행해 주시길 바랍니다.

📖 간사: 금일 심의한 안건은 2024-18호 경기 ○○고등학교 학교폭력 건입니다.
- 피해학생은 2학년 외국어과 정예빈 학생
- 가해학생은 2학년 관광경영학과 정승연 학생
- 발생 장소는 부천 중앙공원 정자 근처 및 교내, 부천시청
- 발생 일시는 2024. 3월부터 2024. 6월까지 학기 중에 발생한 일입니다.
- 사건 경위는 경기 국제○○고등학교 정승연 학생이 학기 시작과 동시에 같은 학년 정예빈 학생이 본인보다 예쁘다는 이유로 지속적으로 폭행해 왔으며, 금품을 갈취하였고 지속적으로 담배심부름을 시키는 등 의무 없는 일을 강요하였다는 것입니다. 구체적 쟁점 사안 및 특이사항은 나눠드린 요약표와 같습니다.

📖 위원장: 위원님들께서는 경기 국제○○고등학교 사안에 대한 주요 쟁점 사안과 논의사항에 대하여 협의해 주시길 바랍니다.

(쟁점 및 논의사항 협의)

④ 피해학생 사실확인 및 질의응답

심의위원회는 사건의 경위 및 사실관계를 정확히 파악하고, 피해학생의 상태를 현재 파악하여 피해학생의 보호를 위한 조치를 하기 위해 피해학생 및 그 보호자에게 광범위한 질의를 할 수 있습니다. 이 과정은 각 개별 위원들의 질문에 대하여 피해학생이 직접 대답하는 방식으로 진행되게 됩니다. 질의가 끝나면 피해학생과 그 보호자는 의견을 법률이 정한대로 자신의 의견을 진술할 수도 있습니다.

📖 위원장: 간사님은 피해학생 보호자를 입장시켜 주시길 바랍니다.

(피해학생 및 보호자 입장)

📖 위원장: 본 학교폭력 사안으로 학생과 보호자 모두 상심이 크셨을 걸로 보입니다. 학생은 먼저 자신의 소속 학교와 이름을 진술해 주십시오. 보호자분은 학생과 어떤 관계인지 진술해 주십시오.

(피해학생 및 보호자의 대답)

📖 위원장: 대기실에서 기피에 관한 안내사항을 받으셨으리라 생각됩니다. 학생과 보호자분은 본 위원회에 참석한 위원 중에서 이번 심의에 대해 공정한 심의를 할 수 없다고 생각되는 위원이 있는지 살펴봐 주시고 대상자가 있다면 기피신청을 해주시길 바랍니다.

(기피신청 사유 확인)

📖 위원장: 기피신청이 없다면 심의를 시작하도록 하겠습니다. 보호자님 및 심의위원님들은 다음과 같은 사항을 주의해 주시기 바랍니다.

첫 번째로 발언을 위해서는 의사를 밝힌 후 위원장의 동의 및 허가를 얻어 진술하여 주시기 바랍니다. 둘째 심의장에서는 어떠한 경우에도 욕설, 폭언, 폭행을 할 수 없습니다. 해당 사안이 발생하면 즉시 퇴실 조치됨에 유의해 주시기 바랍니다. 셋째 회의 참석자 전원은 본 위원회에 참여하여 알게 된 모든 사항에 대하여 비밀을 유지해야 하는 의무가 있다는 점을 유념하여 주십시오. 마지막으로 본 위원회는 피해학생의 보호와 관련 학생들의 교육적인 선도를 위한 것으로서 위원님들이 최선을 다해 심의하게 되므로 위원회의 조치 결과를 신뢰하여 주시기 바랍니다.

📖 위원장: 정예빈 학생과 그 보호자분께서는 사실과 다른 내용이 있거나 추가로 하실 말씀이 있다면 말씀해 주시고 추가로 제출하실 자료가 있다면 학교폭력심의가 종료되기 전에 제출하여 주시기 바랍니다.

(사실인정과 학폭 여부 판단을 위한 개별 질의 시작)

📖 위원장: 위원님들께서는 본 사안 관련 확인하실 내용이 있으시면 질의해 주시기 바랍니다.

(각 위원들의 개별 질의 시간)

📖 위원장 : 학생과 보호자분께서는 마지막으로 하실 말씀이나 학교폭력 위원회에 요구사항이 있다면 말씀해 주시기 바랍니다.

(학생 및 보호자 최후의견진술)

📖 위원장: 답변에 임해주신 학생과 보호자님께 깊은 감사를 드립니다. 금일 본 위원회에서 결정된 조치결과는 서면으로 댁으로 송달됩니다. 만약 조치를 통보받으시고 그 조치결과에 이의가 있을 경우에는 처분이 있음을 알게 된 날로부터 90일 이내 처분이 있었던 날부터 180일 이내 부천시 교육청 행정심판위원회에 행정심판을 제기할 수 있습니다. 학생과 보호자는 퇴장하셔도 좋습니다. 수고하셨습니다.

⑤ 가해학생 사실확인 및 질의응답

심의위원회는 사건의 경위 및 사실관계를 정확히 파악하고, 가해학생의 현재 상태, 반성 및 화해 정도를 파악하여 가해학생의 선도·교육을 위한 조치를 하기 위해 가해학생 및 그 보호자에게 광범위한 질의를 할 수 있습니다. 이 과정에서 각 개별 위원들의 질문에 대하여 가해학생이 직접 대답하는 방식으로 진행되게 되며 질의가 끝나면 가해학생과 그 보호자는 위원회에 안건 관련 의견을 진술할 수도 있습니다.

📖 위원장: 간사님은 가해학생 및 보호자를 입장시켜 주시길 바랍니다.

(가해학생 및 보호자 입장)

📖 위원장: 본 학교폭력 사안으로 학생과 보호자 모두 상심이 크셨을 걸로 보입니다. 학생은 먼저 자신의 소속 학교와 이름을 진술해 주십시오. 보호자분은 학생과 어떤 관계인지 진술해 주십시오.

(가해학생 및 보호자의 대답)

📖 위원장: 대기실에서 기피에 관한 안내사항을 받으셨으리라 생각됩니다. 학생과 보호자분은 본 위원회에 참석한 위원 중에서 이번 심의에 대해 공정한 심의를 할 수 없다고 생각되는 위원이 있는지 살펴봐 주시고 대상자가 있다면 기피신청을 해주시길 바랍니다.

(기피신청 사유 확인)

📖 위원장: 기피신청이 없다면 심의를 시작하도록 하겠습니다. 보호자님 및 심의위원님들은 다음과 같은 사항을 주의해 주시기 바랍니다. 첫 번째로 발언을 위해서는 의사를 밝힌 후 위원장의 동의 및 허가를 얻어 진술하여 주시기 바랍니다. 둘째 심의장에서는 어떠한 경우에도

욕설, 폭언, 폭행을 할 수 없습니다. 해당 사안이 발생하면 즉시 퇴실 조치 됨에 유의해 주시기 바랍니다. 셋째 회의 참석자 전원은 본 위원회에 참여하여 알게 된 모든 사항에 대하여 비밀을 유지해야 하는 의무가 있다는 점을 유념하여 주십시오. 마지막으로 본 위원회는 피해학생의 보호와 관련 학생들의 교육적인 선도를 위한 것으로서 위원님들이 최선을 다해 심의하게 되므로 위원회의 조치결과를 신뢰하여 주시기 바랍니다.

📖 위원장: 정승연 학생과 보호자분은 본심의 관련 사실과 다른 내용이 있거나 추가로 하실 말씀이 있다면 말씀해 주시고 추가로 제출하실 자료가 있다면 학교폭력심의가 종료되기 전에 제출하여 주시기 바랍니다.

(사실인정과 학폭 여부 판단을 위한 질의 시작)

📖 위원장: 위원님들께서는 본 사안 관련 확인 하실 내용이 있으시면 질의해 주시기 바랍니다.
📖 위원들 : 사실인정과 학폭 여부 판단을 위한 구체적 질의

(개별 질의 및 질의 종료)

📖 위원장 : 학생과 보호자분께서는 마지막으로 하실 말씀이나 학교폭력 위원회에 요구사항이 있다면 말씀해 주시기 바랍니다.

(가해학생 및 보호자 최후의견 진술)

📖 위원장: 답변에 임해주신 학생과 보호자님께 깊은 감사를 드립니다. 금일 본 위원회에서 결정된 조치결과는 서면으로 집으로 송달됩니다. 만약 조치를 통보받으시고 그 조치결과에 이의가 있을 경우에는 처분이 있음을 알게 된 날로부터 90일 이내 처분이 있었던 날부터 180일 이내 부천시 교육청 행정심판위원회에 행정심판을 제기할 수 있습니다. 학생과 보호자는 퇴장하셔도 좋습니다.

⑥ 참고인 진술

심의기일에서는 위원회의 판단에 따라 참고인의 진술을 들을 수도 있습니다. 해당 학교폭력의 직접 목격자인 학생, 교원도 참고인이 될 수 있고 외부 전문가들도 참고인이 되어 학교폭력에 관한 의견을 진술할 수 있습니다. 특히 성범죄 등 피해학생이 장기간 치료를 받아온 경우 상담이나 치료를 담당했던 의료인 등 전문가가 직접 나와 진술할 수도 있고 의견서의 형식으로 의견을 제출할 수도 있습니다.

📖 위원장: 다음으로 참고인 진술을 들어보도록 하겠습니다. 참고인으로는 정예빈 학생을 3개월간 치료했던 정신건강학과 전문의 오유진 선생님이 참석해 주셨습니다. 간사님은 참고인을 입장시켜 주시기 바랍니다.

(참고인 입장)

📖 위원장: 본 심의에 참석해 주셔서 감사합니다. 참고인의 소속과 성함을 말씀해 주시기 바랍니다.

(참고인 질의응답)

📖 위원장: 지금부터 위원님들께서는 본 사안 관련 궁금한 사항을 질의하여 주시기 바랍니다.

(각 위원들 개별 질문)

📖 위원장: 오늘 성실히 답변해 주신 참고인분께 진심으로 감사하단 말씀을 드립니다. 이제 귀가하셔도 좋습니다.

---

⑦ **학교폭력 해당 여부 심의**

심의위원회는 관련 학생들의 진술, 참고인의 진술 등을 종합하여 사안 조사 내용과 함께 신고된 내용의 사실 여부 및 해당 사안이 학교폭력에 해당하는지 판단하게 됩니다. 학교폭력이 아닌 것으로 판단되는 경우 거기서 심의는 종료하고 학교폭력에 해당한다고 판단되는 경우 관련 학생들에 대한 조치를 결정해야 합니다.

> 📖 위원장: 다음으로는 사안 조사 보고서 및 제출자료, 관련 학생들의 심의장 진술 등을 토대로 사실관계 확정 및 학교폭력 여부를 확정하는 절차를 갖도록 하겠습니다. 위원님들께서는 본 사안에 관한 의견을 말씀해 주시길 바랍니다.
>
> (다툼 없는 사실 및 상반된 주장에 대한 학교폭력 관련 사실관계 확정)
>
> 📖 위원 1: 정예빈 학생 피해 신고 관련 사실인정 관련하여 2024. 3월부터 정승연 학생이~사실은 학교의 사안조사 진술서, 친구 이득환 외 4명의 목격진술 등으로 전부 사실로 확인됩니다. 비록 정승연 학생은 부인하고 있지만 피해학생의 진술 및 보강증거로 전부 사실로 확정 지어야 합니다.
>
> 📖 위원 2: 맞습니다. 정승연 학생은 정예빈 학생이 본인보다 예쁘다는 이유로 지속적으로 폭행해 왔으며, 금품을 갈취하였고 지속적으로 담배심부름을 시키는 등 의무 없는 일을 시킨 부분 역시 정예빈 학생의 일기장 및 친구 오유진의 목격진술 등으로 모두 사실로 확인됩니다.
>
> 📖 위원장: 다른 위원님들의 의견도 다 청취하였습니다. 본건 피해신고 관련 전부를 사실로 인정하도록 하겠습니다. 이어서 인정되는 사실에 대한 학교폭력 해당 여부에 대하여 심의하도록 하겠습니다. 본 사안이 학교폭력에 해당하는 여부에 대한 의견을 말씀해 주시기 바랍니다.

(의원들 간의 학교폭력 해당 여부 논의)

📖 위원 1: 본 사안 인정된 사실관계를 살펴보면 정승연 학생이 지속적으로 정예빈 학생을 때리는 등의 행위를 한 것은 피해학생에게 신체폭력을 행사한 것에 대항합니다. 또한 장기간 담배심부름을 시킨 부분 역시 의무 없는 일을 강요하게 한 것으로 이는 강요에 해당합니다.

📖 위원 2: 동의합니다. 피해학생은 위와 같은 사실로 장기간 고통 및 불안감을 느꼈을 것으로 판단됩니다. 이는 명백히 정예빈 학생의 신체, 정신 또는 재산상의 피해를 수반하는 행위로서 학고폭력예방법에서 규정하는 학교폭력에 해당한다고 생각합니다.

(의원들 간의 학교폭력 해당 여부 논의)

📖 위원장: 오늘 위원님들의 심도 있는 회의 결과 의견을 반영한 결과 금일 상정된 안건은 학교폭력에 해당하는 것으로 판단하였습니다. 본건이 학교폭력으로 판단되었는 바 지금부터는 피해학생의 보호 및 가해학생의 선도를 위한 조치를 심의하도록 하겠습니다.

● VS 학교폭력이 아닌 것으로 판단 된 경우

📖 위원장 : 위원님들의 의견을 반영하여 금일 상정된 안건의 경우 학교폭력에 해당하지 않는 것으로 판단하고 '학교폭력 아님' 결정으로 심의를 마치도록 하겠습니다.

(의사봉 탕탕탕!!)

⑧ 피해학생 보호 및 가해학생 선도조치

심의위원회는 학교폭력이 인정되고 피해학생에 대한 보호의 필요성이 있는 경우 피해학생 보호조치를 하여야 합니다. 또한 학교폭력 사실이 인정되었으므로 가해학생의 선도를 위한 조치를 의결해야 합니다.

📖 위원장: 본 심의에서 본 안건이 학교폭력으로 판단되었으므로 피해학생 보호 및 가해학생 선도조치를 시행하겠습니다. 먼저 피해학생인 정예빈 학생의 보호조치를 심의하도록 하겠습니다. 위원님들은 사건의 경위 및 피해 정도, 금일 심의장에서의 피해학생의 진술 등을 고려하여 필요한 조치가 이루어질 수 있도록 심사숙고하여 협의해 주시기 바랍니다.

(피해학생 조치에 대한 위원들 간 상호 논의 및 조치 결정)

📖 위원장: 심의 결과 정예빈 학생이 이 사건으로 인해 신체적·정신적 피해를 입었다고 판단되었습니다. 이후 피해학생이 지속적인 심리상담과 조언 등을 통해 피해가 회복될 수 있도록 학교폭력예방 및 대책에 관한 법률 제16조 제1호에 따른 조치사항을 결정하였습니다. 이후 해당 조치를 교육장에게 요청하도록 하겠습니다.

📖 위원장 : 다음으로 가해학생에 대한 조치를 협의하도록 하겠습니다. 나눠드린 조치별 적용 세부 기준표를 근거로 항목별로 의견을 제시하여 주시기 바랍니다.

- 위원님들께서는 학교폭력의 심각성 정도에 대한 의견을 제시해 주시기 바랍니다. (협의로 판정 점수결정)
- 위원님들께서는 학교폭력의 지속성 정도에 대한 의견을 제시해 주시기 바랍니다. (협의로 판정 점수결정)
- 위원님들께서는 학교폭력의 고의성 정도에 대한 의견을 제시해 주시기 바랍니다. (협의로 판정 점수결정)
- 위원님들께서는 학교폭력의 반성 정도에 대한 의견을 제시해 주시기 바랍니다. (협의로 판정 점수결정)

>   – 위원님들께서는 학교폭력의 화해 정도에 대한 의견을 제시
> 해 주시기 바랍니다. (협의로 판정 점수결정)
> 📖 위원장: 심의 결과 정승연 학생이 이 사건으로 인해 학교폭력 가해
> 학생으로 판단되었고 이후 가해학생이 올바르게 선도될 수 있도록 학
> 교폭력예방 및 대책에 관한 법률 제17조 제1항 제4호에 따른 조치사항
> 을 결정하였습니다.

⑨ 병과조치심의

가해학생에 대한 점수산정합계가 끝나면 가해학생에게 제2호, 제5호 또는 다른 조치를 병과할지 판단하게 됩니다. 심의위원회는 필요하다고 판단되면 결정된 조치의 하위 조치를 병과할 수 있습니다.

> 📖 위원장: 다음은 가해학생에게 병과 조치가 필요한지에 대해 심의
> 하도록 하겠습니다. 위원님들의 경우 가해학생의 선도를 위하여 필요
> 하다고 판단하시는 경우 2호, 5호 조치 또는 결정된 조치의 하위 조치
> 를 병과할 수 있습니다.
>
> (위원들의 의견 수렴 및 과반 심의)
>
> 📖 위원장: 심의 결과 출석위원 8명 중 과반인 6명의 위원이 2호 조치
> 병과 의견을 주셨기에 학교폭력예방 및 대책에 관한 법률 제17조 제1
> 항 제4호에 2호 조치를 병과하는 것으로 결정하겠습니다.
>
> (의사봉 탕탕탕!!!)

⑩ 조치 부여시간 협의 및 특별교육이수 시간 협의

가해학생 대한 조치가 전부 확정된 경우 이후 세부 이행사항을 결정하여야 합니다. 통상 1호 조치의 경우 완료 시점을 정하고 3~5호 조치의 경우 시간 단위로 처분을 정하며, 6호 조치의 경우 일 단위로 처분을 정하게 됩니다. 조치 부여가 완료되면 학생과 보호자의 특별교육 이수기간도 함께 정해집니다.

> 📖 위원장: 다음은 가해학생에 대한 조치이행을 협의하도록 하겠습니다.
>
> (위원들의 조치완료기간 협의)
>
> 📖 위원장 : 위원님들의 의견을 종합하여 4호 조치(8시간)를 2개월 이내 이행하는 것으로 결정하겠습니다. 다음은 가해학생 및 보호자의 특별교육 이수에 대해 논의하도록 하겠습니다. 간사님은 우리 교육청의 이수 기준을 설명하여 주시기 바랍니다. 위원회에서 결정된 4호 조치에 대하여 가해학생과 보호자의 부가적 특별교육 이수시간에 대해 협의해 주시기 바랍니다.
>
> (가해학생과 보호자의 부가적 특별교육 협의)
>
> 📖 위원장: 위원님들의 의견을 종합하여 부가적 특별교육으로서 가해학생은 4시간 보호자는 4시간으로 결정하도록 하겠습니다.

⑪ 결과 종합 및 회의종료

위원장은 마지막으로 심의 안건을 정리하여 최종적으로 의결하게 되며 이를 끝으로 심의 절차는 종료하게 됩니다.

📖 위원장: 금일 심의 사안에 대한 결정사항에 대하여 종합하여 위원님들께 보고드리겠습니다. 금일 심의한 안건은 2024-18호 경기 국제 ○○고등학교 학교폭력 건으로서 피해학생 조치는 제1호, 가해학생 조치는 제2호 및 제4호 처분이며 부가적 특별교육은 가해학생 4시간 보호자는 4시간으로 결정되었습니다. 이의 없으시면 이대로 결정하도록 하겠습니다.

(의결서 작성 요구)

📖 위원장: 간사님은 의결서를 작성하시어 피해학생은 7일, 가해학생은 14일 이내 본 심의에 따른 조치결과가 통보될 수 있도록 교육장에게 보고하여 주시기 바랍니다.

(회의 종료)

이상으로 소위원회 회의를 마치도록 하겠습니다. 여러분들의 노고에 깊은 감사를 드립니다. 탕탕탕!!!

다. 조치통보

교육장은 심의위원회가 조치한 결정을 서면으로 피해학생 및 가해학생에게 통보해 줍니다. 조치 통보서에는 관련 학생에게 내려진 조치뿐만 아니라, 조치가 내려진 근거와 이유를 제시해야만 합니다. 또한 학교에 공문으로 조치 결정을 통보하여 조치 결정에 따른 조치의 이행을 협조하도록 합니다. 가해학생이 조치를 통보받고 상당한 기간 내에 미이행할 경우, 학교장은 미이행 학생 명단을 교육장(심의위원회)에게 보고토록 되어 있습니다.

경기도OO교육지원청

수신   이유림(경기도 부천시 부일로 203, 214호)

(경유)

제목   [조치통보] 2024-139호 학교폭력대책심의위원회 조치결정 통보

          (학생, 학부모)

관련: 경기도 OO지원청 중등교육지원과-23682(2024. 11. 14.)

학교폭력예방 및 대책에 관한 법률 제16조, 제17조 조치결정을 아래와 같이 통보합니다.

조치결정 통보서

심의번호: 부천-2022-139호

구분	소속학교	학년 반	성명
피해학생	용재중학교	3-11	김효정
가해학생	용재중학교	3-3	김한길
	용재중학교	3-2	정현종
조치 결정의 이유	■ 용재중-2024-5호 사안에 대하여 관련 학생들의 진술과 제출된 증거자료 및 전담기구의 사안 조사내용을 토대로 판단한 학교폭력 여부는 다음과 같음. ■ 김한길 가해 관련 김효정 학생의 사진을 무단으로 도용하여 음란사진을 합성하고, 제3자에게 의뢰하여 추가 합성하였으며 부적절한 용어로 사이버상에서 성희롱을 하며 김효정 학생을 사칭하는 계정을 운영하여 김효정 학생에게 성적 수치심과 정신적 피해를 입힌 사실이 인정되며 이는 사이버폭력 및 성폭력임. 따라서 김한길 학생의 행위는 **학교폭력에 해당함.** ■ 정현종 가해 관련 정현종 학생을 괴롭히려는 의도성은 적으나 김효정 학생이 당한 피해사실을 다른 학생들에게 유포한 행위는 명예훼손이자 언어폭력에 해당하며 이는 학교폭력임. ■ 위 행위는 「학교폭력예방 및 대책에 관한 법률」 제2조에 따른 '학교폭력'에 해당하는 바, 동법 시행령 제19조와 '학교폭력 가해학생 조치별 적용 세부기준 고시'에 따라 학교폭력의 심각성, 지속성, 고의성, 가해학생의 반성 정도, 가해학생 및 보호자와 피해학생 및 보호자 간의 화해의 정도, 해당 조치로 인한 가해학생의 선도 가능성 등을 고려하여 가해학생의 선도, 교육과 피해학생의 보호를 위하여 아래와 같은 조치를 결정함.

심의 위원회 개최일			2022. 11. 4.	
조치 사항	피해 학생	**김효정**	학교폭력예방 및 대책에 관한 법률 제16조 제1항	제1호 심리상담 및 조언 제3호 치료 및 치료를 위 한 요양
	가해 학생	**김한길**	학교폭력예방 및 대책에 관한 법률 제17조 제1항	제2호 피해학생 및 신 고 · 고발 학생에 대한 접촉, 협박 및 보복행위 의 금지 (이행기간: 2027. 2. 28.까지) 제5호 학내외 전문가에 의한 특별 교육이수 또 는 심리치료 15시간 제6호 출석정지 10일
			제17조 제3항 및 제9항 특별교육	학생 5시간, 보호자 5시간
		정현종	학교폭력예방 및 대책에 관한 법률 제17조 제1항	제3호 학교에서의 봉사 4시간 (이행기간: 2022. 12. 30.까지)
			제17조 제3항 및 제9항 특별교육	학생 2시간, 보호자 2시간

불복절차	피해학생	O교육장이 제16조 제1항 및 제17조 제1항에 따라 내린 조치에 대하여 이의가 있는 피해학생 또는 그 보호자는 처분이 있음을 알게 된 날부터 90일 이내, 처분이 있었던 날부터 180일 이내에 「행정심판법」 제27조에 따른 행정심판을 청구할 수 있음(학교폭력예방 및 대책에 관한 법률 제17조의2) O피해학생은 처분이 있음을 안 날부터 90일 이내, 처분이 있은 날부터 1년 이내에 행정소송법 제20조에 따른 행정소송을 제기할 수 있음.
	가해학생	O교육장이 제17조 제1항에 따라 내린 조치에 대하여 이의가 있는 가해학생 또는 그 보호자는 처분이 있음을 알게 된 날부터 90일 이내, 처분이 있었던 날부터 180일 이내에 「행정심판법」 제27조에 따른 행정심판을 청구할 수 있음(학교폭력예방 및 대책에 관한 법률 제17조의2) O가해학생은 처분이 있음을 안 날부터 90일 이내, 처분이 있은 날부터 1년 이내에 행정소송법 제20조에 따른 행정소송을 제기할 수 있음

(담당자: 장학사 심보선, TEL 032-710-8888)

2024. 11. 14.
끝.

5. 피해학생 보호조치의 종류 및 내용

학교폭력심의 결과 학교폭력이 인정되어 피해학생으로 인정되었고, 피해학생으로서 보호를 위한 필요성이 인정되는 경우 심의위원회는 피해학생의 보호를 위하여 보호조치를 할 수 있습니다. 심의위원회는 피해학생의 보호를 위하여 학교폭력예방법 제16조(피해학생의 보호)에 따라 총 5가지 처분을 할 수 있습니다.

피해학생 보호조치	처분의 내용
제1호 처분	학내외 전문가에 의한 심리상담 및 조언
제2호 처분	일시 보호
제3호 처분	치료 및 치료를 위한 요양
제4호 처분	학급교체처분
제5호 처분(삭제됨)	
제6호 처분	그 밖에 피해학생의 보호를 위하여 필요한 조치

❘ 피해학생 보호조치의 종류

가. 피해학생 보호조치의 종류

① 제1호 처분(학내외 전문가에 의한 심리상담 및 조언)

학교폭력의 피해를 입은 피해학생은 정신적으로 큰 고통을 겪어왔기에 학교생활에 대한 불안함과 부적응이 생길 수밖에 없습니다. 제1호 처분은 피해학생이 학교폭력으로 받은 정신적·심리적 충격으로부터 회복할 수 있도록 학교 내·외의 심리상담 전문가로부터 심리상담 및 조언을 받도록 하는 조치입니다. 이는 학내 심리상담교사에 의해 이루어질 수도 있고 외부 전문가를 통하여 이루어질 수도 있습니다.

② 제2호 처분(일시보호)

제2호 처분은 피해학생이 가해학생으로부터 지속적인 폭력이나 보복을 당할 우려가 있는 경우, 일시적으로 보호시설이나 집 또는 학교상담실 등에서 일시적으로 보호를 받을 수 있도록 하는 조치입니다. 일시보호처분이 내려지는 경우 피해학생은 교육감이 정한 일시보호시설에서 보호를 받을 수도 있고 학생의 상태를 고려하여 집 또는 학교상담실 등에서 보호를 받을 수도 있습니다. 일시보호는 30일 범위 내에서 이루어지게 됩니다.

③ 제3호 처분(치료 및 치료를 위한 요양)

학교폭력의 피해를 입은 피해학생은 심의 후 추가적인 치료를 받아야 하는 경우가 많습니다. 이러한 치료에는 신체적인 치료뿐만 아니라 심리적 치료도 포함됩니다. 피해학생이 치료나 상담이 필요하다고 판단 되면 심의위원회는 제3호 처분으로 피해학생이 그 치료를 받도록 할 수 있습니다. 학교폭력 피해학생의 상담 및 치료 기간은 원칙적으로 2년 내로 정해지지만 추가적인 치료 등을 위하여 학교폭력 피해학생 및 보호자가 요청하는 경우에는 학교폭력예방법 제58조 제1항에 따른 학교안전공제보상심사위원회의 심의를 거쳐 1년의 범위에서 상담 및 치료 기간을 연장할 수 있습니다.

④ 제4호 처분(학급교체처분)

학교폭력이 발생한 사건 중에는 피해학생과 가해학생이 같은 반인 경우가 많습니다. 이 경우 피해학생은 조치 후 같은 반에서 가해학생을 지속적으로 보는 것이 부담스러울 수 있습니다. 학급교체처분은 피해학생이 지속적인 학교폭력 상황 및 정신적 상처에서 신속히 벗어나도록 하기 위해서 피해학생을 동일 학교 내의 다른 학급으로 소속을 옮겨주는 조치입니다. 다만 학기 중에 갑자기 학급을 옮기는 것은 피해학생 및 학부모에게 큰 부담이 될 수 있으므로 학급교체 조치 결정에 있어 피해학생 및 보호자의 의견을 반드시 반영해야 합니다.

⑤ 제6호 처분(그 밖에 피해학생의 보호를 위하여 필요한 조치)

학교폭력심의위원회는 피해학생의 나이나 당해 온 피해 등을 고려하여 해바라기센터 지정 병원 등 의료기관과 연계하여 필요한 조치를 할 수 있습니다. 이외에도 대한법률구조공단과 같은 법률구조기관, 학교폭력 관련 기관 등에 필요한 협조와 지원요청 등을 할 수 있습니다. 이는 예시일 뿐이고 제6호 처분을 하는 경우 기관에 광범위한 지원요청이 가능합니다.

나. 피해학생에 대한 추가지원제도

　피해학생에 대한 보호조치 등으로 인해 피해학생이 학교에 결석하게 되는 경우 각 학교의 장은 학생의 가정학습에 대한 지원 등 교육상 필요한 조치를 마련해 줄 수 있습니다. 피해학생 보호조치 등 보호가 필요한 학생에 대하여 학교의 장이 인정하는 경우 그 조치에 필요한 결석을 출석일수에 산입할 수 있습니다(학교폭력예방법 제16조 제4항). 또한 학교의 장은 보호조치를 받았다는 사실 자체가 성적평가 등에서 불이익으로 작용하지 않도록 해야 하며(동법 제16조 제5항), 피해학생이 결석하게 되어 부득이하게 성적평가를 위한 시험에 응하지 못하게 된 경우에도 학교학업성적관리규정에 의거하여 불이익이 없도록 조치해야 합니다. 피해학생이 장애학생인 경우 심의위원회는 학교폭력으로 피해를 입은 장애학생의 보호를 위하여 특수교육 및 장애인 전문 상담, 또는 장애 전문 치료기관의 요양 조치를 할 수도 있습니다. 최근 다문화 가정이 증가하는 추세를 고려하여 심의위원회는 각 가정의 구성 및 문화적 특성을 고려한 배려조치를 취할 수도 있습니다.

학교폭력예방법 제16조(피해학생의 보호)

① 심의위원회는 피해학생의 보호를 위하여 필요하다고 인정하는 때에는 피해학생에 대하여 다음 각 호의 어느 하나에 해당하는 조치(수개의 조치를 동시에 부과하는 경우를 포함한다)를 할 것을 교육장(교육장이 없는 경우 제12조제1항에 따라 조례로 정한 기관의 장으로 한다. 이하 같다)에게 요청할 수 있다. 다만, 학교의 장은 학교폭력사건을 인지한 경우 피해학생의 반대의사 등 대통령령으로 정하는 특별한 사정이 없으면 지체 없이 가해자(교사를 포함한다)와 피해학생을 분리하여야 하며, 피해학생이 긴급보호를 요청하는 경우에는 제1호, 제2호 및 제6호의 조치를 할 수 있다. 이 경우 학교의 장은 심의위원회에 즉시 보고하여야 한다.

1. 학내외 전문가에 의한 심리상담 및 조언
2. 일시보호
3. 치료 및 치료를 위한 요양
4. 학급교체
5. 삭제
6. 그 밖에 피해학생의 보호를 위하여 필요한 조치

② 심의위원회는 제1항에 따른 조치를 요청하기 전에 피해학생 및 그 보호자에게 의견진술의 기회를 부여하는 등 적정한 절차를 거쳐야 한다.
③ 제1항에 따른 요청이 있는 때에는 교육장은 피해학생의 보호자의 동의를 받아 7일 이내에 해당 조치를 하여야 한다.
④ 제1항의 조치 등 보호가 필요한 학생에 대하여 학교의 장이 인정하는 경우 그 조치에 필요한 결석을 출석일수에 포함하여 계산할 수 있다.
⑤ 학교의 장은 성적 등을 평가하는 경우 제3항에 따른 조치로 인하여

학생에게 불이익을 주지 아니하도록 노력하여야 한다.

⑥ 피해학생이 전문단체나 전문가로부터 제1항제1호부터 제3호까지의 규정에 따른 상담 등을 받는 데에 사용되는 비용은 가해학생의 보호자가 부담하여야 한다. 다만, 피해학생의 신속한 치료를 위하여 학교의 장 또는 피해학생의 보호자가 원하는 경우에는 「학교안전사고 예방 및 보상에 관한 법률」 제15조에 따른 학교안전공제회 또는 시·도교육청이 부담하고 이에 대한 상환청구권을 행사할 수 있다.

1. 삭제

2. 삭제

⑦ 학교의 장 또는 피해학생의 보호자는 필요한 경우 「학교안전사고 예방 및 보상에 관한 법률」 제34조의 공제급여를 학교안전공제회에 직접 청구할 수 있다.

⑧ 피해학생의 보호 및 제6항에 따른 지원범위, 상환청구범위, 지급절차 등에 필요한 사항은 대통령령으로 정한다.

학교폭력예방법 제16조의2(장애학생의 보호)

① 누구든지 장애 등을 이유로 장애학생에게 학교폭력을 행사하여서는 아니 된다.

② 심의위원회는 피해학생 또는 가해학생이 장애학생인 경우 심의과정에 「장애인 등에 대한 특수교육법」 제2조 제4호에 따른 특수교육교원 등 특수교육 전문가 또는 장애인 전문가를 출석하게 하거나 서면 등의 방법으로 의견을 청취할 수 있다.

③ 심의위원회는 학교폭력으로 피해를 입은 장애학생의 보호를 위하여 장애인전문 상담가의 상담 또는 장애인전문 치료기관의 요양 조치를 학교의 장에게 요청할 수 있다.

④ 제3항에 따른 요청이 있는 때에는 학교의 장은 해당 조치를 하여야 한다. 이 경우 제16조 제6항을 준용한다.

학교폭력예방법 시행령 제18조(피해학생의 지원범위 등)

① 법 제16조 제6항 단서에 따른 학교안전공제회 또는 시 · 도교육청이
부담하는 피해학생의 지원범위는 다음 각 호와 같다.

  1. 교육감이 정한 전문심리상담기관에서 심리상담 및 조언을 받는
데 드는 비용

  2. 교육감이 정한 기관에서 일시보호를 받는 데 드는 비용

  3. 「의료법」에 따라 개설된 의료기관, 「지역보건법」에 따라 설치된
보건소 · 보건의료원 및 보건지소, 「농어촌 등
보건의료를 위한 특별조치법」에 따라 설치된 보건진료소, 「약사
법」에 따라 등록된 약국 및 같은 법 제91조에 따라
설립된 한국희귀 · 필수의약품센터에서 치료 및 치료를 위한 요
양을 받거나 의약품을 공급받는 데 드는 비용

② 제1항의 비용을 지원 받으려는 피해학생 및 보호자가 학교안전공제
회 또는 시 · 도교육청에 비용을 청구하는 절차와 학교안전공제회 또
는 시 · 도교육청이 비용을 지급하는 절차는 「학교안전사고 예방 및
보상에 관한 법률」 제41조를 준용한다.

③ 학교안전공제회 또는 시 · 도교육청이 법 제16조 제6항에 따라 가해
학생의 보호자에게 상환청구를 하는 범위는 제2항에 따라 피해학생
에게 지급하는 모든 비용으로 한다.

Q&A

피해학생 보호조치를 위한 지원은 국가세금으로 부담할까요?

전국적으로 학교폭력사건이 증가함에 따라 피해학생을 위한 보호조치를 위한 비용 역시 매년 증가하고 있습니다. 피해학생을 지원하기 위한 비용의 경우 피해학생의 신속한 치료를 위하여 피해학생의 보호자가 원하는 경우에는 학교안전공제회 또는 시·도교육청이 우선 선제적으로 부담하고 향후 가해학생의 부모에게 이 부분에 대한 구상권을 행사할 수 있습니다(학교폭력예방법 제16조 제6항). 결국 피해학생이 전문단체나 전문가로부터 제1항 제1호부터 제3호까지의 규정에 따른 상담 등에 사용되는 비용은 가해학생의 보호자가 부담하게 됩니다. 학교폭력 피해학생의 상담 및 치료 기간은 2년으로 하고, 일시보호의 기간은 30일로 정해져 있습니다. 따라서 위 기간 동안 발생한 비용은 가해학생의 부모님이 부담하게 됩니다.

6. 가해학생 선도조치의 종류 및 내용

심의위원회는 심의 결과 가해학생의 학교폭력이 인정되는 경우는 피해학생의 보호와 가해학생의 선도·교육을 위하여 가해학생에 대하여 학교폭력예방법 제17조에 따라 아래 9가지 종류의 선도조치를 의결할 수 있습니다. 가해학생을 위한 선도조치는 단 하나의 조치로도 진행할 수 있고 선도를 위해 필요하다고 인정되는 경우 수 개의 조치를 동시에 부과할 수 있습니다.

가해학생 선도조치	처분의 내용
제1호 처분	학내외 전문가에 의한 심리상담 및 조언
제2호 처분	피해학생 및 신고·고발 학생에 대한 접촉 협박 및 보복행위의 금지
제3호 처분	교내봉사
제4호 처분	사회봉사

가해학생 선도조치	처분의 내용
제5호 처분	학내외 전문가에 의한 특별교육이수 또는 심리치료
제6호 처분	출석정지
제7호 처분	학급교체
제8호 처분	전학
제9호 처분	퇴학

❘ 가해학생 선도조치의 종류

가. 가해학생을 위한 선도조치의 종류

① 제1호 처분(피해학생에 대한 서면사과)

심의위원회는 가해학생이 피해학생에게 그동안의 학교폭력에 대한 사과를 하도록 '서면사과' 조치를 명할 수 있습니다. 이는 가해학생 선도조치 중 가장 낮은 조치이지만 실무적으로는 가장 분쟁이 많은 처분 중 하나입니다. 특히 가해학생이 학교폭력을 인정할 수 없는데 심의위원회가 학교폭력으로 인정하여 의결한 이후 서면사과를 명하는 경우 심적으로 이를 받아들이지 못하는 경우가 많습니다. 제1호 처분의 경우 조치이행 기간을 명시하여 조치가 진행되기 때문에 이를 받아들이지 못하고 행정 심판이나 행정소송으로 나아가는 경우도 많습니다. 또한 가해학생이 서면사과는 이행하였지만 부실한 서면사과를 하는 경우 피해학생 측이 분노하여 또 다른 분쟁이 발생할 수도 있습니다. 통상 쌍방 학교폭력으로 접수되어 학교폭력이 양측에 인정되는 경우 서로 서면사과 처분이 동시 부과됩니다.

② **제2호 처분**(피해학생 및 신고·고발 학생에 대한 접촉, 협박 및 보복행위의 금지)

심의위원회는 피해학생의 보호를 위하여 혹은 신고나 고발을 한 신고 학생의 보호를 위하여 가해학생이 해당 학생에게 접근하지 못하도록 하여 추가 폭력이나 그 보복을 막기 위한 조치를 할 수 있습니다. 통상 심의위원회는 제2호 처분을 하는 경우 그 기간을 정해 처분을 하게 됩니다. 위원회가 제일 많이 하는 처분의 예로는 '졸업 시까지 접촉금지'입니다. 이처럼 심의위원회는 가해학생이 피해학생이나 신고학생에게 보복을 하지 못하도록 기간을 정해 보호조치를 할 수 있습니다. 다만 가해학생이 졸업하여 성년이 된 이후의 접촉을 금지시킬 수는 없습니다.

Q&A

같은 학교에 재학 중인데 접촉을 금지한다는 것의 의미는 무엇인가요?

피해학생과 가해학생이 같은 학교 혹은 같은 반에 재학 중인 경우 접촉금지 처분을 하면 어떻게 진행될지에 대하여 궁금해하시는 분들이 많습니다. 같은 학교에서 생활하다 보면 이동 중에 혹은 학습 간에 수없이 마주치는 일이 발생할 텐데 이를 어떻게 금지시킬지에 대한 의문이 있는 것은 당연합니다. 관련 학생들이 학교생활을 해야 하기에 실제로 모든 접촉을 막기란 물리적으로 불가능합니다. 따라서, 교육활동 및 일상생활 가운데 이루어지는 의도하지 않은 접촉은 위원회가 금지하는 접촉금지 대상에 해당하지 않습니다. 다만 접촉금지 조치를 받은 학생이 의도적으로 피해학생에게 접촉하는 것(인터넷, 휴대전화 등 정보통신망을 이용한 행위를 포함)은 절대적으로 금지됩니다, 또한 가해학생이 의도성이 없었음을 주장하며 빈번하게 접촉을 시도하는 경우 이를 판단하여 의도적이라 판단되면 다른 조치를 추가할 수도 있습니다.

③ 제3호 처분(교내봉사)

심의위원회는 가해학생이 봉사의 진정한 의미를 깨닫고 학생 스스로 자신의 잘못을 깨달을 수 있도록 교내봉사활동을 조치를 명할 수 있습니다. 위원회가 교내봉사 처분을 하는 경우 각 학교는 학교 내 화단정리, 교구정리, 화장실 청소, 교내도우미 활동 등 다양한 교내봉사활동을 시킬 수 있습니다. 다만 가해학생의 교내봉사활동은 가해학생의 수업권을 침해할 수 없어 가해학생의 수업권이 보장되는 범위 내에서 시간 단위로 정하여 부여시간 및 조치완료 기한을 정하게 됩니다.

④ 제4호 처분(사회봉사)

심의위원회는 가해학생의 선도를 위해 학교 외부기관에서 가해학생이 반성하는 시간을 가질 수 있도록 사회봉사 처분을 할 수 있습니다. 가해학생의 경우 주로 행정기관이나 공공기관과 연계되어 봉사활동을 하게 되지만 학교나 주거 근처 노인정, 사회복지관 장애인 기관 등 다양한 기관에서도 사회봉사 진행이 가능합니다. 사회봉사 처분 역시 가해학생의 수업권을 침해할 수 없어 가해학생의 수업권이 보장되는 범위 내에서 시간 단위로 정하여 부여시간 및 조치완료 기한을 정하게 됩니다. 제4호 처분부터는 생활기록부에 기재되는 처분이기 때문에 실무적으로 가장 분쟁이 많고 불복도 많이 일어나는 처분에 해당합니다.

⑤ **제5호 처분**(학내외 전문가에 의한 특별교육이수 또는 심리치료)

심의위원회는 심의 결과 가해학생의 학교폭력이 스스로의 충동을 조절하지 못하거나 학생이나 보호자의 훈육만으로 스스로의 행동을 반성하기 어려워 보이는 경우 가해학생이 외부 전문가의 도움을 받아 학교폭력에 대한 인식을 개선하고 충동을 조절할 수 있도록 전문가에 의한 교육이나 치료를 받게 할 수 있습니다. 이는 학교 선생님들에게 나누기 어려운 이야기를 외부 상담 전문가와 나눔으로써 학교폭력의 원인 및 행동개선을 위한 목표를 가진 조치입니다. 심의위원회는 가해학생에 대한 처분 시 특별교육이수 또는 심리치료 중 반드시 하나를 선택하여 조치해야 합니다. 일반적으로는 대부분이 특별교육 처분으로 이루어집니다.

⑥ **제6호 처분**(출석정지)

출석정지 처분은 학교폭력을 발생시킨 가해학생을 일정 기간 동안 학교 수업에 출석하지 못하게 하는 처분입니다. 이는 일시적으로 피해학생과의 접촉을 막아 피해학생을 보호하고 가해학생의 수업권을 일정 기간 박탈함으로써 가해학생에게 반성의 기회를 주기 위한 조치입니다. 피해학생의 경우 결석 기간이 출석에 인정될 수 있지만 가해학생의 출석정지 기간은 출석은 하되 인정을 하지 않는 미인정 결석으로 처리됩니다. 가해학생의 출석정지 역시 가해학생의 수업권을 장기간 침해할 수는 없기에 가해학생의 수업권이 보장되는 범위 내에서 일 단위로 정하여 부여시간 및 조치완료 기한을 정하게 됩니다.

한 권에 담은 학교폭력의 바이블

⑦ 제7호 처분(학급교체)

심의위원회는 가해학생을 피해학생으로부터 격리하기 위하여 같은 학교 내의 다른 학급으로 옮기는 조치를 하게 할 수 있습니다. 피해학생의 학급교체가 피해학생의 보호를 위하여 별다른 사유가 없어도 진행할 수 있는 처분이라면 가해학생의 학급교체는 심의위원회가 심의하여 조치점수가 일정이상 나와야 하는 중징계처분입니다. 학교 내에서 학급이 교체되는 경우 학생이 적응하는 데 많은 어려움을 느낄 수 있기 때문에 학부모와 학생이 많은 부담감을 느낄 수 있습니다. 학급교체는 해당 학교의 여건을 고려하여 정하게 되고 따로 기간부여는 하지 않는 특징이 있습니다.

⑧ 제8호 처분(전학)

심의위원회는 가해학생의 학교폭력이 매우 심각하다고 판단되면 가해학생을 피해학생으로부터 격리시키고 피해학생에 대해 더 이상의 폭력행위를 하지 못하도록 하기 위하여 다른 학교로 소속을 옮기도록 하는 조치를 할 수 있습니다. 이를 실무상 '강제전학'이라고 부릅니다. 가해학생이 다른 학교로 전학을 간 이후에는 전학 전의 피해학생 소속 학교로 다시는 전학 올 수 없게 됩니다. 가해학생이 강제전학을 막기 위해 주소지를 이전하여 자발적 전학을 하려고 하여도 제8호 처분이 나온 이후라면 이는 인정되지 않습니다. 전학 처분이 나오는 경우 교육감 또는 교육장은 전학 조치된 가해학생과 피해학생이 상급학교에 진학할 때에는 각각 다른 학교를 배정하여야 하고 이 경우 피해학생이 입학할 학교를 우선적으로 배정해야 합니다(학교폭력예방법 시행령 제20조 제4항).

⑨ 제9호 처분(퇴학)

심의위원회의 심의 결과 학교폭력의 정도, 선도 가능성, 교육 가능성을 판단했을 때 학교 내에서는 가해학생을 선도·교육할 수 없다고 인정되면 퇴학처분을 내릴 수 있습니다. 퇴학처분이 나온 경우 가해학생이 자발적으로 전학하거나 자퇴하는 것은 불가능합니다. 다만 초·중등교육의 경우 의무교육과정에 해당하기 때문에 해당 학생들에게는 퇴학처분을 내릴 수 없습니다. 따라서 실무적으로는 가해학생이 고등학생인 경우에만 퇴학처분이 가능합니다.

나. 가해학생 및 보호자 특별교육 처분(부가조치)

심의위원회의 의결에 따라 제2호부터 제4호까지 및 제6호부터 제8호까지의 처분을 받은 가해학생은 교육감이 정한 기관에서 특별교육을 이수하거나 심리치료를 받아야 합니다. 또한 심의위원회는 가해학생이 특별교육을 이수할 경우 해당 학생의 보호자도 함께 교육을 받도록 하여 재발을 예방하도록 하고 있습니다. 보호자가 심의위원회의 교육이수 조치를 따르지 않는 경우 300만 원 이하의 과태료에 처할 수 있습니다.

다. 가해학생의 보복행위 시 조치 가중규정 신설

학교폭력 예방법 개정안에서는 심의위원회가 교육장에게 가해학생에 대한 조치를 요청할 때 그 사유가 피해학생이나 신고 고발 학생에 대한 보복행위일 경우에는 제6호의 출석정지, 제7호의 학급교체 제8호의 전학 조치, 제9호의 퇴학 조치를 동시에 부과하거나 조치를 가중할 수 있도록 하여 가해학생의 보복행위에 대한 구체적인 조치 가중규정을 정하여 피해학생의 보호를 강화하였습니다(학교폭력예방법 제17조 제2항).

Q&A
가해학생이 심의위원회의 조치 결정을 이행하지 않는다면?

가해학생이 심의위원회의 처분에 따른 조치 결정을 이행하지 않는다면 어떻게 이를 이행하게 할 수 있을까요? 통상 심의위원회의 조치 후 교육장은 가해학생 및 그 보호자에게 조치를 서면으로 통보하게 됩니다. 이후 각 학교의 학교장은 가해학생이 해당 조치를 이행할 수 있도록 독려하지만 그럼에도 불구하고 가해학생이 조치를 통보받고 상당한 기간 내에 미이행할 경우, 학교장은 미이행 학생 명단을 교육장(심의위원회)에게 보고합니다(보고 방법 및 시기는 교육(지원)청 자체 계획에 따름). 교육장(심의위원회)은 학교장의 보고를 받은 21일 이내에 해당 가해학생 및 그 보호자에게 조치(학교폭력예방법 제17조 제1항 제1호 조치 제외)를 1개월 이내에 이행할 것과 미이행 시 거부·기피에 따른 추가 조치가 있을 수 있음을 서면으로 다시 안내할 수 있습니다.

Q&A

가해학생 및 보호자의 특별교육은 무엇인가요?

가해학생의 학교폭력이 인정되는 경우 학교폭력위원회는 가해학생과 그 보호자에게 특별교육을 받도록 조치할 수 있습니다. 이는 가해학생과 그 보호자가 학교폭력에 대하여 이해하고 재발을 방지하기 위한 목적으로 교육을 받게 하는 것입니다. 학교폭력예방법 제17조 제1항 제2호부터 제4호까지 및 제6호부터 제8호까지의 처분을 받은 가해학생은 교육감이 정한 기관에서 특별교육을 이수하거나 심리치료를 받아야 하며, 그 기간은 심의위원회에서 정합니다(학교폭력예방법 제17조 제3항). 이때 심의위원회는 학교폭력 재발 여부를 고려하여 그 기간을 늘릴 수 있습니다.

가해학생에 대한 특별교육은 '조치로서의 특별교육(법률 제17조제1항제5호 처분)'과 '부가된 특별교육(법률 제17조 제3항)' 2가지로 구분됩니다. 조치로서의 특별교육은 학교생활기록부 기재 대상이지만, 부가된 특별교육의 경우 기재 대상이 아닙니다. 만약 보호자가 특별교육에 불응한다면 교육감은 법률에 의하여 300만 원의 과태료가 부과됨을 안내하고, 특별교육을 이수할 것을 재통보하여야 하며, 이를 불응한 경우 법률에 의거하여 과태료를 부과·징수할 수 있습니다(동법 제23조, 시행령 제35조). 특별교육의 경우 2~3호 처분인 경우 4시간 이내, 5~8호 처분의 경우 5시간 이상의 부가적 특별교육이 권장됩니다. 제1호 처분, 제5호 처분, 제9호 처분의 경우 따로 부가적 특별교육이수명령을 하지 않습니다.

7. 가해학생에 대한 조치 판단 기준

가해학생이 자신의 학교폭력 사안을 다투는 경우가 아니라 자신의 학교폭력 가해 사실을 인정하고 처분을 줄이고 싶은 경우 정상자료를 통하여 심의위원들의 선처를 구하는 것이 중요합니다. 학교폭력 가해학생에 대한 조치는 기본판단요소와 부가적 판단요소를 통해 판정 점수를 정하기 때문에 각 조치별 세부기준을 정확히 파악하여 대응한다면 더 낮은 처분으로 조치를 받을 가능성이 생기게 됩니다. 학교폭력예방 및 대책에 관한 법률 시행령 및 그 고시에서는 가해학생에 대한 조치별 세부기준을 정하고 있습니다. 심의위원들은 가해학생에 대한 판단 시 이 조치 기준을 존중하여야 합니다. 따라서 처벌을 줄이기 위한 양형 자료를 고려할 때에는 이러한 조치 세부기준에 맞추어 준비하는 것이 중요합니다. 가해학생에 대한 선도조치는 심의위원회의 독립된 권한으로서 기본판단요소와 부가적 판단요소를 고려하여 가해학생의 구체적 상황에 따라 달라지므로 이를 보며 대응하는 것이 필요합니다.

가. 기본판단요소

① 학교폭력의 심각성

학교폭력심의위원들은 학교폭력의 내용, 가해학생의 수, 피해학생의 수, 학교폭력이 발생한 시간과 장소, 위험한 물건의 사용 여부, 형사고소의 진행 상황, 성폭력의 발생 여부, 피해학생의 상해 여부 및 진단서 제출 여부 등을 고려하여 학교폭력이 어느 정도로 심각했는지 평가하게 됩니다. 심각성의 경우 사안에 따라 0점(심각성이 없음)에서 최대 4점(심각성이 매우 높음)까지 판정 점수를 부여할 수 있습니다.

② 학교폭력의 지속성

학교폭력심의위원들은 전담기구의 심의 결과 및 사안 조사 보고서 등으로 학교폭력이 지속된 기간 및 횟수를 판단하여 학교폭력의 지속성을 판단하게 됩니다. 단기간에 발생한 학교폭력이라도 그 빈도나 발생 경위에 따른 횟수를 무시할 수 없다면 지속성이 높게 평가될 수 있습니다. 반대로 기간은 오래되었지만 피해학생이 인식하지 못했다거나 횟수가 적은 경우는 지속성이 낮게 평가될 수도 있습니다. 지속성의 경우 사안에 따라 0점(지속성이 없음)에서 최대 4점(지속성이 매우 높음)까지 판정 점수를 부여할 수 있습니다.

③ 학교폭력의 고의성

학교폭력심의위원들은 전담기구의 심의 결과 및 사안 조사 보고서 등으로 판단하여, 학교폭력의 발생 경위 및 정도, 가해학생의 우발성 여부, 기존 피해학생과의 마찰 여부, 과거 동종의 행동을 한 적이 있는지 여부,

가해학생의 나이 등을 고려할 때 비난받을 만한 행동인지 판단이 가능했는지 여부, 교사의 지도 및 주의가 있었는지 여부 등을 고려하여 학교폭력의 고의성을 판단할 수 있습니다. 가해학생의 학교폭력이 형사상의 범죄에도 해당하는 경우 고의성이 높아질 수밖에 없습니다. 사안에 따라 0점(고의성이 없음)에서 최대 4점(고의성이 매우 높음)까지 판정 점수를 부여할 수 있습니다.

④ 가해학생의 반성 정도

학교폭력심의위원회는 가해학생의 반성 정도를 조치에 고려해야 합니다. 가해학생이 전담기구의 사안 조사에 적극적으로 협조했는지 여부, 가해학생이나 그 보호자가 피해학생의 피해회복을 위해 노력했는지 여부, 사과 문자나 사과편지 시도 등으로 갈등을 해결하려 했는지 여부, 사안 조사부터 심의까지 학교폭력신고 사안에 대한 인정 여부, 가해학생 보호자의 선도 의지, 가해학생의 심의장에서의 진술 등을 고려하여 사안에 따라 0점(매우 높음: 반성하는 정도가 매우 높음)에서 최대 4점(없음: 반성하는 정도가 없음)까지 판정 점수를 부여할 수 있습니다.

⑤ 피해학생과의 화해 정도

학교폭력심의위원회는 가해학생과 피해학생과의 화해 정도를 조치에 고려해야 합니다. 피해학생이 가해학생을 수사기관에 고소했는지 여부, 피해학생과의 합의서가 제출되었는지 여부, 피해학생 및 피해학생 보호자의 심의장 진술, 가해학생 및 보호자의 갈등조정 의지 여부, 피해학생이 다친 경우 치료비의 부담 여부 등을 고려하여 화해 정도를 판단할 수 있습니다. 화해 정도는 사안에 따라 0점(화해 정도가 매우 높음)에서 최대 4점(없음: 화해 정도가 전혀 없음)까지 판정점수를 부여할 수 있습니다.

나. 부가적 판단요소

학교폭력대책심의위원회는 심의위원들의 판단에 따른 점수산정기준에 의한 조치에도 불구하고 가해학생의 선도 가능성 및 피해학생의 보호를 고려하여 학교폭력예방법 시행령 제14조5항에 따라 학교폭력대책심의위원회 출석위원 과반수의 찬성으로 가해학생에 대한 조치를 가중 또는 경감할 수 있습니다. 여기에서 제일 많이 고려되는 것은 가해학생이 기존에 학교폭력으로 조치를 받은 경험이 있는지, 가해학생의 나이, 평소 학업태도, 사안 접수 이후의 태도 변화 등입니다. 만약 피해학생이 장애학생인 경우 가해학생에 대한 조치를 가중할 수도 있습니다.

| | | 기본판단요소 | | | | | 부가적 판단요소 | |
		학교 폭력의 심각성	학교 폭력의 지속성	학교 폭력의 고의성	가해 학생의 반성 정도	화해 정도	해당 조치로 인한 가해학생의 선도가능성	피해학생이 장애학생 인지 여부
판정점수	4점	매우 높음	매우 높음	매우 높음	없음	없음		
	3점	높음	높음	높음	낮음	낮음		
	2점	보통	보통	보통	보통	보통		
	1점	낮음	낮음	낮음	높음	높음		
	0점	없음	없음	없음	매우 높음	매우 높음		

한 권에 담은 학교폭력의 바이블

				기본판단요소					부가적 판단요소	
				학교폭력의 심각성	학교폭력의 지속성	학교폭력의 고의성	가해학생의 반성 정도	화해 정도	해당 조치로 인한 가해학생의 선도가능성	피해학생이 장애학생인지 여부
가해학생에 대한 조치	교내선도	1호	피해학생에 대한 서면사과	1~3점					해당 점수에 따른 조치에도 불구하고 가해학생의 선도가능성 및 피해학생의 보호를 고려하여 시행령 제14조 제5항에 따라 학교폭력대책 심의위원회 출석위원 과반수의 찬성으로 가해학생에 대한 조치를 가중 또는 경감할 수 있음.	피해학생이 장애학생인 경우 가해학생에 대한 조치를 가중할 수 있음.
		2호	피해학생 및 신고·고발학생에 대한 접촉, 협박 및 보복행위의 금지	피해학생 및 신고·고발학생의 보호에 필요하다고 심의위원회가 의결할 경우						
		3호	학교에서의 봉사	4~6점						
	외부기관 연계선도	4호	사회봉사	7~9점						
		5호	학내외 전문가에 의한 특별교육 이수 또는 심리치료	가해학생 선도·교육에 필요하다고 심의위원회가 의결할 경우						
	교육환경변화	교내	6호	출석정지	10~12점						
			7호	학급교체	13~15점						
		교외	8호	전학	16~20점						
			9호	퇴학처분	16~20점						

8. 가해학생 조치 감경을 위한 조언

가해학생에 대한 학교폭력위원회의 결정은 학생을 위한 선도조치이지만 학생 측으로서는 그 실질이 처벌에 해당합니다. 이는 그 결정이 학생을 구속하여 학생은 정해진 조치를 반드시 따라야 하고 해당 부모도 특별교육이수를 받아야 하는 불이익이 생기기 때문만은 아닙니다. 제4호 이상의 처분은 생활기록부에 곧바로 그 전력이 기재되고, 제1~제3호의 처분도 당장은 기재되지 않지만 추후 때에 따라 기재가 될 위험을 안게 됩니다. 앞서 살펴보았듯이 학폭위의 근거가 되는 '학교폭력 예방 및 대책에 관한 법률'은 제17조 제1항 제1호부터 제9호까지에서 가해학생에 대한 조치들을 규정하고 있으며, 이 조치에 대한 결정기준은 행정규칙인 '학교폭력 가해학생 조치별 적용 세부기준 고시'에 의해 기본 판단요소인 심각성, 지속성, 고의성, 반성 정도, 화해 정도와 부가적 판단요소들로 구체화되고 있습니다. 따라서 가해학생 및 그 보호자의 경우 위 기준을 잘 살펴 조치를 감경시킬 수 있도록 노력해야 합니다. 아래에서는 가해학생의 조치 감경을 위한 조언을 하고자 합니다.

가. 정확한 사건 파악

실제 자녀의 학교폭력이 발생한 경우 가해학생의 부모님은 그 사실을 모르고 있던 경우가 많습니다. 이 경우 자녀 학교폭력에 대한 정확한 사건 파악이 우선입니다. 학교폭력신고 사안을 전달받은 후 사건의 경위부터 다시 정확히 정리해야 하며 학교 측만 믿고 있어서는 안 되고 자녀와의 깊은 대화를 통하여 사실관계를 확인하고 그 사안의 심각성과 지속성 등을 정확히 파악해야 합니다. 학교폭력신고는 피해학생의 부모님이 감정적으로 격해져 있는 상태에서 신고되는 경우가 많아 사실과 사실이 아닌 부분이 섞여 있는 경우가 많습니다. 그렇기에 다투는 부분과 다투지 않는 부분을 명확히 하여야 합니다. 자녀를 통해 사실이 파악되었으면 이후 그에 대한 증빙자료를 수집하는 것이 좋습니다. 자녀가 행한 부분과 행하지 않은 부분을 명확히 하고 자녀가 행하지 아니한 부분에 대하여는 정확한 반박근거를 남겨놓는 것이 좋습니다.

나. 심각성, 고의성, 지속성을 줄이는 방법

실제 학교폭력이 발생하였고, 가해학생 측이 학교폭력을 인정하는 사건의 경우 증거가 명백한 경우가 많아 심각성, 고의성, 지속성 점수를 낮추기는 쉽지 않습니다. 다만 학교폭력을 인정하는 태도를 보이면서도(학폭위의 권한을 전적으로 존중하는 모습을 보이면서도) 학교폭력의 심각성, 고의성, 지속성을 줄일 수 있다면 그러한 전략으로 심의를 준비해야 합니다.

우선 자녀의 행위가 무엇이고, 그런 행위를 처벌할 현행법의 범주가 있는지, 학교폭력은 인정하지만 자녀의 나이가 어려 해당 행위를 장난이라고 인식하였고 학교폭력이 될 수 있음을 인식하지 못하고 했을 가능성이 있는지, 자녀가 해악(害惡)의 의사를 가지고 한 행위인지 등을 잘 살펴서 발생 경위와 상황, 행위의 정도 등을 고려하여 다소 참작할 만한 사정이 있다면 이를 어필하시는 것이 좋습니다.

또한 피해학생이 주장하는 학교폭력 피해 기간이 실제 발생한 사건보다 과장되거나 부풀려져 있다면 사실관계를 바로잡아 지속성을 줄이는 것도 좋습니다.

다. 가해학생의 반성점수를 높이는 법

학교폭력 사안을 일부 다투는 경우(일부만 인정하는 경우), 혹은 전부 인정하는 경우라도 가해학생의 경우 피해학생에 대한 즉각적인 사과와 반성을 보여줘야 합니다. 통상 학교 측에서는 피해학생에게 연락하지 말라고 권유하지만 성범죄 등이 아닌 이상 카톡이나 문자, 사과편지 등을 남겨놓으시는 것이 좋습니다. 피해학생에 대한 사과와는 별개로 가해학생의 부모님은 자녀에 대한 양육을 재점검하고 자녀가 바른 사회구성원이될 수 있도록 정서적·인성 측면에 집중해서 올바른 구성원이 될 때 필요한 덕목, 행동, 마음가짐 등을 가르치려는 노력한 것을 보여주면 좋습니다. 이 사건을 계기로 다시 한번 자녀 양육계획서를 작성한다거나 재발방지를 위한 훈육을 한 사실이 있으면 이 과정을 심의위원회 위원들에게보여주면 좋을 것입니다.

라. 가해학생의 화해점수를 높이는 법

가해학생 부모님의 경우에도 자녀의 학교폭력문제를 인식한 즉시 즉각적인 사과를 하시는 것이 좋습니다. 이 경우 학교폭력 재발 방지 의지를 문자, 통화 등으로 약속하시는 것이 좋습니다. 가끔 피해학생 부모님 측이 강하게 접촉을 거부하는 경우도 있지만 이런 경우라도 학교 선생님 등을 통하여 사정을 말씀드리고 사과 의사를 명확히 표명하시는 것이 좋습니다. 또한 상대방을 괴롭히지 않는 범위 내에서 화해 의지를 꼭 보여주시기 바랍니다. 가해학생 및 그 보호자가 심의 시까지 아무것도 하지 않으면 화해점수를 낮추기 어렵습니다.

또한 피해학생이 치료를 받고 있는 경우 치료비를 즉각 부담하거나 치료비 부담을 위한 노력을 보여주시는 것이 좋습니다. 만약 피해학생 측에서 형사고소를 진행하는 경우 자녀의 행동이 범죄에 해당한다면 즉시 합의를 시도하시고 처벌 불원과 합의서를 받기 위해 노력하는 것이 좋습니다.

마. 선도 가능성을 고려한 조치 감경

학교폭력대책심의위원회는 심의위원들의 판단에 따른 점수산정기준에 의한 조치에도 불구하고 가해학생의 선도 가능성 및 피해학생의 보호를 고려하여 학교폭력예방법 시행령 제14조5항에 따라 학교폭력대책심의위원회 출석위원 과반수의 찬성으로 가해학생에 대한 조치를 가중 또는 경감할 수 있습니다. 즉 가해학생의 경우 선도 가능성을 고려하여 조치 감경이 가능합니다.

만약 자녀가 이전에 ① 모범적인 학교생활을 한 사실이 있다면 이를 보여주어야 하고(표창 내역, 봉사활동 내역, 생활기록부, 학급임원재직) ② 특목고나 대입을 위한 특수 노력을 한 사실이 있다면 이를 보여줘야 합니다. ③ 또한 가해학생 주위에 가해학생을 선도로 이끌만한 환경이 있다면 이를 잘 보여주셔야 하고(친구들 탄원서, 친척·지인들의 탄원서 등) ④ 학교폭력 관련 교육 이수증이나 사전 사회봉사 등으로 노력하는 모습을 보여준 적이 있다면 관련 자료를 제출 후 조치 감경을 요구해 볼 수 있습니다.

Q&A

좋은 탄원서는 어떤 탄원서일까요?

탄원이란 개인 또는 단체, 법인 등이 학교폭력심의위원회에 대하여 일정한 사정을 진술하여 가해학생의 선처를 구하거나 혹은 엄벌을 구하는 의사표시입니다. 가해학생의 지인이 내는 탄원서는 주로 가해학생이 품행이 나쁘지 않고 선도 가능성이 많으니 이를 처분에서 고려해 달라는 의미입니다. 반대로 피해학생이 심의위원회에 내는 탄원서는 가해학생의 엄벌을 목적으로 가해학생이 반성하고 있지 않고 전혀 피해회복을 하지 않는 등 가해학생의 학교폭력 이후부터 심의 시까지의 태도를 전달하기 위해 제출합니다.

이렇게 탄원서는 직접적이 아닌 간접적으로 관련 학생들의 처분에 영향을 미치게 됩니다. 사실 정해진 탄원서 양식은 없습니다. 다만 탄원서가 잘 전달되고 처분에 제대로 반영되게 하려면 몇 가지 사항을 지켜 작성하는 것이 좋습니다. ① 학교명, 관련 학생의 이름 등을 반드시 기재하여 심의위원회가 알기 쉽게 서류에서 나타나야 하고 ② 주장하는 바를 명확히 하여 육하원칙에 의해 핵심만 전달하도록 하고 ③ 객관적이고 사실적으로 작성해야 하며 ④ 진술을 뒷받침할 수 있는 근거가 있다면 같이 첨부하도록 합니다. 따라서 탄원서를 작성하거나 주위에 탄원서를 부탁할 경우는 이상의 사실들을 잘 참고하여 작성하여야 합니다.

※ ※ ※

학교폭력심의위원회는 개별 신고 사안에 따라 학교폭력 해당 여부를 판단해보고 실제 학교폭력으로 인정되는 경우 피해학생에 대한 보호조치와 가해학생에 대한 선도조치를 의결하게 됩니다. 학교폭력에 연루된 부모님과 관련 학생들이 학교폭력심의위원회가 실제 어떠한 근거를 가지고 해당 조치를 결정하였는지 알 수 있다면 이는 학교폭력심의를 대비하는 데 큰 도움이 될 수 있을 것입니다. 이 장에서는 실제 저자가 지난 3년간 현장에서 가해학생 및 피해학생을 대리하며 이루어진 학교폭력 관련 심의 결정례들을 수록하여 관계자들이 심의를 대비하고 위원회의 결정사항을 미리 예측해 볼 수 있도록 하였습니다.

제3장

학교폭력심의
최신결정례

학교폭력 : 성폭력 등
가해학생 조치결과 : 제2호, 제6호 처분

1. 학교폭력 피해신고 사안 개요

효정고 2학년 P 학생은 2023. 4. 14. 인천 주안역에서 1번 출구 에스컬레이터를 타고 올라가던 중 뒤에 있던 대길고 1학년 O 학생이 자신의 의사에 반하여 자신의 신체 부위를 촬영하였다며 학교폭력 피해를 신고함.

2. 학교폭력대책심의위원회 조치 결정사항

가. 학교폭력 여부

1) O 학생의 학교폭력 여부

2023. 4. 경 P 학생이 주안역 1번 출구 에스컬레이터를 타고 올라가던 중 O 학생이 P 학생의 치마 속을 핸드폰으로 촬영한 사실은 P와 O의 사안 조사 학생 진술서, O의 심의장 진술, O 변호인 의견서 등으로 모두 사실로 확인됨. O 학생이 P 학생의 의사에 반하여 그 신체를 촬영한 것은 성폭력특별법 상의 '카메라 등 이용 촬영죄'에 해당하고 이는 피해학생에게 성적인 불쾌감과 피해를 주는 행위로서 '성폭력'에 해당하며, 피해학생은 위와 같은 사실로 성적 수치심 및 불안감을 느꼈을 것으로 판단됨. 그렇다면 O 학생의 위 행위로 피해학생이

신체적, 정신적 피해를 입었을 것은 명백하므로 이런 행위는 학교폭력 예방 및 대책에 관한 법률 제2조에서 규정하는 '학교폭력'에 해당함.

나. 조치 결정사항

1) 피해학생 보호조치

- 심의위원회에서의 피해학생 보호조치 의결사항

피해학생			조치근거	조치사항
학교	학년	성명		
효정고	2	P	제16조 제1항	제1호 학내외 전문가에 의한 심리상담 및 조언

2) 가해학생 선도조치

- 심의위원회에서의 가해학생 선도조치 의결사항

가해학생			조치근거	조치사항
학교	학년	성명		
대길고	1	O	제17조 제1항	제2호 피해학생 및 신고·고발 학생에 대한 접촉, 협박 및 보복행위의 금지(졸업시까지)
				제6호 출석정지 5일
			제17조 제3항 및 제9항 특별교육	특별교육 학생 : 5시간 특별교육 학부모 : 5시간

이번 사안으로 인하여 O 학생의 성폭력 가해 사실이 인정되었음. 가해학생이 현행 성폭력 처벌법을 위반하여 수사기관의 수사를 받고 있고, 피해학생에게

범한 성폭력의 태양이 좋지 않다고 평가되었음. 특히 가해학생이 다른 피해자에 대한 촬영 사실도 있는 점 등으로 보아 이번 성폭력 역시 의도적이고 계획적으로 행사하였다고 인정되어 그 심각성과 고의성이 높게 평가되었음. 다만 학교폭력의 지속성이 거의 없는 점, 가해학생의 연령, 사안 접수 이후 태도의 변화, 피해학생과 피해학생 보호자의 의사, 가해학생의 반성의 정도 더불어 그 밖에 징계 조치의 실효성 및 교육적 효과 등을 종합적으로 고려하여 O 학생에게 학교폭력예방 및 대책에 관한 법률 제17조 제1항 제6호에 따른 조치를 결정함.

한 권에 담은 학교폭력의 바이블

학교폭력 : 신체폭력 등
가해학생 조치결과 : 제2호, 제3호 처분

1. 학교폭력 피해신고 사안 개요

보선중 1학년 K 학생은 2022. 11. 14. 점심시간에 같은 반 M 학생이 자신의 멱살을 잡고 배를 3대 때렸다며 학교폭력 피해를 신고함.

2. 학교폭력대책심의위원회 조치 결정사항

가. 학교폭력 여부

1) M 학생의 학교폭력 여부

2022. 11. 14. 점심시간에 M 학생이 K 학생의 멱살을 잡고 배를 3대 때린 것은 K의 서면진술서, 같은 반 학생들의 목격진술, 심의 시 담임선생님과의 통화, 사안 조사자와 통화 등으로 전부 사실로 확인됨. M 학생은 자신의 폭행 사실을 부인하나 목격자가 두 명이나 존재하고 목격 학생들의 진술이 피해학생의 진술과 일치하며, 사건에 관한 진술이 구체적이고 일관되어 신빙성이 높아 전부 사실로 인정됨. 위와 같이 동급생에게 폭행을 행사하는 것은 신체폭력에 해당함. 가해학생의 위와 같은 행위로 인하여 피해학생은 상당한 신체적·정신적 고통과 불안을 겪었을 것으로 보임. 그렇다면 가해학생의 이런 행위는 학교폭력

예방 및 대책에 관한 법률 제2조에서 규정하는 '학교폭력'으로 규율할 수 있음.

나. 조치 결정사항

1) 피해학생 보호조치

심의위원회에서의 피해학생 보호조치 의결사항

피해학생			조치사항	조치사항
학교	학년	성명		
보선 중학교	1	K	제16조 제1항	제1호 학내외 전문가에 의한 심리상담 및 조언

2) 가해학생 선도조치

심의위원회에서의 가해학생 선도조치 의결사항

가해학생			조치근거	조치사항
학교	학년	성명		
보선 중학교	1	M	제17조 제1항	제2호 피해학생 및 신고·고발 학생에 대한 접촉, 협박 및 보복행위의 금지(졸업시까지)
				제3호 학교에서의 봉사 4시간(2023. 1. 30.까지)
			제17조 제3항 및 제9항 특별교육	특별교육 학생 : 2시간 특별교육 학부모 : 2시간

이번 사안으로 인하여 M 학생의 가해 사실이 인정되었고, 폭행 사실을 부인하는 부분을 반성 정도에 고려하였음. 다만 목격 학생들의 진술로 보아도 그 폭행 경위에 장난을 포함하고 있었다고 보이며, 폭행의 지속성이 없는 점, 폭력의

발생시간이나 횟수가 심각하다고까지는 할 수 없는 점, 이외에도 중학교 1학년인 가해학생의 연령 및 피해학생과 피해학생 보호자들의 의사, 반성의 정도 더불어 그 밖에 징계 조치의 실효성 및 교육적 효과 등을 종합적으로 고려하여 M학생에게 학교폭력예방 및 대책에 관한 법률 제17조 제1항 제2호 및 제3호에 따른 조치를 병과하여 결정함.

No. 3
학교폭력 : 신체폭력
가해학생 조치결과 : 제1호, 제2호, 제6호 처분

1. 학교폭력 피해신고 사안 개요

　라미 고등학교 3학년 H 학생, K 학생이 관련된 사안으로 H 학생은 K 학생으로부터 평소에 협박, 지속적인 폭행을 당했다며 학교폭력을 신고함. 특히 이종격투기도장에서 K 학생이 자신을 스파링을 핑계 삼아 폭행하여 전치 6주의 상해를 남겼다며 신체폭력으로 이를 신고함.

2. 학교폭력대책심의위원회 조치 결정사항

　가. 학교폭력 여부
　1) H 학생의 피해 주장 사실에 관한 학교폭력 여부
　심의 결과 K 학생은 평소 반복하여 저지르는 습벽에 의해 지속적, 반복적으로 H에게 발차기를 한 것으로 보이는바, 이러한 K의 행동은 신체폭력(상습폭행)에 해당하므로, 학교폭력예방 및 대책에 관한 법률 제2조에 의건 '학교폭력'에 해당하는 것으로 판단함. 특히 최근 피해학생에게 전치 6주의 상해를 남긴 사실이 심각성에 고려됨.

나. 조치 결정사항

1) 피해학생 보호조치

피해학생			조치근거	조치사항
학교	학년	성명		
라미고	3	H	제16조 제1항	제1호 학내외 전문가에 의한 심리상담 및 조언 제3호 치료 및 치료를 위한 요양

2) 가해학생 선도조치

가해학생			조치근거	조치사항
학교	학년	성명		
라미고	3	K	제17조 제1항	제1호 피해학생에 대한 서면사과 (2022.0.0.까지 이행)
				제2호 피해학생 및 신고·고발 학생에 대한 접촉, 협박 및 보복행위의 금지(졸업시까지)
				제6호 출석정지 5일
			제17조 제3항 및 제9항 특별교육	특별교육 학생 : 5시간 특별교육 학부모 : 5시간

K가 상기의 학교폭력에 해당하는 행위를 하여 H는 신체적, 정신적 피해를 입었음이 인정되어 학교폭력 예방 및 대책에 관한 법률 제2조에 의거 H를 학교폭력 피해학생으로 K를 가해학생으로 각 판단함. 이에 학교폭력 예방 및 대책에 관한 법률 제17조, 동법 시행령 제19조, 「학교폭력 가행 학생 조치별 적용 세부기준 고시」에 의거 학교폭력의 심각성·지속성·고의성, 가해학생의 반성 정도, 가해학생 및 보호자와 피해학생 및 보호자 간의 화해의 정도, 해당 조치로 인

한 가해학생의 선도 가능성 등을 고려하여 가해학생의 선도·교육을 위한 적절한 교육적 조치를 결정함.

No. 4
학교폭력 : 신체폭력
가해학생 조치결과 : ① 제2호, 제8호 처분(가해학생 1)
② 제2호, 제4호 처분(가해학생 2)

1. 학교폭력 피해신고 사안 개요

2021년 1학기부터 관련 학생들 사이에 갈등 관계가 있어 왔음. 2022. 3월경 쉬는 시간이 끝날 때쯤 L 학생, P 학생이 피해학생 K반 근처 복도를 지나갔고, L 학생과 K 학생의 어깨가 부딪힘. 이에 L 학생이 화를 내며 손으로 K 학생의 등을 친 후 얼굴을 여러 차례 가격하여 코뼈가 골절됨. P 학생 역시 이전부터 K 학생에게 지속적으로 신체폭력을 행사한 사실로 신고됨.

2. 학교폭력대책심의위원회 조치 결정사항

가. 학교폭력 여부

L 학생이 2021년경부터 K 학생에게 수시로 어깨를 부딪치는 행위를 한 것은 K 학생의 신체에 대한 불법한 유형력의 행사로서 폭행에 해당함. 따라서 학교폭력예방 및 대책에 관한 법률 제2조에서 규정하는 학교폭력(폭행)에 해당함. L 학생이 1교시 후 쉬는 시간 K 학생에게 가서 고의로 어깨를 부딪치고 등을 손으로 때리고 얼굴을 여러 차례 가격한 행위 역시 위와 같은 이유로 학교폭력(폭행)에 해당함. 위 L 학생의 폭행 행위로 인하여 K 학생의 양쪽 눈 주변부에 타박상

과 코뼈 골절, 골절로 인한 수술 및 6일간의 입원치료와 3주간의 치료를 요하는 상해가 발생하였고 앞으로 1년가량 추적 경과를 지켜봐야 하는 등 K 학생의 신체에 심각하고 중대한 상해가 발생한바, 이 역시 학교폭력 예방 및 대책에 관한 법률 제2조에서 규정하는 학교폭력(상해)에 해당함. 따라서 L 학생의 K 학생에 대한 과거부터 지속된 고의적인 어깨 부딪침 행위, 2022. 3월경 발생한 폭행·상해 행위 모두 학교폭력으로 인정함.

P 학생이 2021년경부터 K 학생에게 수차례 고의로 어깨를 부딪치는 행위를 한 것은 피해학생의 신체에 대한 불법한 유형력의 행사로서 폭행에 해당함. 따라서 학교폭력예방 및 대책에 관한 법률 제2조에서 규정하는 학교폭력(폭행)에 해당함. P 학생은 L 학생이 K 학생을 일방적으로 폭행할 때 적극적으로 도와준 행위는 없으나, 평소 L 학생이 화를 잘 내고 쉽게 폭력을 행사하며 K 학생과 사이가 좋지 않다는 사실을 이미 알고 있음에도 불구하고 L 학생이 K 학생을 폭행하여 심각한 상해가 발생하게 된 사건의 원인제공을 하였고, L 학생을 전혀 말리지 않은 것은 폭행 행위에 대한 방조에 해당하는바 이 또한 학교폭력으로 인정함. 따라서 P 학생의 과거부터 지속된 고의적인 어깨 부딪침 행위, 방조행위 모두 학교폭력으로 인정함.

나. 조치 결정사항

1) 피해학생 보호조치

피해학생			조치사항
학교	학년	성명	
반듯중 학교	3	K	제16조 제1항 제1호 학내외 전문가에 의한 심리상담 및 조언 제3호 치료 및 치료를 위한 요양 제6호 그 밖에 피해학생의 보호를 위하여 필요한 조치

2) 가해학생 선도조치

- 심의위원회에서의 가해학생 선도조치 의결사항

가해학생			조치근거	조치사항
학교	학년	성명		
반듯중 학교	3	L	제17조 제1항	제2호 피해학생 및 신고·고발 학생에 대한 접촉, 협박 및 보복행위의 금지
				제8호 전학
			제17조 제3항 및 제9항 특별교육	특별교육 학생 : 5시간 특별교육 학부모 : 5시간

가해학생			조치근거	조치사항
학교	학년	성명		
반듯중학교	3	P	제17조 제1항	제2호 피해학생 및 신고·고발 학생에 대한 접촉, 협박 및 보복행위의 금지(2023.2.28.까지)
				제4호 사회봉사 6시간
			제17조 제3항 및 제9항 특별교육	특별교육 학생 : 5시간 특별교육 학부모 : 5시간

　L 학생은 오랜 기간 동안 지속적으로 K 학생을 괴롭혀 왔고, 이로 인하여 K 학생이 장기간 학교폭력에 노출되어 정신적인 스트레스를 받아 정상적인 학교생활에 어려움을 겪는 등 심각한 피해를 입은 사실을 인정할 수 있음. L 학생의 학교폭력 행위는 심각성, 지속성, 고의성이 상당히 높음. K 학생의 코뼈가 골절되어 전신마취를 하여야 하는 수술을 받게 되었으며 수술 후에도 3주간의 치료와 1년간의 지속적인 추적 경과를 요하며 추후 코뼈가 휘어지거나 낮아질 우려가 있을 정도로 극심한 상해를 입게 되었음. L 학생이나 보호자가 사건 발생 이후 K 학생과 그 보호자에게 사과를 한 사실이 전혀 없고, '시키면 사과하겠다'라고 이 사건 심의위원회에서 진술하는 등 반성의 정도가 매우 낮은 점을 보면 앞으로의 화해 가능성도 극히 낮아 보임. 이러한 점 및 아직 중학생이라는 신분을 고려하여 L 학생의 교육환경을 변경해 새로운 기회를 주는 것이 가해학생을 선도·교육하는 것이라 판단되는바, 학교폭력예방 및 대책에 관한 법률 제17조 제1항에 따라 L 학생에게 전학조치(8호)를 결정함. 또한 피해학생의 보호를 위하여 동법 동조 동항에 따라 2022. 2. 28.까지 피해학생에 대한 접촉, 협박 및 보복행위의 금지조치(2호)를 병과함.

　P 학생의 경우 모든 가해행위에 대하여 인정하고 이 사건 심의위원회에 출석하였을 때도 성실하게 진술하며 자신의 행위를 반성하고, K 학생에게 진심으로

사과하고 싶어 하는 태도를 보이는바, P 학생의 선도 가능성이 높다고 판단하여 학교폭력예방 및 대책에 관한 법률 제17조 제1항에 따라 사회봉사 6시간(4호) 조치를 결정함. 또한 피해학생의 보호를 위하여 동법 동조 동항에 따라 2023. 2. 28.까지 피해학생에 대한 접촉, 협박, 및 보복행위의 금지조치(2호)를 병과함.

No. 5

학교폭력 : 신체폭력 등
가해학생 조치결과 ① 제1호, 제2호, 제3호 처분(가해학생 1)
② 제1호, 제2호, 제4호 처분(가해학생 2)
③ 제1호, 제2호, 제4호 처분(가해학생 3)

1. 학교폭력 피해신고 사안 개요(쌍방신고)

S 학생이 2022. 3월경 자신의 집 앞에서 친구와 놀고 있었는데 K 학생이 디스코드앱으로 자신의 친구들과 영상통화를 하며 S 학생을 비춰 화면에 나오게 하였다고 피해가 신고됨. S 학생이 이틀 후 집 앞에서 다시 K 학생을 만났을 때 K 학생이 맞짱 까자, 패드립(부모님 욕) 등의 발언을 하였음. S 학생이 선생님에게 신고하려고 하자 K 학생이 학생의 휴대전화를 빼앗아 도망침. 이에 S 학생이 따라갔고 K 학생이 도망치다 자신의 휴대전화를 떨어뜨리자 S 학생이 이를 주우려고 하였는데 K 학생이 S 학생의 몸을 밀치고 머리를 쳐서 양쪽 팔꿈치에 상처가 나고 과거에 수술했던 무릎의 통증이 다시 발생하였다고 피해가 신고됨. 이후 S 학생은 남자 선배들인 A, B 학생에게 도움을 요청함. 이후 선배 두 명이 찾아와 K를 집단 폭행함. 또한 S 학생은 과거부터 K 학생이 지속적으로 버릇없게 행동하고 괴롭혔다고 피해를 신고함. K 역시 자신이 폭행당한 사실을 신고함.

2. 학교폭력대책심의위원회 조치 결정사항

가. 학교폭력 여부

1) S 학생 학생의 피해 주장 사실에 관한 학교폭력 여부

- K 학생이 S 학생의 신체를 발로 찬 행위는 학교폭력 예방 및 대책에 관한 법률 제2조에서 규정하는 폭행에 해당하여 학교폭력으로 인정됨.
- 2) K 학생의 피해 주장 사실에 관한 학교폭력 여부
- A 학생과 B 학생이 K 학생의 얼굴을 수차례 때린 행위는 학교폭력예방 및 대책에 관한 법률 제2조에서 규정하는 폭행에 해당하여 학교폭력으로 인정됨.

나. 조치 결정사항

1) 피해학생 보호조치(S 학생이 K 학생으로부터 피해를 주장한 사안)

- 심의위원회에서의 피해학생 보호조치 의결사항

피해학생			조치사항
학교	학년	성명	
현종 중학교	2	S	제16조 제1항 제1호 학내외 전문가에 의한 심리상담 및 조언

2) 가해학생 선도조치(S 학생이 K 학생으로부터 피해를 주장한 사안)

가해학생			조치근거	조치사항
학교	학년	성명		
현종 중학교	1	K	제17조 제1항	제2호 피해학생 및 신고·고발 학생에 대한 접촉, 협박 및 보복행위의 금지(2024. 2. 29.까지)
				제3호 학교에서의 봉사 4시간 (2022. 6. 30.까지)
			제17조 제3항 및 제9항 특별교육	특별교육 학생 : 2시간 특별교육 학부모 : 2시간

3) 피해학생 보호조치(K가 A, B로부터 피해를 주장한 사안)

피해학생			조치사항
학교	학년	성명	
현종 중학교	1	K	제16조 제1항 제1호 학내외 전문가에 의한 심리상담 및 조언

4) 가해학생 선도조치(K가 A, B로부터 피해를 주장한 사안)

가해학생			조치근거	조치사항
학교	학년	성명		
현종 중학교	3	A	제17조 제1항	제2호 피해학생 및 신고·고발 학생에 대한 접촉, 협박 및 보복행위의 금지 (해당 학교급 졸업 시까지)
				제4호 사회봉사 8시간
			제17조 제3항 및 제9항 특별교육	특별교육 학생 : 5시간 특별교육 학부모 : 5시간
현종중 학교	3	B	제17조 제1항	제2호 피해학생 및 신고·고발 학생에 대한 접촉, 협박 및 보복행위의 금지 (해당 학교급 졸업 시까지)
				제4호 사회봉사 6시간
			제17조 제3항 및 제9항 특별교육	특별교육 학생 : 5시간 특별교육 학부모 : 5시간

A 학생은 두 살 어린 후배인 K 학생을 상대로 친구인 B 학생과 함께 집단을 이루어 일방적으로 폭행을 행사한바, 이는 엄중한 조치가 필요한 학교폭력 행위에 해당함. 다만 A 학생이 진술서를 통해 반성의 의사를 나타내고 있는 점, K 학생의 신체적 상해 정도가 심각하지 않은 점 그 밖에 조치의 실효성 및 교육적 효과 등을 종합하여 학교폭력예방 및 대책에 관한 법률 제17조 및 동법 시행령 제19조에 따라 가해학생의 선도를 위하여 위와 같이 조치사항을 결정함. B 학생은 두 살 어린 후배인 K 학생을 상대로 친구인 A 학생과 함께 집단을 이루어 일 방적으로 폭행을 행사한바, 이는 엄중한 조치가 필요한 학교폭력 행위에 해당함. 다만 B 학생이 이 사건 심의위원회에 참석하여 자신의 행위를 반성한다고 진술

하고 같이 참석한 보호자 또한 피해학생과 그 보호자에 대한 진심 어린 사과의 의지를 보이고 가정 내에서도 B 학생의 올바른 지도를 굳게 표명하고 있는 점, K 학생의 신체적 상해 정도가 심각하지 않은 점 그 밖에 조치의 실효성 및 교육적 효과 등을 종합하여 학교폭력예방 및 대책에 관한 법률 제17조 및 동법 시행령 제19조에 따라 가해학생의 선도를 위하여 위와 같이 조치사항을 결정함.

1. 학교폭력 피해신고 사안 개요

• K 학생의 학교폭력 신고 사안 개요

2022년 1월경 L 학생은 K 학생에게 커터칼로 자신의 팔을 그은 사진을 보내며 욕설을 함. 1월 말경 L 학생은 K 학생에게 현재 사귀고 있는 사람과 헤어지지 않으면 커터칼로 손목을 긋겠다며 협박함. 2월 3일 헤어지자는 통보 후 K에게 인스타 메시지를 보고 욕설을 함. 3월 5일 L은 K에게 몸 사진과 영상을 요구함.

• L 학생의 학교폭력 신고 사안 개요

L 학생은 K 학생과 교제하다가 헤어지길 원했으나 K 학생은 받아들일 수 없다며 지속적으로 새벽 시간에 수차례 전화하고 헤어지면 살 수가 없다고 하여 정신적으로 힘들었음. 교제 중 K 학생이 수차례 L 학생에게 성적인 것을 요구했고, 새벽에 전화하면서 신음소리를 내고 만나서는 L 학생의 목에 키스 마크를 새김. 교제 중 서로에게 성적인 관계를 요구했음에도 불구하고 K 학생만 요구를 받았다고 신고한 것에 대해서는 일방적인 주장이며, 학폭위에 신고하여 어떠한 예고도 없이 수업시간에 불려가 조사를 받아 학생의 교육받을 권리를 침해받았고, 이후 등교의 어려움을 느끼고 있음. L 학생은 지속적으로 그러한 부분

들이 감당하기 힘들다고 말을 했으며, 그 부분은 K도 미안하게 생각한다라고 L 학생에게 말했지만 그럼에도 L 학생은 계속 힘들고 불안했음. 이 모든 사안으로 정신적 충격, 상해를 받아 불안, 불면, 식욕저하, 소화불량으로 조성제의 몸무게가 감소했으며, 정신과에서 약물 및 정신치료 중임.

2. 학교폭력대책심의위원회 조치 결정사항

가. 학교폭력 여부

1) L 학생의 학교폭력 여부

L이 욕설을 한 부분은 언어폭력에 해당, 사용하는 단어가 정서적으로 피해를 줄 수 있음. 커터칼로 자신의 팔을 그은 사진을 보낸 것, 손목을 긋겠다고 말한 것은 협박에 해당. 몸 사진 요구는 강요로 보기 어려움. 남학생에게 여학생이 심리적으로 지배를 받아서 보낼 수밖에 없는 상황으로 몰아감. 학교폭력으로 인정. 증거를 지우도록 한 것, 부모님에게 알려지지 않도록 하기 위한 요구, 학교폭력 아님.

2) K 학생의 학교폭력 여부

L의 피해 사실 주장의 경우 K 학생이 성관계를 L이 일방적으로 요구하였다는 취지로 학교폭력 피해를 호소하는 것으로 오인하여 이에 대한 방어권 차원에서 피해를 주장한 것일 뿐, K 학생으로부터 피해를 받은 것이 없다고 진술함. 이에 L 학생의 피해 사실 주장에 대하여 추가로 판단하지 않기로 함.

나. 조치 결정사항

1) 피해학생 보호조치

피해학생			조치사항	조치사항
학교	학년	성명		
한국 중학교	3	K	제16조 제1항	제1호 학내외 전문가에 의한 심리상담 및 조언 제3호 치료 및 치료를 위한 요양

2) 가해학생 선도조치

가해학생			조치근거	조치사항
학교	학년	성명		
한국 중학교	3	L	제17조 제 1항	제1호 피해학생에 대한 서면사과 (2022. 5. 6.까지)
				제2호 피해학생 및 신고·고발 학생에 대한 접촉, 협박 및 보복행위의 금지 (해당 학교급 졸업 시까지)
				제3호 학교에서의 봉사 6시간
			제17조 제3항 및 제9항 특별교육	특별교육 학생 : 10시간 특별교육 학부모 : 2시간

3) L 학생이 K 학생으로부터 피해를 주장하는 사안

• 관련 학생 조치 의결사항

가해학생			조치사항
학교	학년	성명	
한국 중학교	3	L	조치없음 (학교폭력 아님)
한국 중학교	3	K	조치없음 (학교폭력 아님)

L의 행위로 인하여 K가 상당한 정신적, 심리적 불안 및 스트레스를 호소하고 있는 사실이 인정되고, 이후 L과 K의 불필요한 접촉을 방지할 필요가 인정됨. 다만, L은 가정 사정 등으로 인하여 이성 교제나, 성관계 등에 있어서 정서적으로 건강하나 교제를 맺는 것에 미숙한 점이 인정되고, K 학생에 대해서 진심으로 미안해하고 반성하고 있어 추후 적절한 교육을 통한 선도 가능성이 높은 점, 그 밖에 조치의 실효성 및 교육적 효과 등을 종합하여 학교폭력 예방 및 대책에 관한 법률 제17조 제1항 제1호, 제2호, 제3호 및 제3항 특별교육 조치를 결정함. 본 위원회에서는 몸 사진과 관련하여, 이후 형사적 법적 분쟁이 발생할 여지가 매우 높다고 판단되는바, L은 K로부터 전달받은 사진을 모두 삭제하고 이를 어떠한 이유에서든 보관, 유포해서는 아니 됨을 전달함.

No. 7

학교폭력 : 신체폭력, 성폭력
가해학생 조치결과 : 제1호, 제2호, 제6호 처분

1. 학교폭력 피해신고 사안 개요

반듯중학교 N 학생이 하굣길에 M 학생과 마주침. 두 학생은 같은 학교에 재학 중이지만 평소 일면식도 없었던 사이로 M 학생은 N 학생을 불러세워 자신의 핸드폰이 없어져 확인해 봐야겠다고 하며 N 학생에게 골목 안으로 따라오라고 함. 골목 안에서 이에 N 학생이 주머니를 뒤집어 보여주며 자신은 핸드폰을 훔치지 않았다고 말하였지만 M 학생이 믿지 못하겠으니 직접 확인하겠다고 하며 N 학생의 가슴을 만짐. 이에 당황한 N 학생이 아무런 저항을 하지 못하고 가만히 있자 M 학생이 옷을 들춰봐도 되냐고 물었고 N 학생이 안 된다고 하고 자리를 피함. 이에 N 학생이 학교폭력으로 신고함.

2. 학교폭력대책심의위원회 조치 결정사항

가. 학교폭력 여부

M 학생이 전담기구 조사과정에서 작성한 진술서, 이 사건 심의위원회에 참석하여 한 진술을 살펴보면, 친구와 함께 음란물을 시청하고 성적 호기심이 생겨 이를 충족하기 위하여 지나가던 N 학생을 발견한 후 신체를 만지기 위한 목

적으로 당시 자신의 핸드폰이 주머니에 있음에도 불구하고 고의적으로 거짓말을 하여 N 학생을 인적이 없는 골목으로 데리고 간 M 학생의 이와 같은 행위는 학교폭력예방 및 대책에 관한 법률 제2조에서 규정하는 유인에 해당하는바 학교폭력으로 인정됨. 또한 휴대폰을 훔쳤다는 오해를 받은 N 학생이 자신의 결백을 주장하며 주머니를 뒤집어 가면서 휴대폰을 가져가지 않았다고 하였음에도 불구하고 계속 거짓말을 하며 N 학생의 의사에 반하여 가슴을 만진 행위는 강제추행으로, 학교폭력 예방 및 대책에 관한 법률 제2조에서 규정하는 성폭력에 해당하는바 학교폭력으로 인정됨.

나. 조치 결정사항

1) 피해학생 보호조치

• 심의위원회에서의 피해학생 보호조치 의결사항

피해학생			조치근거	조치사항
학교	학년	성명		
반듯 중학교	1	N	제16조 제1항	제1호 학내외 전문가에 의한 심리상담 및 조언 제6호 그 밖의 필요한 조치

한 권에 담은 학교폭력의 바이블

2) 가해학생 선도조치

• **심의위원회에서의 가해학생 선도조치 의결사항**

가해학생			조치근거	조치사항
학교	학년	성명		
반듯 중학교	1	M	제17조 제1항	제1호 피해학생에 대한 서면사과 (2022. 6. 17.까지 이행)
				제2호 피해학생 및 신고·고발 학생에 대한 접촉, 협박 및 보복행위의 금지(졸업시까지)
				제6호 출석정지 10일
			제17조 제3항 및 제9항 특별교육	특별교육 학생 : 10시간 특별교육 학부모 : 5시간

M 학생은 처음부터 자신의 성적 충동을 해소할 목적으로 N 학생에게 의도적으로 접근하여 인적이 없는 골목길로 유인하여 데려갔고, N 학생에게 핸드폰을 훔쳤다는 누명을 씌어 N 학생이 반항하지 못하도록 심리적인 압박을 가한후 N 학생의 가슴을 만졌는데, 이는 매우 심각한 성폭력 행위에 해당하여 반드시 엄중한 교육과 선도가 필요한 중대한 학교폭력 행위임. 또한 M 학생은 해당사실을 처음에 부인하다 나중에서야 인정하는 모습을 보이는 등 자신의 가해사실에 대한 심각성 인지가 부족해 보임. 다만 피해학생은 보호하고 가해학생은선도·교육하여 올바른 길로 인도하여야 한다는 학교폭력예방 및 대책에 관한법률의 입법목적에 따라 M 학생이 앞으로 이러한 행위를 반복하지 않고 자신의잘못을 뉘우치며 올바른 성의식을 함양할 수 있도록 학교폭력 예방 미 대책에관한 법률 제17조 제1항 제1호, 제2호, 제6호에 따른 조치사항을 결정함.

1. 학교폭력 피해신고 사안 개요

연주중학교 2학년 K 학생은 D 학생이 2022. 3월경부터 신체폭력, 언어폭력, 협박, 금품갈취, 강요 등을 하였다며 피해를 신고한 사안임.

2. 학교폭력대책심의위원회 조치 결정사항

가. 학교폭력 여부

- D 학생이 K 학생으로 하여금 원치 않는 장소로 이동하게 하거나 원하는 장소로 이동할 수 없게 한 것은 신체폭력(약취)에 해당하는 것으로 인정되어 학교폭력예방 및 대책에 관한 법률 제2조에 의거 '학교폭력'에 해당하는 것으로 판단됨. D 학생의 위와 같은 행위들은 단순한 감정적인 욕설 내지 일시적 분노의 표시를 넘어서 해악을 고지한 것으로써 언어폭력(협박)에 해당하는 것으로 판단됨.

- D 학생의 위와 같은 행위는 K 학생의 의사에 반하여 K 학생 소유의 물품을 강제로 가져가거나 빌린다는 명목으로 가져가 되돌려주지 않은 것으로써 금품갈취에 해당하는 것으로 인정되어 학교폭력예방 및 대책에

관한 법률 제2조에 의거 '학교폭력'에 해당하는 것으로 판단됨.

- D 학생의 행위는 K 학생의 신체에 대한 유형력의 행사에 해당하여 신체폭력(폭행 및 특수폭행)에 해당하는 것으로 인정되어, 학교폭력예방 및 대책에 관한 법률 제2조에 의견 '학교폭력'에 해당하는 것으로 판단됨.

- D 학생의 행위는 K 학생의 사회적 평가를 저하시킬 만한 추상적 판단이나 경멸적 감정의 표현으로써 언어폭력(모욕)에 해당하는 것으로 인정되어 학교폭력예방 및 대책에 관한 법률 제2조에 의견 '학교폭력'에 해당하는 것으로 판단됨.

- D 학생의 행위는 K 학생의 물건을 은닉함으로써 그 효용을 해하는 것으로써 재물은닉에 해당하는 것으로 인정되어 학교폭력예방 및 대책에 관한 법률 제2조에 의거 '학교폭력'에 해당하는 것으로 판단됨.

- D 학생의 행위는 정보통신망에 의하여 처리·보관되는 K 학생의 비밀을 침해하는 것으로써 사이버폭력에 해당하는 것으로 인정되어 학교폭력예방 및 대책에 관한 법률 제2조에 의거 '학교폭력'에 해당하는 것으로 판단됨.

- D 학생의 행위는 K 학생으로 하여금 성적 혐오감을 느끼게 하는 것으로써 강제추행, 성희롱에 해당하는 것으로 인정되어 학교폭력예방 및 대책에 관한 법률 제2조에 의거 '학교폭력'에 해당하는 것으로 판단됨.

나. 조치 결정사항

1) 피해학생 보호조치

- 심의위원회에서의 피해학생 보호조치 의결사항

피해학생			조치근거	조치사항
학교	학년	성명		
연주 중학교	2	K	제16조 제1항	제1호 학내외 전문가에 의한 심리상담 및 조언 제3호 치료 및 치료를 위한 요양

2) 가해학생 선도조치

- 심의위원회에서의 가해학생 선도조치 의결사항

가해학생			조치근거	조치사항
학교	학년	성명		
연주 중학교	2	D	제17조 제1항	제2호 피해학생 및 신고·고발 학생에 대한 접촉, 협박 및 보복행위의 금지(졸업시까지)
				제5호 학내외 전문가에 의한 특별교육 이수 15시간
				제6호 출석정지 7일
			제17조 제3항 및 제9항 특별교육	특별교육 학생 : 5시간 특별교육 학부모 : 5시간

학교폭력 예방 및 대책에 관한 법률 제17조, 동법 시행령 제19조, 「학교폭력 가해학생 조치별 적용 세부기준 고시」에 의거 학교폭력의 심각성, 지속성, 고의성, 가해학생의 반성 정도, 가해학생 및 보호자와 피해학생 및 보호자 간의 화해의 정도 등을 고려하여 가해학생의 선도·교육을 위한 적절한 교육적 조치로

같은 법 제17조 제1항 제7호 '학급교체' 조치를 결정함. 다만, K와 D가 이미 다른 반에 배정되어 학교생활을 영위하고 있는 관계로 '학급교체' 조치의 실질적인 효용이 없는 점, 실효성이 없는 조치 결정을 내리는 것은 가해학생인 D에 대한 교육적 측면에서 바람직하지 않은 점 등을 고려하여 실제로 이행 가능한 조치인 제6호 '출석정지'로 조치를 감경하기로 결정함. 한편, D의 선도 가능성을 고려하여 조치를 감경한 것이 아니라 결정된 조치의 실효성 확보를 위하여 조치를 감경한 점, 가해행위에 대해 단지 장난에서 비롯된 것이라는 취지로 변명하고 있는 D의 선도를 위해서는 학교폭력 관련 교육을 필수적으로 이해할 필요가 있어 보이는 점 등을 고려하여 제5호 '학내외 전문가에 의한 특별교육이수' 조치를 병과하기로 결정함.

학교폭력 : 신체폭력 등
가해학생 조치결과 : 제2호, 제5호, 제6호 처분

1. 학교폭력 피해신고 사안 개요

한길중학교에 재학 중인 1학년 H 학생, 현종고등학교에 재학 중인 1학년 C 학생이 관련된 사안임. C 학생이 H에게 수시로 연락하여 약취, 유인, 협박, 강요, 갈취의 행위를 했다고 신고 접수된 사안임.

2. 학교폭력대책심의위원회 조치 결정사항

가. 학교폭력 여부

- C 학생은 6월 10일 H를 약취 유인하여 명품가방의 절도를 강요하여 실행하게 하였고, 성인 ○○○과 사전에 공동 계획하여 성인 ○○○이 H을 협박하게 하여 383만 원이라는 돈을 갈취하는 데 가담한 사실이 확인됨. 이는 학교폭력예방 및 대책에 관한 법률 제2조 약취, 유인, 강요, 협박, 갈취에 포섭되는 학교폭력에 해당함.
- C 학생은 6월 21일 H 학생을 유인하였고 자신의 시계가 없어졌다며 배상하라고 협박함 이는 학교폭력예방 및 대책에 관한 법률 제2조 학교폭력에 해당함.

- C 학생이 6월 27일 만나지 않겠다는 약속을 어기고 H를 불러낸 것은 H 에게 정신적 고통을 주는 행위로 학교폭력예방 및 대책에 관한 법률 제 2조 학교폭력에 해당함.
- 이외 C 학생은 H 학생을 유인하여 절도를 강요하였고 이는 학교폭력 예방 및 대책에 관한 법률 제2조 유인, 강요에 포섭되는 학교폭력에 해당함.

나. 조치 결정사항

1) 피해학생 보호조치

피해학생			조치근거	조치사항
학교	학년	성명		
한길 중학교	1	H	제16조 제1항	제1호 학내외 전문가에 의한 심리상담 및 조언

2) 가해학생 선도조치

가해학생			조치근거	조치사항
학교	학년	성명		
현종 고등학교	1	C	제17조 제1항	제2호 피해학생 및 신고·고발 학생에 대한 접촉, 협박 및 보복행위의 금지(졸업 시까지)
				제5호 특별교육 이수 학생 20시간
				제6호 출석정지 10일
			제17조 제3항 및 제9항 특별교육	특별교육 학생 : 5시간 특별교육 학부모 : 5시간

C는 학교폭력예방 및 대책에 관한 법률 제17조, 동법 시행령 제19조, 「학교 폭력 가해학생 조치별 적용 세부기준 고시」에 의거 학교폭력의 심각성, 지속성, 고의성, 가해학생의 반성 정도, 가해학생 및 보호자와 피해학생 및 보호자 간의 화해의 정도, 해당 조치로 인한 가해학생의 선도 가능성에 따라 위의 조치사항 을 결정함. 또한 본 위원회에서는 C는 앞으로 H에게 절대 접근하거나 연락하지 않을 것을 엄중히 경고함. 이에 제2호 피해학생 및 신고·고발 학생에 대한 접촉, 협박 및 보복행위의 금지조치를 병과하였으므로 C는 이 조치를 철저하게 준수 할 것을 강력히 권고함.

1. 학교폭력 피해신고 사안 개요

같은 고등학교에 재학 중인 K 학생과 L 학생은 각 상대방으로부터 언어폭력을 당했다며 쌍방으로 학교폭력 피해를 주장하며 상대를 신고함.

2. 학교폭력대책심의위원회 조치 결정사항

가. 학교폭력 여부

1) K 학생의 학교폭력 여부

K 학생이 단체채팅방에 L 학생의 사회적 평가를 저하시킬 만한 구체적 사실을 적시하여 올린 행위는 그 내용의 진실성 여부를 떠나 학교폭력예방 및 대책에 관한 법률 제2조에서 규정하는 명예훼손에 해당함.

2) L 학생의 학교폭력 여부

L 학생이 K 학생이 인사를 받아주지 않자 "대답 안 할 거라고 했잖아 싸가지 없게"라는 발언을 하고, K 학생이 이에 두려움을 느껴 뒤돌아 있는데도 친구들과 같이 K 학생에 대하여 다소 거친 발언을 한 행위는 학교폭력예방 및 대

책에 관한 법률 제2조에서 규정하는 언어폭력·위협에 해당함.

나. 조치 결정사항

1) 피해학생 보호조치

• 심의위원회에서의 피해학생 보호조치 의결사항

피해학생			조치근거	조치사항
학교	학년	성명		
승연 고등학교	1	K	제16조 제1항	제1호 학내외 전문가에 의한 심리상담 및 조언

2) 가해학생 선도조치

가해학생			조치근거	조치사항
학교	학년	성명		
승연 고등학교	1	L	제17조 제1항	제1호 피해학생에 대한 서면사과 (2022. 4. 29.까지)
				제2호 피해학생 및 신고·고발 학생에 대한 접촉, 협박 및 보복행위의 금지(졸업 시까지)
			제17조 제3항 및 제9항 특별교육	특별교육 학생 : 2시간 특별교육 학부모 : 2시간

L 학생의 행위로 인하여 K 학생이 위협적인 상황에 놓이고 언어폭력에 노출되어 정신적인 스트레스를 받은 사실이 확인되는 점, L 학생과 K 학생의 불필요한 접촉을 방지할 필요가 있는 점, 다만 L 학생이 자신의 행위를 반성하고 있어 추후 적절한 교육을 통한 선도 가능성이 높은 점, 그 밖에 조치의 실효성 및 교육적 효과 등을 종합하여 학교폭력예방 및 대책에 관한 법률 제17조 및 동법 시행령 제19조에 따라 L 학생의 선도를 위하여 조치사항을 결정함.

3) 피해학생 보호조치
- 심의위원회에서의 피해학생 보호조치 의결사항

피해학생			조치근거	조치사항	
학교	학년	성명			
승연 고등학교	1	L	제16조 제1항	제1호 학내외 전문가에 의한 심리상담 및 조언	찬성(8) 반대(0)

4) 가해학생 선도조치
- 심의위원회에서의 가해학생 선도조치 의결사항

가해학생			조치근거	조치사항
학교	학년	성명		
승연 고등 학교	1	K	제17조 제1항	제1호 피해학생에 대한 서면사과 (2022. 4. 29.까지)
				제2호 피해학생 및 신고·고발 학생에 대한 접촉, 협박 및 보복행위의 금지(졸업 시까지)
			제17조 제3항 및 제9항 특별교육	특별교육 학생 : 2시간 특별교육 학부모 : 2시간

K 학생의 행위로 인하여 L 학생이 위협적인 상황에 놓이고 언어폭력에 노출되어 정신적인 스트레스를 받은 사실이 확인되는 점, L 학생과 K 학생의 불필요한 접촉을 방지할 필요가 있는 점, 다만 K 학생이 자신의 행위를 반성하고 있어 추후 적절한 교육을 통한 선도 가능성이 높은 점, 그 밖에 조치의 실효성 및 교육적 효과 등을 종합하여 학교폭력예방 및 대책에 관한 법률 제17조 및 동법 시행령 제19조에 따라 K 학생의 선도를 위하여 조치사항을 결정함.

학교폭력 : 언어폭력, 사이버폭력
조치결과 : 제1호, 제5호, 제8호 처분

1. 학교폭력 피해신고 사안 개요

한국중학교 2학년 A, B, C, D, E, F, G, H 학생이 관련되어 피해가 발생한 사안으로 누구인지 모르는 제3의 인물이 2022. 3. 21.부터 4. 6.까지 여러 학생들의 이름을 사칭하여 SNS로 혐오적인 패드립과 성 관련 사진을 게시한 사이버폭력이 발생함.

2. 학교폭력대책심의위원회 조치 결정사항

가. 학교폭력 여부

1) 가해학생의 특정

앞선 사실관계를 살펴보면, 피해학생들에게 무차별적으로 이루어진 욕설, 패드립, 혐오적인 사진 게시 등을 O 학생이 전학 온 이후로 시작되었고, 2021.부터 현재까지 O 학생과 같은 반이거나, 같은 학원에 다니는 학생들 위주로만 무차별적인 사이버폭력이 이루어졌음. O 학생은 자신의 계정이 해킹되었고, 위와 같은 욕설, 패드립, 혐오적인 사진 게시는 자신이 한 일이 아니라는 취지로 주장하고 있으나, O학생은 전적교에서도 본 사안과 동일, 유사한 행위로 인하여 학교폭력이 인정되어 전학 조치를 받은 사실이 있는 점 등을 종합하여 고려하였을 때 피해학생들에 대한 욕설, 패드립 등 사이버폭력 가해자는 O 학생으로 특정할 수 있음. 해킹을 당했다는 O 학생의 진술 외에는 객관적인 아무런 증거도 없으며, O 학생 및 보호자 역시 전적교 사안 발생 이후 이에 대하여 적극적으로 누명을 벗기 위한 노력을 찾아볼 수 없는바, O 학생의 해킹을 당하였다는 주장은 믿기 어렵고 달리 이를 입증할 아무런 증거가 없음.

2) O 학생의 학교폭력 여부

O 학생이 피해학생들을 사칭하여 SNS상으로 단체메시지방과 개인 메시지로 각종 패드립, 욕설, 혐오적인 사진을 반복하여 게시한 행위, 불특정 다수가 이용하는 EBS 중학 사이트에 명예훼손, 모욕적인 글을 게시한 행위, O 학생이 해킹범을 사칭하여 각 피해학생에게 개인 메시지로 욕설 및 패드립, 명예훼손적인 메시지를 보낸 행위 등은 모두 학교폭력예방 및 대책에 관한 법률 제2조에서 규정하는 정보통신망을 이용한 음란·폭력 정보 등에 의하여 신체·정신 또는 재산상의 피해를 수반하는 행위에 해당함.

나. 조치 결정사항

1) 피해학생 보호조치

· 심의위원회에서의 피해학생 보호조치 의결사항

피해학생			조치근거	조치사항
학교	학년	성명		
한국 중학교	2	A	제16조 제1항	제1호 학내외 전문가에 의한 심리상담 및 조언 제3호 치료 및 치료를 위한 요양
한국 중학교	2	B	제16조 제1항	제1호 학내외 전문가에 의한 심리상담 및 조언 제3호 치료 및 치료를 위한 요양

피해학생			조치근거	조치사항
학교	학년	성명		
한국 중학교	2	C	제16조 제1항	제1호 학내외 전문가에 의한 심리상담 및 조언 제3호 치료 및 치료를 위한 요양
한국 중학교	2	D	제16조 제1항	제1호 학내외 전문가에 의한 심리상담 및 조언 제3호 치료 및 치료를 위한 요양
한국 중학교	2	E	제16조 제1항	제1호 학내외 전문가에 의한 심리상담 및 조언 제3호 치료 및 치료를 위한 요양
한국 중학교	2	F	제16조 제1항	제1호 학내외 전문가에 의한 심리상담 및 조언 제3호 치료 및 치료를 위한 요양
한국 중학교	2	G	제16조 제1항	제1호 학내외 전문가에 의한 심리상담 및 조언 제3호 치료 및 치료를 위한 요양

2) 가해학생 선도조치

- 심의위원회에서의 가해학생 선도조치 의결사항

가해학생			조치근거	조치사항
학교	학년	성명		
한국 중학교	2	O	제17조 제1항	제2호 피해학생 및 신고·고발 학생에 대한 접촉, 협박 및 보복행위의 금지(졸업 시까지)
				제5호 학내외 전문가에 의한 특별교육이수 200시간
				제8호 전학
			제17조 제3항 및 제9항 특별교육	특별교육 학생 : 5시간 특별교육 학부모 : 10시간

O는 전적교에서도 본 사안과 동일, 유사한 학교폭력 행위로 인해 전학 조치를 받았음에도 이를 반성하지 아니하고, 다시 피해학생들을 사칭하여 무차별적인 패드립, 욕설, 혐오스러운 사진을 게시하였고, 일부 피해학생에 대하여는 불특정 다수가 확인할 수 있는 사이트에 개인정보를 유출하고 명예훼손적인 글을 게시하는 등 가해행위의 심각성이 매우 높다. 또한, 현재까지도 불특정 다수 학생, 선생님을 대상으로 패드립, 욕설, 혐오스러운 사진을 게시함으로써 피해학생들뿐 아니라 추가적인 피해자가 발생할 가능성이 매우 높은 상황임. O는 자신의 행위를 반성하지 아니하고, 해킹범의 소행이라 주장하며 객관적인 증거마저 배척하고 있는바, 이후로도 가해행위가 재발할 가능성이 매우 높다고 판단되고, 이미 본 사안과 동일, 유사한 행위로 인하여 학교폭력이 인정되어 전학 조치를 받았으나 몇 개월 사이에 동일한 가해행위를 한 것을 고려하였을 때 O에 대하여 선도적, 교육적 효과를 위하여 특별교육이 필요하다고 판단됨. 이에 학교폭력예방 및 대책에 관한 법률 제17조 및 동법 시행령 제19조에 따라 이 학생의 선도를 위하여 위와 같이 조치사항을 결정함.

No. 12

학교폭력 : 신체폭력, 성폭력
가해학생 조치결과: ① 제2호, 제8호 처분(가해학생 1)
② 제1호, 제3호 처분(가해학생 2)

1. 학교폭력 피해신고 사안 개요

가. A 학생 피해신고 내용

B 학생이 2022. 5월경 학교에서 자신의 뺨을 세게 때리고, 마주칠 때마다 "돼지냄새, 돼지육수 냄새"라고 하였음. 점심시간 3학년 4반 복도에서 P 학생의 폭행을 방조했다고 신고함. P 학생은 2021. 12월 경부터 왼쪽 허벅지를 몇십 분 가량 때리거나, 연락을 안 보거나 전화할 때 졸았다는 이유로 때리거나 위협을 함. 빌린 돈을 갚지 않아 연락하면 무시하거나, 단체 대화방에 초대하여 후배들로 하여금 욕을 하게 함. 다른 아이들과 어울린다는 이유로 때리거나 바지를 벗고 자위를 하게 하거나 이를 거부하면 위협함. B 학생이 "돼지 냄새"라고 할 때 동조함. 점심시간에 복도에서 발로 차고 뺨을 세게 때림. 그 외에도 지속적인 괴롭힘 한 사실로 신고함.

나. B 학생 피해신고 내용

A 학생이 심의 외 다른 학생과 SNS로 대화를 나누면서 자신에 대하여 "술집 여자" 등의 모욕적인 발언을 하였다고 주장함.

2. 학교폭력대책심의위원회 조치 결정사항

가. 학교폭력 여부

1) A 학생의 학교폭력 여부

A 학생이 B 학생을 지칭하여 "O은 애늙은이마냥 패션 존나 성인, 술 쳐먹고 댕기는 O 빙의됐고"라고 발언한 것을 살펴보면, 위 대화가 다른 학생과의 일대일 대화방에서 이루어졌다 하여 공연성이 인정되지 않는다고 볼 수 없고 실제로 이 대화를 B 학생이 인지하게 된 사정을 고려하면, A 학생의 발언은 B 학생을 조롱하거나 비하하려는 모욕행위에 해당함. 따라서 A 학생의 이와 같은 행위를 학교폭력으로 인정함.

2) B 학생의 학교폭력 여부

B 학생이 여러 명의 학생들이 볼 수 있는 공개된 장소에서 A 학생의 뺨을 1 대 때린 행위는, 비록 A 학생이 먼저 B 학생에 대한 모욕적인 발언을 하여 이에 대한 사과의 의미로 A 학생이 때리라고 하여 이루어진 행위라 하여도 사람의 신체에 대한 불법한 유형력의 행사이므로 폭행 행위에 해당함. 따라서 B 학생의 이와 같은 행위를 학교폭력으로 인정함. 또한 B 학생이 A 학생을 향하여 "돼지 냄새, 돼지육수 냄새"라고 발언한 행위는 명백히 A 학생을 조롱하거나 비하하려는 모욕행위에 해당함. 따라서 B 학생의 이와 같은 행위 역시 학교폭력으로 인정함. 그러나 2022. 7월경 발생한 P 학생의 폭행 행위와 관련하여, 제출된 CCTV에 의하면 B 학생이 현장에 주간 합류한 사실, P 학생의 폭행이 이루어지는 순간에는 3학년 4반 교실에 들어가 있던 사실이 확인되므로 B 학생이 P 학생의 폭행 행위에 가담하거나 이를 방조하였다고 볼 수 없음. 따라서 B 학생의 이와 같은 행위는 학교폭력으로 인정하지 않음.

3) P 학생의 학교폭력 여부

P 학생이 인정한 일련의 행위를 살펴보면, 새벽 1시에 A 학생을 불러내어 아파트 부근에서 몇십 분가량 발로 차거나, 자신의 집에서 배와 뺨을 여러 차례

때리고, 2022. 7. 6.(수) 점심시간 3학년 4반 복도에서 일방적으로 A 학생을 몰아세워 발로 차고 뺨을 세게 때리는 등의 행위를 한 것은 사람의 신체에 대한 불법한 유형력의 행사로 심각한 폭행 행위에 해당함. 따라서 P 학생의 이와 같은 행위를 학교폭력으로 인정함. 또한 2022. 12월경부터 힘의 우위 관계를 이용하여 A 학생에 대하여 지속적으로 위협을 하거나 의도적으로 다른 학생들 앞에서 무시를 하고 면박을 주는 등의 행위는 A 학생을 괴롭히기 위한 고의가 다분한 행위로 이 또한 학교폭력으로 인정함. P 학생이 단체 대화방에 A 학생의 중학교 1~2학년 후배 여러 명의 초대하여 후배들로 하여금 A 학생에게 욕을 하게 하고, 다른 학생들의 "돼지냄새"라는 발언에 동조하거나 본인도 "돼지냄새"라고 발언한 행위는 A 학생을 조롱하고 비하하려는 고의성이 다분한 행위로 이는 모욕행위에 해당함. 따라서 P 학생의 이와 같은 행위 역시 학교폭력으로 인정함. 무엇보다 P 학생이 아무도 없는 자신의 집에 A 학생을 불러 자신의 앞에서 자위행위 할 것을 강요하여 A 학생이 두려움에 P 학생의 앞에서 자위행위를 하게 된 행위는, A 학생을 성적으로 모욕하여 수치심과 치욕감을 주려는 매우 고의적이고 심각한 성폭력 행위에 해당함. 따라서 P 학생의 이와 같은 행위 또한 학교폭력으로 인정함.

나. 조치 결정사항

1) 피해학생 보호조치

- 심의위원회에서의 피해학생 보호조치 의결사항

피해학생			조치근거	조치사항
학교	학년	성명		
효정 중학교	3	A	제16조 제1항	제1호 학내외 전문가에 의한 심리상담 및 조언

2) 가해학생 선도조치

• 심의위원회에서의 가해학생 선도조치 의결사항

피해학생			조치근거	조치사항
학교	학년	성명		
효정중학교	3	A	제16조 제1항	제1호 학내외 전문가에 의한 심리상담 및 조언

가해학생			조치근거	조치사항
학교	학년	성명		
효정중학교	3	B	제17조 제1항	제1호 피해학생에 대한 서면사과 (2022. 10. 21.까지 이행)
				제3호 학교에서의 봉사 4시간 (2022. 11. 4.까지 이행)
			제17조 제3항 및 제9항 특별교육	특별교육 학생 : 4시간 특별교육 학부모 : 2시간

학교폭력으로 인정된 P 학생의 일련의 행위를 살펴보면, 약 8개월이라는 긴 시간 동안 매우 다양한 학교폭력 행위가 여러 차례 발생하였고, 후배들로 하여금 피해학생을 욕하게 하는 등의 상황을 만들어 피해학생에게 굴욕적이고 치욕스러운 일을 겪게 하였으며, 피해학생이 자신을 방어하기 위한 최소한의 행위를 하지 않음에도 무차별적인 폭행 행위를 일삼았으며, 아무도 없는 집에 불러 피해학생에게 자위행위를 강요하는 등 심각한 성폭력 행위까지 한바, 이는 명백한 학교폭력 행위에 해당함. 무엇보다 피해학생과 과거에 친하게 지냈던 친구 사이였음에도, P 학생은 현재 자신과 어울리지 않으려 한다는 이유만으로 피해학생을 상대로 하여 장기간 학교폭력 행위를 저지른바, 그 심각성과 고의성 및 지속성이 매우 높음. P 학생이 자신의 행위 대부분을 인정하고 반성하고 있지만 현

재 같은 학교에 재학 중인 피해학생과 P 학생의 물리적인 분리가 시급한 점, 피해학생의 보호뿐만 아니라 P 학생의 교육환경 변화를 통한 선도의 필요성이 높은 점을 고려하여 위와 같은 조치를 결정함.

3) 피해학생 보호조치
- 심의위원회에서의 피해학생 보호조치 의결사항

피해학생			조치근거	조치사항
학교	학년	성명		
효정 중학교	3	B	제16조 제1항	제1호 학내외 전문가에 의한 심리상담 및 조언

4) 가해학생 선도조치
- 심의위원회에서의 가해학생 선도조치 의결사항

가해학생			조치근거	조치사항
학교	학년	성명		
효정 중학교	3	A	제17조 제1항	제1호 피해학생에 대한 서면사과 (2022. 00. 21.까지 이행)

A 학생이 B 학생에 대하여 모욕적인 발언을 한 행위는 학교폭력 행위에 해당하여 엄정한 선도조치가 필요함. 다만 A 학생이 자신의 행위를 모두 인정하고 깊게 반성하고 있으며 다시는 이러한 행위를 하지 않겠다고 굳게 다짐하고 있는 점, A 학생의 보호자 또한 재발 방지를 위하여 가정에서도 훈육에 힘쓸 것을 약속한 점, A 학생 또한 이 사안으로 인하여 학교폭력의 피해를 입게 된 점, 적절한 조치에 의한 A 학생의 선도 가능성이 매우 높은 점을 고려하여 아래와 같은 조치를 결정함.

No. 13
학교폭력 : 강요, 공갈
조치결과 : 제2호, 제6호 처분

1. 학교폭력 피해신고 사안 개요

2022.경 한국중학교 1학년 A 학생, B 학생, 한국고등학교 1학년 C 학생이 관련 발생한 사안으로 피해 관련 학생들 측에서 다음과 같은 피해 사실을 주장하며 신고한 사안임. 3월 1일 C 학생이 한국중학교 1학년 A 학생과 1학년 B 학생을 불러 본인이 보는 앞에서 싸움을 하라고 시킴. 몇 번의 거절이 있었으나 계속 강요하여 1학년 학생들이 C 학생이 보는 앞에서 싸움을 함. 싸움이 끝난 후 싸움 상대를 찾아 싸움을 강요함. 3월 1일 이전부터 1학년 A 학생과 B 학생에게 지속적으로 돈을 요구하며 대부분 거절하였으나 몇 번 돈을 준 적이 있음.

2. 학교폭력대책심의위원회 조치 결정사항

가. 학교폭력 여부

상급생인 C 학생이 하급생들에게 싸우도록 시킨 것은 직접적인 폭행이나 협박이 없었더라도 하급생의 입장에서는 의무 없는 일을 하게 하는 강요 행위에 해당하는 것으로 인정되어 학교폭력 예방 및 대책에 관한 법률 제2조에 의거 '학교폭력'으로 판단됨.

상급생인 C 학생이 하급생인 하급생들에게 수차례 돈을 요구한 것과 실제로 B 학생에게 두 차례 정도 돈을 받은 것은 직접적인 폭행이나 협박이 없었더라도 하급생의 입장에서는 거부할 수 없는 상황에서 돈을 줄 수밖에 없었을 것으로 판단되며, 이러한 행위는 공갈(금품갈취)에 해당하는 것으로 인정되어 학교폭력 예방 및 대책에 관한 법률 제2조에 의거 '학교폭력'으로 판단됨.

나. 조치 결정사항

1) 피해학생 보호조치

피해학생			조치근거	조치사항
학교	학년	성명		
한국 중학교	1	A	제16조 제1항	제1호 학내외 전문가에 의한 심리상담 및 조언
한국 중학교	1	B	제16조 제1항	제1호 학내외 전문가에 의한 심리상담 및 조언

2) 가해학생 선도조치

가해학생			조치근거	조치사항
학교	학년	성명		
한국 고등학교	1	C	제17조 제1항	제2호 피해학생 및 신고·고발 학생에 대한 접촉, 협박 및 보복행위의 금지(졸업 시까지)
				제6호 출석정지 5일
			제17조 제3항 및 제9항 특별교육	특별교육 학생 : 4시간 특별교육 학부모 : 2시간

C가 상기의 학교폭력에 해당하는 행위를 하여 A, B가 신체적, 정신적 피해

를 입었음이 인정되어 학교폭력예방 및 대책에 관한 법률 제2조에 의거 A, B를 학교폭력 피해학생으로 C를 학교폭력 가해학생으로 각 판단함. C에게 학교폭력 예방 및 대책에 관한 법률 제17조, 동법 시행령 제19조, 「학교폭력 가해학생 조치별 적용 세부기준 고시」에 의거 학교폭력의 심각성, 지속성, 고의성, 가해학생의 반성 정도, 가해학생 및 보호자와 피해학생 및 보호자 간의 화해의 정도, 해당 조치로 인한 가해학생의 선도 가능성을 고려하여 가해학생의 선도·교육을 위한 적절한 교육적 조치를 결정함.

한 권에 담은 학교폭력의 바이블

No. 14

학교폭력 : 신체폭력, 강요 등
가해학생 조치결과 : 제2호, 제6호 처분

1. 학교폭력 피해신고 사안 개요

2021. 4.부터 제주중에 함께 다니며 어울렸던 K 학생(제주중 2학년)이 2021. 5.부터 N 학생에게 무언가를 지시하는 경우가 많았고, 지시를 따르지 않으면 언어폭력과 신체폭력 하기, K 학생이 N 학생에게 평소 자신의 핸드폰과 대용량 보조배터리를 늘 갖고 다니라고 시켰으며, 2021. 11. 5. ○○중학교 근처 공원에서 K 학생이 N 학생에게 맡겼던 자신의 핸드폰과 보조배터리를 노래방에 두고 왔다는 이유로 머리, 얼굴, 가슴, 등을 때리기, 2022. 1. 8. ○○고등학교 근처 '소머리국밥' 식당에서 K 학생이 N 학생에게 8만 원을 갈취하여 전자담배 사기, 2022. 2. 5.부터 2. 11.까지 K 학생이 N 학생에게 300만 원을 갚을 돈이 없으면 오토바이를 훔쳐오라고 강요하기, 2022. 2. 12. ○○중학교 근처 공원에서 N 학생이 K 학생의 말을 듣지 않는다며 K 학생이 N 학생의 머리, 얼굴 등을 때리기 등의 행동을 하였다고 피해를 신고한 사안임. 2022년 2월 중순 N 학생의 보호자가 위 사실을 알게 되어 N 학생은 다른 학교로 전학함.

2. 학교폭력대책심의위원회 조치 결정사항

가. 학교폭력 여부

• 2022. 1. 8. ○○고등학교 근처 '소머리국밥' 식당에서 K 학생이 N 학생의 돈 8만 원으로 전자담배를 사 오도록 요구하였다는 것은 전자담배를 사다 달라던 K 학생이 N 학생에게 전자담배값을 일부 주었고, 당시 N 학생이 거부 의사를 밝히거나 한 것을 확인할 수 없어 강요로 보기는 어려우므로, 학교폭력에 해당하지 않음.

• 그 밖에 2021. 5. 이후 K 학생이 N 학생에게 무언가를 지시하고 N 학생이 지시를 따르지 않으면 언어폭력과 신체폭력 하기, K 학생이 자신의 대용량 보조배터리를 N 학생에게 갖고 다니라고 시키고, 2021. 11. 5.경 N 학생에게 자신의 대용량 보조배터리를 N 학생이 노래방에 두고 오자 N 학생을 폭행하기, 2022. 2. 5.부터 2. 11.까지 N 학생에게 오토바이를 훔쳐오라고 요구하고 경찰 진술 시 자신의 이름은 빼라고 요구하기, 2022. 2. 12. N 학생을 폭행하기 등의 행위는 언어폭력, 신체폭력(폭행), 강요 등에 해당되는 행위로, 학교폭력에 해당함.

나. 조치 결정사항

1) 피해학생 보호조치

• **심의위원회에서의 피해학생 보호조치 의결사항**

피해학생			조치근거	조치사항
학교	학년	성명		
제주중학교	2	N	제16조 제1항	제1호 학내외 전문가에 의한 심리상담 및 조언

2) 가해학생 선도조치

• 심의위원회에서의 가해학생 선도조치 의결사항

가해학생			조치근거	조치사항
학교	학년	성명		
제주 중학교	2	K	제17조 제1항	제2호 피해학생 및 신고·고발 학생에 대한 접촉, 협박 및 보복행위의 금지(졸업 시까지)
				제6호 출석정지 5일
			제17조 제3항 및 제9항 특별교육	특별교육 학생 : 5시간 특별교육 학부모 : 5시간

약 10개월에 걸쳐 피해가 지속적으로 있었던 점, 가해학생이 대부분의 사실에 대해 기억나지 않는다고 하거나 부인하고 있어 자신의 행동에 대하여 제대로 된 반성이 없는 것으로 보이는 점, 범죄를 교사하여 피해 관련 학생이 경찰 조사를 받고 손해배상까지 하는 등 추가적인 피해가 발생하게 된 점, 화해가 이루어지지 않았고, 추후 화해가 이루어질 가능성이 낮은 것으로 보이는 점, 피해 관련 학생에게 더 이상의 신체적 피해에 대한 치료가 필요하지는 않은 것으로 보이나, 정신적 피해에 따른 심리상담 등은 필요한 것으로 보이는 점, 비록 다른 학교에 재학 중이나, 관련 학생들 간 서로 접촉하지 않도록 할 필요성이 있는 것으로 보이는 점 등을 종합하여 학교폭력예방 및 대책에 관한 법률 제16조, 제17조 및 동법 시행령 제19조에 따라 학생의 보호를 위한 위의 조치사항을 결정함.

학교폭력 : 신체폭력
가해학생 조치결과 : 제2호, 제7호 처분

1. 학교폭력 피해신고 사안 개요

보선중학교 1학년 K 학생, L 학생이 관련된 사건으로 2022. 3. 7. 가해학생
인 L 학생이 같은 반 K 학생에게 에스크(asked)라는 익명의 질문 웹사이트를 통
해 성적 수치심이 들 수 있는 질문을 반복적으로 하여 사이버 성폭력을 가한 사
건임.

2. 학교폭력대책심의위원회 조치 결정사항

가. 학교폭력 여부
1) K 학생의 학교폭력 여부
- L 학생의 행위로 인하여 K 학생은 성적 수치심을 느낀 것으로 확인되고
  이후 불안감과 두려움을 느끼는 등 신체적, 심리적 피해를 입었으므로
  K 학생을 학교폭력 피해학생으로 판단함.

2) L 학생의 학교폭력 여부
- L 학생 본인이 메시지를 보낸 사실을 인정하며 이 행위로 인하여 K 학
  생은 성적 수치심을 느낀 것으로 확인되고 이후 불안감과 두려움을 느

끼는 등 신체적, 심리적 피해를 입었으므로 L 학생을 학교폭력 예방 및 대책에 관한 법률 제2조에 의거 학교폭력 가해학생으로 판단함.

나. 조치 결정사항

1) 피해학생 보호조치

• 심의위원회에서의 피해학생 보호조치 의결사항

피해학생			조치근거	조치사항
학교	학년	성명		
보선 중학교	1	K	제16조 제1항	제1호 학내외 전문가에 의한 심리상담 및 조언 제3호 치료 및 치료를 위한 요양

2) 가해학생 선도조치

• 심의위원회에서의 가해학생 선도조치 의결사항

가해학생			조치근거	조치사항
학교	학년	성명		
보선 중학교	1	L	제17조 제1항	제2호 피해학생 및 신고·고발 학생에 대한 접촉, 협박 및 보복행위의 금지(졸업 시까지)
				제7호 학급교체
			제17조 제3항 및 제9항 특별교육	특별교육 학생 : 10시간 특별교육 학부모 : 5시간

L 학생 본인이 메시지를 보낸 사실을 인정하며 이 행위로 인하여 K 학생은 성적 수치심을 느낀 것으로 확인되고 이후 불안감과 두려움을 느끼는 등 신체

적, 심리적 피해를 입었으므로 본 위원회는 L 학생을 학교폭력예방 및 대책에 관한 법률 제2조에 의거 학교폭력 가해학생으로 판단함. 이에 학교폭력 예방 및 대책에 관한 법률 제17조, 동법 시행령 제19조, 「학교폭력 가해학생 조치별 적용 세부기준 고시」에 의거 학교폭력의 심각성, 지속성, 고의성, 가해학생의 반성 정도, 가해학생 및 보호자와 피해학생 및 보호자 간의 화해의 정도, 해당 조치로 인한 가해학생의 선도 가능성 등을 고려하여 가해학생의 선도·교육을 위한 적절한 교육적 조치를 결정함.

No. 16
학교폭력 : 성폭력
가해학생 조치결과 : 제2호, 제7호 처분

1. 학교폭력 피해신고 사안 개요

- 유림중학교 2학년 Y, S 학생이 관련된 사안임(이하, '학생' 호칭 생략)

- S는 2022. 4.경부터 상습적으로 Y의 신체 부위를 더듬거나 만지고 허리, 어깨, 엉덩이, 성기 부분을 주무름. 본인 외에도 피해학생이 있음.

- S는 Y의 신체를 만지면서 "자기야"라고 하며 기분을 나쁘게 했고, 특정 부위(성기)를 만지는 행위에 의해 Y는 성적 불쾌감을 느꼈음.

- S는 2022. 6. 9. Y를 총 두 번을 만지고 주물렀으며, Y에 대하여 조두순이라고 하여 심각한 모욕감을 주었음.

- 위의 내용으로 신고 접수된 사안임.

2. 학교폭력대책심의위원회 조치 결정사항

가. 학교폭력 여부

1) S 학생의 학교폭력 여부

S가 Y의 거부 의사에도 불구하고 S의 신체를 수차례에 걸쳐 만진 행위는 강제추행에 해당하고, Y에 대하여 "자기야"라고 부른 행위는 성희롱에 해당하는 바, 위 행위에 대하여 학교폭력예방 및 대책에 관한 법률에 의하여 '학교폭력'으로 판단한다.

나. 조치 결정사항

1) 피해학생 보호조치

• 심의위원회에서의 피해학생 보호조치 의결사항

피해학생			조치근거	조치사항
학교	학년	성명		
유림 중학교	2	Y	제16조 제1항	제1호 학내외 전문가에 의한 심리상담 및 조언 제3호 치료 및 치료를 위한 요양

2) 가해학생 선도조치

• 심의위원회에서의 가해학생 선도조치 의결사항

가해학생			조치근거	조치사항
학교	학년	성명		
유림 중학교	2	S	제17조 제1항	제2호 피해학생 및 신고·고발 학생에 대한 접촉, 협박 및 보복행위의 금지(졸업 시까지)
				제7호 학급교체
			제17조 제3항 및 제9항 특별교육	특별교육 학생 : 10시간 특별교육 학부모 : 5시간

이 사건 조치에 앞서 S는 자신의 잘못을 진지하게 반성하고 있는 점, 재발 방지를 약속하고 있는 점을 고려하여 이 사건 조치 결정에 반영함. 이에 S에 대하여 학교폭력예방 및 대책에 관한 법률 제17조, 동법 시행령 제19조, 「학교폭력 가해학생 조치별 적용 세부기준 고시」에 의거 학교폭력의 심각성, 지속성, 고의성, 가해학생의 반성 정도, 가해학생 및 보호자와 피해학생 및 보호자 간의 화해의 정도, 해당 조치로 인한 가해학생의 선도 가능성을 고려하여 위의 조치사항을 결정함.

No. 17

학교폭력 : 성폭력 등
가해학생 조치결과 : 제2호, 제6호 처분

1. 학교폭력 피해신고 사안 개요

가. P 학생 학교폭력 피해신고 사안

- 1학년 초부터 현재까지 K가 어깨를 깨물거나 치는 행위를 함.
- "엄마 없는 년"이라고 하거나 우유가 들어있는 비커를 P에게 뿌리면서 우유가 남자 정액 같다고 함.
- 라텍스 장갑을 끼고 웃으면서 "이거 너 씹질할 때 씀"이라고 함.
- 컴퓨터실에서 P의 뒷목을 잡고 옆자리 남학생의 생식기 쪽으로 입을 가져다 대려고 함.
- P가 친구들이랑 장난치다 화장실을 가고 싶다고 하자 K가 옆에서 "아"라고 함.

나. S 학생 학교폭력 피해신고 사안

- 5, 6월부터 현재까지 K가 명치를 아무 이유 없이 때리거나 이빨로 어깨나 팔을 깨물거나 목을 조름.
- 자주 패드립을 함.
- 쉬는 시간에 자고 있는 S 의자 빈 공간으로 올라와 등을 타고, 담요를

덮어서 헤드록을 함.

다. J 학생 학교폭력 피해신고 사안

- 4월 초부터 현재까지 K가 J의 등과 가슴을 이빨로 물고, 목을 조르거나 허벅지를 발로 참.

2. 학교폭력대책심의위원회 조치 결정사항

가. 학교폭력 여부

1) K 학생의 학교폭력 여부

- K 학생은 다른 학생들이 계속 장난을 쳐 짜증이 나서 위와 같은 행위를 하였다고 하거나 혹은 단순한 장난의 의도에서 하게 되었다고 진술함. 그러나 사실로 확인된 K 학생의 행위 모두 일상적인 학교생활에서 발생할 수 있는 통상적인 신체적 접촉 수준을 벗어난 고의성 있는 폭행 행위에 해당함. 따라서 K 학생이 S, K, ,J 학생을 수차례 때리거나 깨물고 목을 조르는 등의 행위는 모두 사람의 신체에 대한 불법적인 유형력의 행사로서 학교폭력예방 및 대책에 관한 법률 제2조에서 규정하는 학교폭력에 해당함.

- 또한 K 학생이 S 학생에게 한 "니 ○○ 개○○년" 역시 소위 '패드립'의 일종으로 발언의 수위나 표현이 상대방을 모욕하려는 의도가 다분하여 이를 들은 S 학생으로 하여금 모욕감과 불쾌감, 수치심 등을 느끼게 하는 욕설에 해당하므로 K 학생의 이와 같은 발언은 학교폭력예방 및 대책에 관한 법률 제2조에서 규정하는 학교폭력에 해당함.

- K 학생이, J 학생의 신체(가슴, 성기 등)를 건드리거나 만진 행위는 타인의 의사에 반하여 그 신체를 만지는 등의 행위를 하여 성적 불쾌감 또는 혐오의 감정을 느끼게 한 것으로 성추행 행위에 해당함. 따라서 K 학생의

이와 같은 행위는 학교폭력예방 및 대책에 관한 법률 제2조에서 규정하는 학교폭력에 해당함.

나. 조치 결정사항

1) 피해학생 보호조치

- 심의위원회에서의 피해학생 보호조치 의결사항

피해학생			조치근거	조치사항
학교	학년	성명		
유진 중학교	2	S	제16조 제1항	제1호 학내외 전문가에 의한 심리상담 및 조언
유진 중학교	2	P	제16조 제1항	제1호 학내외 전문가에 의한 심리상담 및 조언
유진 중학교	2	J	제16조 제1항	제1호 학내외 전문가에 의한 심리상담 및 조언

2) 가해학생 선도조치

- 심의위원회에서의 가해학생 선도조치 의결사항

가해학생			조치근거	조치사항
학교	학년	성명		
유진 중학교	2	K	제17조 제1항	제2호 피해학생 및 신고·고발 학생에 대한 접촉, 협박 및 보복행위의 금지(졸업 시까지)
				제6호 출석정지 5일
			제17조 제3항 및 제9항 특별교육	특별교육 학생 : 10시간 특별교육 학부모 : 5시간

K 학생이 여러 명의 피해학생을 상대로 수차례 폭행을 행사하고 언어폭력을 하며 성추행까지 한 행위는 심각한 학교폭력 행위에 해당하여 엄정한 선도조치가 필요함. 또한 K 학생은 체육특기생으로 일반 학생들과 비교하여 본인 스스로가 힘의 관계에서 우위에 있다는 사실을 충분히 인지하고 있음에도 불구하고 수차례 학교폭력 행위를 한 사실을 보면 K 학생의 선도 필요성이 매우 높음. 다만 K 학생이 대부분의 사실을 인정하고 자신의 잘못을 깊게 반성하고 있는 점, K 학생의 보호자 또한 피해학생 측에 죄송하다는 의사를 진심으로 표하면서 재발 방지를 위한 가정 훈육을 굳게 다짐하고 있는 점, K 학생이 학교폭력과 장난의 경계를 제대로 인지하지 못하여 이번 사안이 발생된 것으로 보이는 점을 고려하되, 피해학생들과의 불필요한 접촉을 방지하여 추후 발생할 수 있는 갈등을 막을 수 있도록 종합하여 위와 같은 조치를 결정함.

No. 18
학교폭력 : 성폭력
피해학생 조치결과 : 제1호, 제3호, 제6호 처분

1. 학교폭력 피해신고 사안 개요

지현중학교 1학년 Y 학생 관련된 사안임(이하 '학생' 호칭은 생략함). Y는 2021. 12. 8.경 오픈채팅으로 ㅇㅇㅇ(성인)를 만나 첫 만남 후 합의하에 성관계를 하며 동영상 촬영을 하였고, 2022. 2. 초까지 만남을 이어갔음. Y는 ㅇㅇㅇ과 교제 당시 10만 원을 빌린 바 있는데, 이를 갚지 못하자 ㅇㅇㅇ은 위 동영상을 H의 부모님께 보내겠다고 협박함.

2. 학교폭력대책심의위원회 조치 결정사항

가. 학교폭력 여부

Y는 당시 만 13세 미만의 미성년자로 ㅇㅇㅇ과의 성관계에 동의를 하였다 하더라도 ㅇㅇㅇ의 위 행위는 성폭력(미성년자의제강간)에 해당하므로, 학교폭력예방 및 대책에 관한 법률 제2조에 의거 '학교폭력'에 해당하는 것으로 판단함. 또한 촬영물을 이용하여 피해학생을 협박한 것으로써 촬영물 등 이용 협박에 해당.

학교폭력심의 최신결정례   **213**

나. 조치 결정사항

1) 피해학생 보호조치

• 심의위원회에서의 피해학생 보호조치 의결사항

피해학생			조치근거	조치사항
학교	학년	성명		
지현 중학교	1	Y	제16조 제1항	제1호 학내외 전문가에 의한 심리상담 및 조언 제3호 치료 및 치료를 위한 요양 제6호 그 밖에 피해학생의 보호를 위하여 필요한 조치

상기의 학교폭력에 해당하는 행위로 Y는 신체적, 정신적 피해를 입었음이 인정되어 학교폭력예방 및 대책에 관한 법률 제2조에 의거 정유희를 학교폭력 피해학생으로 판단함. 이에 학교폭력예방 및 대책에 관한 법률 제16조에 의거 피해학생 보호를 위한 적절한 교육적 조치를 결정함.s

학교폭력 : 성폭력
가해학생 조치결과 : 제2호, 제4호 처분

1. 학교폭력 피해신고 사안 개요

경수중학교 2학년 K, 창호중학교 2학년 N 학생이 관련되어 발생한 사안으로 피해 관련 학생 측에서 다음과 같은 피해 사실을 주장하며 신고한 사안(이하, '학생' 호칭 생략) N 학생은 2022. 5. 30. 새벽 3시 00분경 K 학생에게 전화를 걸어 심심하다고 ○○역으로 나오라고 함. ○○역 근처에서 놀던 중 가슴을 만지고 K를 업고 주차장으로 가서 성폭행함. 사건 발생 당시 K 학생은 거부 의사를 분명하게 밝혔고, 사건 발생 직후 경찰에 신고함.

2. 학교폭력대책심의위원회 조치 결정사항

가. 학교폭력 여부
1) K 학생의 피해 주장 사실에 관한 학교폭력 여부
- N은 K의 성관계를 다음에 하자고 하는 거부 의사에도 불구하고 간음한 행위는 학교폭력예방 및 대책에 관한 법률에서 규정하는 성폭력에 해당하므로 상기 행위에 관하여 '학교폭력'으로 판단함.

나. 조치 결정사항

1) 피해학생 보호조치

- 학교장에 의한 긴급보호조치 의결사항

피해학생			조치사항
학교	학년	성명	
경수 중학교	2	K	제16조 제1항 제1호 학내외 전문가에 의한 심리상담 및 조언

2) 가해학생 선도조치

- 심의위원회에서의 가해학생 선도조치 의결사항

가해학생			조치근거	조치사항
학교	학년	성명		
창호 중학교	2	N	제17조 제1항	제2호 피해학생 및 신고·고발 학생에 대한 접촉, 협박 및 보복행위의 금지(졸업시 까지)
				제4호 사회봉사 8시간
			제17조 제3항 및 제9항 특별교육	특별교육 학생 : 10시간 특별교육 학부모 : 5시간

N은 자신의 행위를 모두 인정하고, 자신의 잘못을 진지하게 반성하고 있는 점, 다만 성인지 프로그램을 통하여 올바른 성적 가치관을 정립할 필요성이 있는 점을 종합적으로 고려하여 이 사건 조치 결정에 반영함. 이에 N에 대하여 학교폭력예방 및 대책에 관한 법률 제17조, 동법 시행령 제19조, 「학교폭력 가해학생 조치별 적용 세부기준 고시」에 의거 학교폭력의 심각성, 지속성, 고의성, 가

해학생의 반성 정도, 가해학생 및 보호자와 가해학생 및 보호자 간의 화해의 정도, 해당 조치로 인한 가해학생의 선도 가능성을 고려하여 위의 조치사항을 결정함.

No. 20

학교폭력 : 성폭력
가해학생 조치결과 : 제5호, 제8호

1. 학교폭력 피해신고 사안 개요

가. K 학생 관련 사안

- 2021년 4월경 H는 K에게 만나자고 연락해서 만난 뒤, 갑자기 K의 가슴을 만짐. K가 싫다는 의사 표현을 했음에도 계속해서 가슴을 만짐.

- 2022. 3. 4.(금) H는 고민이 있다며 K에게 만나자고 해서 아파트 비상계단으로 데리고 가 강제로 옷을 벗기고 성관계를 함.

- 2022. 3. 14.(월) H는 K에게 친구와 싸워도 도와주지 않을 것이란 말로 압박을 하며 아무도 없는 자신의 집으로 데리고 가 강제로 성관계를 함.

- 2022. 4월경 H는 K를 우연히 만나 담배를 사줄 테니 성관계를 하자고 K에게 요구하였고, 요구에 응하지 않으면 성관계했던 일을 친구들에게 말한다고 협박함.

나. Y 학생 관련 사안

- 2021년 6월경 H는 Y의 신체 부위를 강압적인 힘으로 제압해서 만졌음. 이후로도 유연히 마주칠 때마다 인적이 드문 곳으로 데리고 가 신체 부위를 만지거나 힘으로 제압해 성관계를 했음.

- 2022. 4. 4.(월) 코인 노래방에 갔다가 Y 학생을 우연히 만나게 되어, Y
  의 손목을 잡고 비상계단으로 데려가서 강제로 성관계를 하였고, 성관
  계 도중 이를 동영상으로 촬영함.

다. O 학생 관련 사안

- 2022년 여름쯤 H는 점심시간에 O에게 자신을 따라오라고 하더니 화장
  실로 끌고 갔고, O가 거부 의사를 표시했지만 신체 부위를 만짐. 그 이
  후로도 학교에서 5~6회 정도 O의 신체를 만짐.

2. 학교폭력대책심의위원회 조치 결정사항

가. 학교폭력 여부

1) Y 학생의 피해 주장 사실에 관한 학교폭력 여부

H는 Y의 신체를 만지고 성관계를 하였던 당시 Y의 거부 의사가 없었으므로
동의한 것으로 생각하였고, Y에게 몸사진을 요구한 것은 Y가 H의 후드티를 빌
리는 과정에서 발생한 일종의 거래였다는 취지로 주장한다. 그렇지만 심의사항
을 종합적으로 고려하였을 때 동의하에 이루어진 성관계라는 H의 주장은 믿기
어렵고, 달리 이를 인정할 증거가 없다. 따라서, 위와 같은 H의 행위는 동의에
의한 성관계 및 추행이라 볼 수 없고 이로 인한 Y의 신체적, 정신적 피해가 인정
되는바, 학교폭력예방 및 대책에 관한 법률 제2조에 의한 '학교폭력'에 해당함.

2) O 학생의 피해 주장 사실에 관한 학교폭력 여부

O은 이 사건 피해 사실에 대하여 구체적이고, 일관되게 진술하고 있고, 이
사건 피해 사실 신고 전에 ○○○에게 자신의 피해 사실을 호소한 사실이 있는
점, H 역시 최초 진술서 작성 당시 ○○○에 대하여 강제로 추행한 사실을 인정
하고 있는 점을 고려하면 H의 행위는 거부의사에도 불구하고 이루어진 강제추
행에 해당한다. 따라서 위와 같은 H의 행위는 동의에 의한 것이라 볼 수 없고

이로 인한 O의 신체적, 정신적 피해가 인정되는바, 학교폭력예방 및 대책에 관한 법률 제2조에 의한 '학교폭력'에 해당함.

3) K 학생의 피해 주장 사실에 관한 학교폭력 여부

H는 K의 신체를 만지고, 성관계를 가진 사실에 대하여는 인정하면서, K의 동의 아래 이루어진 것이란 취지로 주장한다. 그러나, H는 SNS 메시지 상에서 K에 대하여 수차례에 걸쳐서 자신의 잘못을 사과하고 있으며, K는 H에 대하여 "내 몸이 더러워진 것 같아", "난 너가 너무 싫어 짜증 나 죽여버리고 싶어", "죗값을 받아"라며 자신의 피해 사실로 인한 고통을 호소하고 있는 점, K의 피해 사실에 관한 진술이 구체적이고 일관된 점 등을 고려하면 이 사건 성관계 및 H가 K의 신체를 만진 것이 동의하에 이루어진 것이라는 H의 주장은 믿기 어렵고 달리 이를 인정할 증거가 없다. 따라서, 위와 같은 H의 행위는 동의에 의한 것이라 볼 수 없고 이로 인한 K의 신체적, 정신적 피해가 인정되는바, 학교폭력예방 및 대책에 관한 법률 제2조에 의한 '학교폭력'에 해당함.

나. 조치 결정사항

1) 피해학생 보호조치

피해학생			조치근거	조치사항
학교	학년	성명		
가연 중학교	3	Y	제16조 제1항	제1호 학내외 전문가에 의한 심리상담 및 조언 제3호 치료 및 치료를 위한 요양 제6호 그 밖에 피해학생의 보호를 위하여 필요한 조치
가연 중학교	3	O	제16조 제1항	제1호 학내외 전문가에 의한 심리상담 및 조언 제3호 치료 및 치료를 위한 요양 제6호 그 밖에 피해학생의 보호를 위하여 필요한 조치

한 권에 담은 학교폭력의 바이블

피해학생			조치근거	조치사항
학교	학년	성명		
가연 중학교	3	K	제16조 제1항	제1호 학내외 전문가에 의한 심리상담 및 조언 제3호 치료 및 치료를 위한 요양 제6호 그 밖에 피해학생의 보호를 위하여 필요한 조치

2) 가해학생 선도조치

• 심의위원회에서의 가해학생 선도조치 의결사항

가해학생			조치근거	조치사항
학교	학년	성명		
가연 중학교	3	H	제17조 제1항	제5호 학내외 전문가에 의한 특별교육 이수 30시간
				제8호 전학
			제17조 제3항 및 제9항 특별교육	특별교육 학생 : 5시간 특별교육 학부모 : 5시간

학교폭력예방 및 대책에 관한 법률 제17조, 동법 시행령 제19조, 「학교폭력 가해학생 조치별 적용 세부기준 고시」에 의거 학교폭력의 심각성, 지속성, 고의성, 가해학생의 반성 정도, 가해학생 및 보호자와 피해학생 및 보호자 간의 화해의 정도, 해당 조치로 인한 가해학생의 선도 가능성을 고려하여 조치사항을 결정함.

No. 21

학교폭력 : 성폭력, 언어폭력

가해학생 조치결과

: ① 제2호, 제6호, 제7호 처분(가해학생 1)

① 제2호, 제8호 처분(가해학생 2)

1. 학교폭력 피해신고 사안 개요

- P와 K는 인천고등학교의 같은 반이며, 사귀다 헤어진 사이임. 헤어진 이후 동급생들에게 중3 때부터 조건을 하고 나닌나라고 소문을 낸 섯과 익명게시판에 똥걸레, 헐보, 조건녀와 같은 욕설을 게시했음.
- P 학생과 K 학생은 같은 반 학생으로 서로 사귀는 중 P 학생의 폰으로 서로 관계하는 영상을 찍게 되었음.
- P 학생의 쌍둥이 동생인 D 학생이 P 학생의 휴대폰에 있는 해당 영상을 친구들에게 유포하게 된 사안임.

2. 학교폭력대책심의위원회 조치 결정사항

가. 학교폭력 여부

타인의 휴대폰에서 성관계 동영상을 무단으로 재촬영하고 K 학생의 동의 없이 유포하여 K 학생의 명예를 심각하게 훼손함과 동시에 모욕감과 성적 수치심을 갖게 하였고, 이로 인해 심각한 정신적 피해가 발생하였으므로 P의 행동은 학교폭력에 해당됨. 그리고 모두가 볼 수 있는 에스크앱을 통해서 "똥걸레, 헐보, 조건녀" 등의 욕설을 한 것은 사이버 언어폭력이므로 P의 행동 역시 학교폭력에 해당됨.

나. 조치 결정사항

1) 피해학생 보호조치

• 심의위원회에서의 피해학생 보호조치 의결사항

피해학생			조치근거	조치사항
학교	학년	성명		
인천 고등학교	1	K	제16조 제1항	제1호 학내외 전문가에 의한 심리상담 및 조언

2) 가해학생 선도조치

• 심의위원회에서의 가해학생 선도조치 의결사항

가해학생			조치근거	조치사항
학교	학년	성명		
인천 고등학교	1	P	제17조 제1항	제2호 피해학생 및 신고·고발 학생에 대한 접촉, 협박 및 보복행위의 금지(2025. 2. 28.까지)
				제6호 출석정지 5일
				제7호 학급교체
			제17조 제3항 및 제9항 특별교육	특별교육 학생 : 6시간 특별교육 학부모 : 6시간

가해학생			조치근거	조치사항
학교	학년	성명		
형천 고등학교	1	D	제17조 제1항	제2호 피해학생 및 신고·고발 학생에 대한 접촉, 협박 및 보복행위의 금지(2025. 2. 28.까지)
				제8호 전학
			제17조 제3 항 및 제9항 특별교육	특별교육 학생 : 6시간 특별교육 학부모 : 6시간

　　사실관계가 확인된 행동들을 고려하여 학교폭력예방 및 대책에 관한 법률 제17조, 동법 시행령 제19조, 「학교폭력 가해학생 조치별 적용 세부기준 고시」에 의거 학교폭력의 심각성, 지속성, 고의성, 가해학생의 반성 정도, 가해학생 및 보호자와 피해학생 및 보호자 간의 화해의 정도, 해당 조치로 인한 가해학생의 선도 가능성을 고려하여 조치사항을 결정함.

학교폭력 : 성폭력, 사이버폭력
가해학생 조치결과 : 제2호, 제5호, 제8호 처분

1. 학교폭력 피해신고 사안 개요

평촌고등학교 2학년 P 학생, 규리고등학교 2학년 K 학생이 관련되어 발생한 사안으로, P 학생은 K 학생이 2021. 7. 29. 새벽 1시 30분경 자신과 영상통화를 하던 중 이를 몰래 촬영 후 친구들과 돌려보며 음담패설을 하였다고 피해를 신고한 사안임.

2. 학교폭력대책심의위원회 조치 결정사항

가. 학교폭력 여부

1) K 학생의 학교폭력 여부

- K의 행동은 정보통신망을 이용한 음란 정보 등에 의하여 정신상의 피해를 수반하는 행위로 성폭력에 해당하므로 학교폭력예방 및 대책에 관한 법률 제2조에 의거 '학교폭력'에 해당하는 것으로 판단함.

- K는 공연하게 P의 알몸 관련 사진을 소지하고 있다는 사실을 적시함으로써 피해학생의 사회적 평가를 저하시켰으므로 사이버폭력(명예훼손)에 해당하여 학교폭력예방 및 대책에 관한 법률 제2조에 의거 '학교폭력'에

해당하는 것으로 판단함.

- 또한, K가 단지 3명 정도의 학생들에게만 사진을 보여주고, 3명 정도의 학생들과만 메시지 대화를 나눈 것으로 본 심의에서는 확인되었지만, P 학생과 관련된 소문은 이미 다수의 학생들에게 퍼져 나간 것으로 보이고, 앞으로도 P 학생을 알고 있는 불특정 다수의 학생들에게 전파될 가능성이 있어 본 심의위원회에서는 사안의 심각성이 매우 높다고 판단함.

나. 조치 결정사항

1) 피해학생 보호조치

- 심의위원회에서의 피해학생 보호조치 의결사항

피해학생			조치근거	조치사항
학교	학년	성명		
평촌 고등학교	2	P	제16조 제1항	제1호 학내외 전문가에 의한 심리상담 및 조언 제3호 치료 및 치료를 위한 요양

2) 가해학생 선도조치

• 심의위원회에서의 가해학생 선도조치 의결사항

가해학생			조치근거	조치사항
학교	학년	성명		
규리 고등학교	2	K	제17조 제1항	제2호 피해학생 및 신고·고발 학생에 대한 접촉, 협박 및 보복행위의 금지(졸업 시까지)
				제5호 학내외 전문가에 의한 특별교육이수 15시간
				제8호 전학
			제17조 제3항 및 제9항 특별교육	특별교육 학생 : 5시간 특별교육 학부모 : 5시간

학교폭력예방 및 대책에 관한 법률 제17조, 동법 시행령 제19조, 「학교폭력 가해학생 조치별 적용 세부기준 고서」에 의거 학교폭력의 심각성, 지속성, 고의성, 가해학생의 반성 정도, 가해학생 및 보호자와 피해학생 및 보호자 간의 화해의 정도, 해당 조치로 인한 가해학생의 선도 가능성 등을 고려하여 가해학생의 선도·교육을 위한 적절한 교육적 조치로 제8호 '전학' 조치를 결정함. 그리고 K는 초등학교 이후로 지속적인 성교육을 이수하였음에도 이 사건 가해 행위에 이르렀는바, 이를 개선하기 위한 교육을 병행하는 것이 K 학생의 선도에 적절할 것으로 판단하여 제17조 제1항 제5호 '학내외 전문가에 의한 특별교육이수' 조치 또한 병과하기로 결정하였음.

학교폭력 : 사이버폭력, 언어폭력
가해학생 조치결과 : ① 제1호 처분(가해학생 1)
② 제3호 처분(가해학생 2)

1. 학교폭력 피해신고 사안 개요

- 2022. 4. 13.(수) 한길중학교 2학년 B 학생, J 학생 및 미주중학교 2학년 D 학생이 관련되어 발생한 사안으로 피해 관련 학생 측에서 다음과 같은 피해 사실을 주장하며 신고한 사안임.
- 평소 D가 J에게 B가 계속 보고 싶다고 하며 사진을 요청함.
- J가 4. 12. 점심시간에 급식실에 서 있는 B 사진을 몰래 사진 찍음.
- 그 후 J가 D에게 페이스북 메시지로 위 사진을 전송함. 이 사진을 받은 D가 "인천 전설의 좆돼지" 문구와 함께 페이스북에 올림.
- '고백'이라는 사용자가 올린 "갤러리 검사 있겠습니다 다들 최근 저장한 남자 사진 올리세요"라는 게시글에 D가 댓글로 B의 사진을 무단으로 업로드함.

2. 학교폭력대책심의위원회 조치 결정사항

가. 학교폭력 여부

1) B 학생의 피해 주장 사실에 관한 학교폭력 여부

- J가 B의 신체를 몰래 촬영하고 이를 D에게 보낸 행위는 초상권 및 개인 정보 자기결정권을 침해하는 행위일 뿐만 아니라 D가 이 사진을 이용하여 사이버폭력을 행사하게 하는 데 방조하는 행위로 인정되어 학교폭력 예방 및 대책에 관한 법률 제2조에 의거 학교폭력으로 판단됨.

2) J 학생의 학교폭력 여부

- J가 B의 신체를 몰래 촬영하고 이를 D에게 보낸 행위는 초상권 및 개인 정보 자기결정권을 침해하는 행위일 뿐만 아니라 D가 이 사진을 이용하여 사이버폭력을 행사하게 하는 데 방조하는 행위로 인정되어 학교폭력 예방 및 대책에 관한 법률 제2조에 의거 학교폭력으로 판단됨.

3) D 학생의 학교폭력 여부

- D가 불특정 다수에게 공개될 수 있는 SNS에 B의 사진을 성적인 비하 문구와 함께 2차례 올린 행위는 성적 수치심을 주거나 조롱하는 글과 사진을 정보통신망을 통해 유포하는 행위로 인정되어 학교폭력예방 및 대책에 관한 법률 제2조에 의거 학교폭력으로 판단됨.

나. 조치 결정사항

1) 피해학생 보호조치

- 심의위원회에서의 피해학생 보호조치 의결사항

피해학생			조치근거	조치사항
학교	학년	성명		
한길 중학교	2	B	제16조 제1항	제1호 학내외 전문가에 의한 심리상담 및 조언

2) 가해학생 선도조치

• 심의위원회에서의 가해학생 선도조치 의결사항

가해학생			조치근거	조치사항
학교	학년	성명		
한길 중학교	2	J	제17조 제1항	제1호 피해학생에 대한 서면사과 (2022. 5. 27.까지 이행)
미주 중학교	2	D	제17조 제1항	제3호 학교에서의 봉사 4시간 (2022. 6. 10.까지 이행)
			제17조 제3항 및 제9항 특별교육	특별교육 학생 : 4시간 특별교육 학부모 : 2시간

J에게 학교폭력예방 및 대책에 관한 법률 제17조, 동법 시행령 제19조, 「학교폭력 가해학생 조치별 적용 세부기준 고시」에 의거 학교폭력의 심각성, 지속성, 고의성, 가해학생의 반성 정도, 가해학생 및 보호자와 피해학생 및 보호자 간의 화해의 정도, 해당 조치로 인한 가해학생의 선도 가능성 등을 고려하여 가해학생의 선도·교육을 위한 적절한 교육적 조치를 결정함. D에게 학교폭력예방 및 대책에 관한 법률 제17조, 동법 시행령 제19조, 「학교폭력 가해학생 조치별 적용 세부기준 고시」에 의거 학교폭력의 심각성, 지속성, 고의성, 가해학생의 반성 정도, 가해학생 및 보호자와 피해학생 및 보호자 간의 화해의 정도, 해당 조치로 인한 가해학생의 선도 가능성 등을 고려하여 가해학생의 선도·교육을 위한 적절한 교육적 조치를 결정함.

No. 24
학교폭력 : 성폭력
가해학생 조치결과 : 제3호 처분

1. 학교폭력 피해신고 사안 개요

명도중학교 3학년 S 학생, C 학생이 관련된 사안으로 C는 2022. 2. 11. S에게 햄버거를 사준다고 하여 동네 햄버거 가게에서 만남. 햄버거를 기다리는 동안 C에게서 찰칵 소리가 다리 쪽에서 나서 수상하게 생각한 S가 C를 추궁하자 C가 다리 쪽 사진을 찍은 것을 인정하고 S에게 사진을 전송함. S는 자신의 다리를 몰래 찍은 것에 대하여 수치심을 느껴 신고하였고 접수된 사안임.

2. 학교폭력대책심의위원회 조치 결정사항

가. 학교폭력 여부

1) C 학생의 학교폭력 여부

C가 S의 의사에 반하여 S의 다리를 몰래 촬영한 행위는 성폭력범죄의 처벌 등에 관한 특례법 제14조(카메라 등을 이용한 촬영)에 해당하는 것으로 이로 인해 S는 수치심 등 정신적 피해를 호소하고 있는바, 위와 같은 C의 행위는 학교폭력 예방 및 대책에 관한 법률 제2조에서 규정하는 학교폭력에 해당함.

나. 조치 결정사항

1) 피해학생 보호조치

- 심의위원회에서의 피해학생 보호조치 의결사항

피해학생			조치근거	조치사항
학교	학년	성명		
명도 중학교	3	S	제16조 제1항	제1호 학내외 전문가에 의한 심리상담 및 조언

2) 가해학생 선도조치

- 심의위원회에서의 가해학생 선도조치 의결사항

가해학생			조치근거	조치사항
학교	학년	성명		
명도 중학교	3	C	제17조 제1항	제3호 학교에서의 봉사 4시간 (2022. 7. 29.까지 이행)
			제17조 제3항 및 제9항 특별교육	특별교육 학생 : 2시간 특별교육 학부모 : 2시간

C에 대하여 학교폭력예방 및 대책에 관한 법률 제17조, 동법 시행령 제19조, 「학교폭력 가해학생 조치별 적용 세부기준 고시」에 의거 학교폭력의 심각성, 지속성, 고의성, 가해학생의 반성 정도, 가해학생 및 보호자와 피해학생 및 보호자 간의 화해의 정도, 해당 조치로 인한 가해학생의 선도 가능성을 고려하여 위의 조치사항을 결정함.

학교폭력 : 신체폭력, 언어폭력, 손괴 등
가해학생 조치결과 : 제2호, 제5호 처분

1. 학교폭력 피해신고 사안 개요

- 한길초등학교 4학년 Y, S 학생이 관련되어 발생한 사안으로 피해 관련 학생 측에서 다음과 같은 피해 사실을 주장하며 신고한 사인임.
- Y 학생이 S 학생에게 지속적으로 피해를 보았다는 내용을 확인하고 학생들의 진술을 받음.
- 1학년부터 4학년 때까지 지속적으로 괴롭힘이 있었음(신체폭력, 언어폭력 등).
- 1~2학년 때까지는 신체폭력 중심으로 괴롭힘이 있었음(명치, 다리, 팔, 머리, 생식기 등).
- 2학년 때는 핸드폰을 깨뜨린 적이 있음.
- 3~4학년 때는 언어폭력 중심으로 괴롭힘이 있었음.
- Y 학생 엄마에 대한 성적인 욕을 한 적도 있음(2학년 방과후 시간 요리부).
- Y 학생의 친구들에게 Y 학생 뒷담화와 욕을 함.

2. 학교폭력대책심의위원회 조치 결정사항

가. 학교폭력 여부

1) S 학생의 학교폭력 여부

- S는 Y를 폭행한바, 형사미성년자임은 별론으로, 위법성의 인식이 있으므로, 「학교폭력예방 및 대책에 관한 법률」 제2조 "학교폭력" 중 "폭행"에 해당함.

- S는 Y를 모욕한바, 형사미성년자임은 별론으로, 위법성의 인식이 있으므로, 「학교폭력예방 및 대책에 관한 법률」 제2조의 "학교폭력" 중 "모욕"에 해당함.

- S가 한 행동은 「학교폭력예방 및 대책에 관한 법률」 제2조의 "학교폭력" 중 "손괴"에 해당함.

나. 조치 결정사항

1) 피해학생 보호조치

- 심의위원회에서의 피해학생 보호조치 의결사항

피해학생			조치근거	조치사항
학교	학년	성명		
한길 초등학교	4	Y	제16조 제1항	제1호 학내외 전문가에 의한 심리상담 및 조언
				제3호 치료 및 치료를 위한 요양

2) 가해학생 선도조치

- 심의위원회에서의 가해학생 선도조치 의결사항

가해학생			조치근거	조치사항
학교	학년	성명		
한길 초등학교	4	S	제17조 제1항	제2호 피해학생 및 신고·고발 학생에 대한 접촉, 협박 및 보복행위의 금지(졸업 시까지)
				제5호 학내외 전문가에 의한 특별교육이수 20시간
			제17조 제3항 및 제9항 특별교육	특별교육 학생 : 2시간 특별교육 학부모 : 5시간

S는 Y를 폭행한바, 형사미성년자임은 별론으로, 위법성의 인식이 있으므로, 「학교폭력예방 및 대책에 관한 법률」 제2조 "학교폭력" 중 "폭행"에 해당함. S는 Y를 모욕한바, 형사미성년자임은 별론으로, 위법성의 인식이 있으므로, 「학교폭력예방 및 대책에 관한 법률」 제2조 "학교폭력" 중 "모욕"에 해당함. S는 「학교폭력예방 및 대책에 관한 법률」 제2조의 "학교폭력" 중 "손괴" 행위를 하였음. 이에 「학교폭력예방 및 대책에 관한 법률」 제2조의 "학교폭력"에 해당하는바, 같은 법 제16조 및 제17조에 따라 의결서와 같이 조치를 결정함.

1. 학교폭력 피해신고 사안 개요

- 현종중학교 1학년 D, K, C 학생이 관련되어 발생한 사안으로 피해 관련 학생들 측에서 나음과 같은 피해 사실을 각각 수장하며 신고한 사안임.
- 학교 자유학기제 활동 시간 중 D가 K의 자리에 앉아 수업을 들을 때 D가 K의 책상에 낙서를 하고, 학용품을 부러뜨림. 후에 K는 해당 학생이 D임을 다른 반 친구로부터 전해 들음.
- 2022. 3. 18. 남학생들 단체 대화방에서 K가 D를 조롱하는 멘트를 남김.
- 2022. 3. 18. 남학생들 단체 대화방에서 C가 D의 어머니를 모욕하는 멘트를 남김.

2. 학교폭력대책심의위원회 조치 결정사항

가. 학교폭력 여부

1) D 학생의 피해 주장 사실에 관한 학교폭력 여부

- K와 C가 다수의 학생이 볼 수 있는 SNS 단체 대화방에서 D의 신체 주요부위에 대해 조롱하고, 패드립 등의 말을 한 행위는 사이버폭력으로

볼 수 있는바, 이는 학교폭력예방 및 대책에 관한 법률 제2조에 의한 '학교폭력'에 해당한다.

2) K 학생의 피해 주장 사실에 관한 학교폭력 여부

• D가 K의 책상에 낙서를 하고, 볼펜을 부러뜨린 행위는 인정되나, 위와 같은 D의 손괴 행위가 K에 대한 학교폭력의 가해 의도로 이루어진 것으로 볼 수 없고, 또한 당시 D가 앉은 자리가 K의 자리라는 것을 인지하지 못한 상태였으며, D가 자기통제 등이 어려운 상황에서 우발적으로 일어난 것으로 보여지는 바, 이는 '학교폭력 아님'으로 결정함.

나. 조치 결정사항(D가 피해를 주장한 사안)

1) 피해학생 보호조치

• 학교장에 의한 긴급보호조치 의결사항

• 심의위원회에서의 피해학생 보호조치 의결사항

피해학생			조치근거	조치사항
학교	학년	성명		
현종 중학교	1	D	제16조 제1항	제1호 학내외 전문가에 의한 심리상담 및 조언

위와 같은 상기 피해 사실로 인하여 D의 정신적 피해 사실이 인정되므로, 학교폭력예방 및 대책에 관한 법률 제16조에 의하여 조치사항을 결정함.

2) 가해학생 선도조치

- 심의위원회에서의 가해학생 선도조치 의결사항

가해학생			조치근거	조치사항
학교	학년	성명		
현종 중학교	1	C	제17조 제1항	제1호 피해학생에 대한 서면사과 (2022. 7. 22.까지 이행)
				제2호 피해학생 및 신고·고발 학생에 대한 접촉, 협박 및 보복행위의 금지(졸업 시까지)
			제17조 제3항 및 제9항 특별교육	특별교육 학생 : 5시간 특별교육 학부모 : 5시간
현종 중학교	1	K	제17조 제1항	제1호 피해학생에 대한 서면사과 (2022. 7. 22.까지 이행)

K는 자신의 행위를 진지하게 반성하고 있으며, 이 사건 발생 당시 D가 특수교육 대상 학생임을 알지 못한 상태에서 D가 자신의 책상에 낙서를 한 것이 이 사건의 발단이 된 점, K가 발송한 메시지 전체 내용을 살펴보았을 때 D의 신체 부위에 대한 표현이나 패드립을 먼저 한 것이 아니라 다른 친구의 말에 동조하고 따라 하는 과정에서 이루어진 점을 고려하여, K에 대하여 학교폭력예방 및 대책에 관한 법률 제17조, 동법 시행령 제19조, 「학교폭력 가해학생 조치별 적용 세부기준 고시」에 의거 학교폭력의 심각성, 지속성, 고의성, 가해학생의 반성 정도, 가해학생 및 보호자와 피해학생 및 보호자 간의 화해의 정도, 해당 조치로 인한 가해학생의 선도 가능성을 고려하여 조치사항을 결정함.

C는 자신의 잘못을 진지하게 반성하고 있고, 이 사건 발생 당시 D가 특수교

육 대상 학생인지 제대로 알지 못한 상태에서 D로부터 아무 이유 없이 학기 초부터 약 6~7대 정도 등을 맞으며 D에 대한 감정이 상한 것이 이 사건 발단이 된 점 등을 종합적으로 고려하여 C에 대하여 학교폭력예방 및 대책에 관한 법률 제17조, 동법 시행령 제19조, 「학교폭력 가해학생 조치별 적용 세부기준 고시」에 의거 학교폭력의 심각성, 지속성, 고의성, 가해학생의 반성 정도, 가해학생 및 보호자와 피해학생 및 보호자 간의 화해의 정도, 해당 조치로 인한 가해학생의 선도 가능성을 고려하여 조치사항을 결정한다.

다. 조치 결정사항(K가 피해를 주장한 사안)

- **심의위원회에서의 조치 의결사항**

피해학생			조치사항
학교	학년	성명	
현종 중학교	1	D	학교폭력 아님(증거 불충분으로 조치 없음

No. 27
학교폭력 : 성폭력
가해학생 조치결과 : 학교폭력 아님

1. 학교폭력 피해신고 사안 개요

- 2022. 3. 25.(금) 15:30경 ○○에 위치한 룸카페에서 S 학생이 H 학생에게 보드게임 내기를 하자고 한 뒤, 게임에서 이길 때마다 '가슴 만지기', '성기 만지기', '성관계하기' 등의 소원을 요구하였음.
- H 학생이 거부 의사를 밝혔음에도 무서운 분위기를 조성하여 더 이상 거절하지 못하게 하여 강제적으로 위 행위를 하게 하였음.

2. 학교폭력대책심의위원회 조치 결정사항

가. 학교폭력 여부

1) H 학생의 피해 주장 사실에 관한 학교폭력 여부

- S가 전담기구에서 실시한 최초 면담 진술부터 심의위원회 참석 진술에 이르기까지 가해 사실을 일관되게 부인하는 점, 오히려 S는 합의하에 성관계 등이 이루어진 것이라고 주장하는 점, H와 S가 2022. 3. 20.경부터 2022. 3. 26.까지 주고받은 메시지 대화 내역에서도 S가 평소 H의 의사를 조종하는 등 소위 가스라이팅을 한 정황은 찾아보기 어려운 점,

S의 행위에 강제성이 있다는 점을 뒷받침할 직접적인 목격 진술이 존재하지 아니하는 점, 기타 피·가해 사실을 입증할 수 있는 증거가 부족한 점 등에 비추어 '증거 불충분'으로 판단함.

나. 조치 결정사항

1) 피해학생 보호조치 의결사항

피해학생			조치사항
학교	학년	성명	
평촌 고등학교	1	H	학교폭력 아님(증거 불충분으로 조치 없음

2) 가해학생 선도조치 의결사항

가해학생			조치사항
학교	학년	성명	
평촌 고등학교	1	S	학교폭력 아님(증거 불충분으로 조치 없음)

학교폭력 : 신체폭력, 강요, 갈취
가해학생 조치결과 : ① 제2호, 제6호 처분(가해학생 1)
② 제2호, 제3호 처분(가해학생 1)

1. 학교폭력 피해신고 사안 개요

K 학생은 S 학생으로부터 2022.경 양일에 걸쳐 신체폭력, 강요, 금품갈취 등을 당하였다며 학교폭력 피해를 신고함. K 학생은 당시 P가 문자를 보내 자신을 나오라고 하였으며, S이 자신을 폭행할 당시 P는 폭행하는 장면을 영상통화로 비춰서 다른 학생이 볼 수 있게 하는 등 학교폭력 피해를 신고함.

2. 학교폭력대책심의위원회 조치 결정사항

가. 학교폭력 여부

1) S 학생의 학교폭력 여부

- S 학생은 K 학생을 여러 차례 폭행하고 사과를 강요하고, 대공포발사쇼를 지시하는 등 의무 없는 일을 시킨 점이 인정되고, 일면식도 없는데 돈을 요구하는 등의 행위를 하였고 이런 행위는 학교폭력예방 및 대책에 관한 법률 제2조에서 규정하는 학교폭력(신체폭력, 강요 등)에 해당함.

2) P 학생의 학교폭력 여부

- P가 K에게 문자를 보내 나오라고 한 행위는 이를 학교폭력에서 규정하

는 유인으로 보기까지는 어려우나, 이후 S가 K를 폭행하기에 이르렀으므로 방조에 해당한다고 볼 수 있고, S가 K가 폭행당하는 장면을 핸드폰을 들고 찍어 다른 사람이 볼 수 있게 한 행위 또한 최소 폭행의 방조로 평가되고 이는 학교폭력예방 및 대책에 관한 법률 제2조에서 규정하는 학교폭력에 해당함.

나. 조치 결정사항

1) 피해학생 보호조치

- 심의위원회에서의 피해학생 보호조치 의결사항

피해학생			조치근거	조치사항
학교	학년	성명		
한길 중학교	1	K	제16조 제1항	제1호 학내외 전문가에 의한 심리상담 및 조언 제3호 치료 및 치료를 위한 요양

2) 가해학생 선도조치

- 심의위원회에서의 가해학생 선도조치 의결사항

가해학생			조치사항	
학교	학년	성명		
한길 중학교	1	S	제17조 제1항	제2호 피해학생 및 신고·고발 학생에 대한 접촉, 협박 및 보복행위의 금지(졸업 시까지)
				제6호 출석정지 5일
			제17조 제3항 및 제9항 특별교육	특별교육 학생 : 10시간 특별교육 학부모 : 5시간

가해학생			조치사항	
학교	학년	성명		
한길 중학교	1	P	제17조 제1항	제2호 피해학생 및 신고·고발 학생에 대한 접촉, 협박 및 보복행위의 금지(졸업시까지)
				제3호 학교에서의 봉사 4시간 (2022. 9. 16.까지)
			제17조 제3항 및 제9항 특별교육	특별교육 학생 : 2시간 특별교육 학부모 : 2시간

　S 학생의 행위로 인하여 K 학생이 신체적, 정신적 피해를 입은 점, 3주의 상해가 남는 등 그 피해가 결코 가볍다고 할 수 없는 점, S 학생과 K 학생의 불필요한 접촉을 방지할 필요가 있는 점, 다만 S 학생이 자신의 행위를 인정하고 반성하고 있어 추후 적절한 교육을 통한 선도 가능성이 높은 점, 그 밖에 조치의 실효성 및 교육적 효과 등을 종합하여 학교폭력예방 및 대책에 관한 법률 제17조 및 동법 시행령 제19조에 따라 S 학생의 선도를 위하여 제2호 및 제6호의 조치를 결정함.

　P 학생의 행위로 인하여 K 학생이 신체적, 정신적 피해를 입은 점, 그 피해가 결코 가볍다고 할 수 없는 점, P 학생과 K 학생의 불필요한 접촉을 방지할 필요가 있는 점, 다만 P 학생이 자신의 행위를 인정하고 반성하고 있어 추후 적절한 교육을 통한 선도 가능성이 높은 점, 그 밖에 조치의 실효성 및 교육적 효과 등을 종합하여 학교폭력예방 및 대책에 관한 법률 제17조 및 동법 시행령 제19조에 따라 P 학생의 선도를 위하여 제2호 및 제3호의 조치를 결정함.

1. 학교폭력 피해신고 사안 개요

현종중학교 2학년 P 학생은 같은 반 K 학생이 자신의 가슴을 두 차례 만지고 SNS 등을 지속적으로 가슴 사진을 보내고 이를 거부하자 자신을 폭행하는 등 성폭력, 신체폭력 피해를 당했다며 학교폭력 피해를 신고함.

2. 학교폭력대책심의위원회 조치 결정사항

가. 학교폭력 여부

1) K 학생의 학교폭력 여부

사안 인정을 살펴보면 K가 P의 가슴을 두 차례 만진 행위 및 SNS 메시지를 통해 가슴 사진을 보내라고 한 행위, 2학기 동안 신체폭력 등을 행사한 사실이 인정됨.

다만 K는 P의 가슴을 만질 당시 P가 먼저 자신을 집에 데려다 달라고 했으며 이 과정에서 자신의 가슴이 크고 이를 만져보라는 취지로 말했다고 주장하나 여중생이 같은 반 남학생 친구에게 아무런 이유 없이 위와 같은 말을 했다는 것은 경험칙에 어긋나고 K의 주장을 인정할만한 아무런 근거가 없음. 또한 여학생의 가슴을 만져 죄책감, 원망감이 들었다는 본인 진술과는 달리 SNS상에서는 오히려 강하게 가슴에 대한 사진을 요구하고 아무런 거리낌 없이 여학생의 가슴에 대하여 언급하는 것으로 보아 평소에 피해학생의 가슴에 대하여 관심이 많았던 것으로 보여짐. 피해학생은 K가 집까지 쫓아와서 단추를 푼 행위, 당시 구체적 손동작까지 정확히 진술하며 덩치가 큰 남학생이 한 손을 잡고 가슴을 만져서 너무 당황했고 무서워서 아무것도 못 했다고 구체적으로 진술하는 등 직접 경험하지 않고는 꾸며내기 어려운 상황까지 구체적으로 진술한 점을 미루어 보면 사건의 경위에 관한 진술이 구체적이고 일관되어 신빙성이 매우 높음.

K가 가슴을 만진 행위는 강제추행에 해당하고 SNS로 음란한 메시지를 보낸 것은 통신 매체 이용 음란죄에 해당함. 강제추행 행위 및 통신 매체 이용 음란죄는 그 자체로 매우 중대한 범죄행위로서 그 범행 경위와 방법, 내용 등에 비추어 사안이 매우 심가하고(성폭력), 이에 신체폭력까지 더해져, 가해학생의 위와 같은 행위로 인하여 피해학생은 상당한 신체적·정신적 고통과 불안을 겪었을 것으로 보임. 그렇다면 가해학생의 이런 행위는 학교폭력 예방 및 대책에 관한 법률 제2조에서 규정하는 '학교폭력'으로 규율할 수 있음.

나. 조치 결정사항

1) 피해학생 보호조치

- 심의위원회에서의 피해학생 보호조치 의결사항

피해학생			조치사항	의결사항
학교	학년	성명		
현종 중학교	2	P	제16조 제1항	제1호 학내외 전문가에 의한 심리상담 및 조언
				제6호 그 밖에 피해학생의 보호를 위하여 필요한 조치

2) 가해학생 선도조치

- 심의위원회에서의 가해학생 선도조치 의결사항

가해학생			조치사항	의결사항
학교	학년	성명		
현종 중학교	2	K	제17조 제1항	제2호 피해학생 및 신고·고발 학생에 대한 접촉, 협박 및 보복행위의 금지(졸업 시까지)
				제6호 출석정지 5일
			제17조 제3항 및 제9항 특별교육	특별교육 학생 : 5시간 특별교육 학부모 : 5시간

이번 사안으로 인하여 K 학생의 가해 사실이 인정되었고, 성폭력이 포함된 점 등 그 고의성과 심각성이 높게 평가되었음. 이외에도 중학교 2학년인 가해학생의 연령 및 피해학생과 피해학생 보호자들의 의사, 반성의 정도 더불어 그 밖에 징계 조치의 실효성 및 교육적 효과 등을 종합적으로 고려하여 K 학생에게 학교폭력예방 및 대책에 관한 법률 제17조 제1항 제2호 및 제6호에 따른 조치를 병과하여 결정함.

1. 학교폭력 피해신고 사안 개요

한길중학교 1학년 Y 학생은 같은 반 D 학생이 평소에 자신을 툭툭 치는 등 폭행하고 가위 등을 이용 위협하였고, 2022. 12. 점심시간에 가위 2개로 협박하며 목에 상처를 내는 등 신체폭력 피해를 당했다며 학교폭력 피해를 신고함.

2. 학교폭력대책심의위원회 조치 결정사항

가. 학교폭력 여부

1) D 학생의 학교폭력 여부

D 학생은 평소에도 위험한 물건인 가위 또는 칼을 사용하여 피해학생을 위협하였고, 2022. 12. 12.에는 피해학생의 목에 상처까지 내는 등 위험한 일을 반복하여 피해학생에게 신체적 정신적 고통을 주었음. 또한 스포츠클럽 시간에는 탁구채로 성기를 가격하는 등 장난을 넘어서 피해학생에게 고통을 주는 행위를 한 것으로 판단됨. 가해학생의 위와 같은 행위로 인하여 피해학생은 상당한 신체적·정신적 고통과 불안을 겪었을 것으로 보임. 그렇다면 가해학생의 이런 행위는 학교폭력예방 및 대책에 관한 법률 제2조에서 규정하는 '학교폭력'으

로 규율할 수 있음.

나. 조치 결정사항

1) 피해학생 보호조치

• 심의위원회에서의 피해학생 보호조치 의결사항

피해학생			조치근거	조치사항
학교	학년	성명		
한길 중학교	1	Y	제16조 제1항	제1호 학내외 전문가에 의한 심리상담 및 조언
				제3호 그 밖에 피해학생의 보호를 위하여 필요한 조치

2) 가해학생 선도조치

• 심의위원회에서의 가해학생 선도조치 의결사항

가해학생			조치근거	조치사항
학교	학년	성명		
한길 중학교	1	D	제17조 제1항	제2호 피해학생 및 신고·고발 학생에 대한 접촉, 협박 및 보복행위의 금지(졸업 시까지)
				제6호 출석정지 5일
			제17조 제3항 및 제9항 특별교육	특별교육 학생 : 5시간 특별교육 학부모 : 5시간

이번 사안으로 인하여 D 학생의 가해 사실이 인정되었음. 특히 동급생에게 가위나 칼 등 위험한 물건을 사용하여 위협하거나 상처를 내었고 그 지속된 기

간이나 횟수가 적지 않아 그 심각성, 지속성, 고의성이 낮다고만은 볼 수 없음. 다만 중학교 1학년인 가해학생의 연령 및 피해학생과 피해학생 보호자들의 의사, 가해 반성의 정도 더불어 그 밖에 징계 조치의 실효성 및 교육적 효과 등을 종합적으로 고려하여 당현승 학생에게 학교폭력예방 및 대책에 관한 법률 제17조 제1항 제2호 및 6호에 따른 조치사항을 결정함.

✕ ✕ ✕

학교폭력이 발생하게 되면 관련 학생에게 학교폭력과 관련된 조치처분이 필연적으로 뒤따르게 됩니다. 학교폭력예방법은 학교폭력의 예방과 대책에 필요한 사항을 규정함으로써 피해학생의 보호, 가해학생의 선도·교육 및 피해학생과 가해학생 간의 분쟁조정을 통하여 학생의 인권을 보호하고 학생을 건전한 사회구성원으로 육성함을 목적으로 이루어졌기에 학교폭력이 발생하면 피해학생의 보호와 가해학생의 선도·교육을 위하여 그에 대한 조치처분이 뒤따르는 것은 당연하다고 할 것입니다. 하지만 학교폭력심의위원회의 심의는 재판처럼 엄격한 증거와 입증에 이루어지는 것이 아니기 때문에 억울하게 처분을 받는다거나, 자녀가 한 행위에 비해 과도한 처분을 받는 경우가 있을 수 있습니다. 이처럼 처분에 하자가 있는 경우 사정에 따라 기회를 주어 구제할 수 있다면 얼마나 다행스러운 일일까요? 우리나라는 이런 경우를 대비하여 행정청의 조치처분에 대하여 행정심판, 행정소송을 할 수 있도록 구제절차를 마련하고 있습니다. 다만 법원은 모든 학교폭력 관련 학생을 구제해 주지는 않기에 조치처분으로 인해 불이익이 발생한 사람들은 자신의 개별 사정을 살펴 구제의 가능성을 판단하여야 하고 구제의 가능성이 있다면 어떠한 제도를 이용해 구제를 신청할 것인지 숙고하여 결정해야 할 것입니다. 이 장에서는 학교폭력 조치처분에 관한 구제 방법과 구제 가능성에 대하여 살펴보도록 하겠습니다.

제4장

학교폭력심의 조치에 대한 불복 및 그 구제

1.
가해학생에 대한 선도조치와 행정처분

행정심판이나 행정소송은 행정청의 '행정처분'에 대하여만 제기할 수 있습니다. 그렇다면 교육장의 가해학생 선도조치도 행정청의 처분에 해당할까요? '처분'이란 행정청이 행하는 구체적 사실에 관한 법집행으로서의 공권력의 행사 또는 그 거부, 그 밖에 이에 준하는 행정 작용을 의미합니다(행정절차법 제2조). 특히 항고소송 대상이 되는 행정청의 처분이란 원칙적으로 행정청의 공법상 행위로서 특정 사항에 대하여 법규에 의한 권리의 설정 또는 의무의 부담을 명하거나 기타 법률상 효과를 직접 발생하게 하는 등 국민의 권리 의무에 직접 관계가 있는 행위를 말합니다.

교육장의 가해학생에 대한 선도조치 경우 학교생활 세부사항기록부 학적사항의 '행동특성 및 종합의견' 혹은, '특기 사항'란 등에 입력되게 됩니다. 이렇게 입력되어 기록된 각 조치는 졸업과 동시에 삭제되거나 혹은 졸업일로부터 2~4년이 지난 후에야 삭제된다는 점에서(학교생활기록 작성 및 관리지침 제18조 제4항, 제6항 참조) 고등학교, 대학교 입시 등 학생의 미래에 영향을 미칠 수 있으므로 객관적으로 가벼운 처분이라고 볼 수 없습니다. 이러한 처분 및 처분에 의한 효과를 고려할 때 가해학생 선도조치는 당사자에게 법률상 효과를 직접 발생하게 하는 등 국민의 권리 의무에 직접 관계가 있는 행위에 해당하므로 항고소송의 대상이 되는 처분에 해당한다고 할 것입니다.

관련 법령

행정절차법
제2조(정의) 이 법에서 사용하는 용어의 뜻은 다음과 같다.
    1. "행정청"이란 다음 각 목의 자를 말한다.
        가. 행정에 관한 의사를 결정하여 표시하는 국가 또는 지방자치단체의 기관
        나. 그 밖에 법령 또는 자치법규(이하 "법령등"이라 한다)에 따라 행정권한을 가지고 있거나 위임 또는 위탁받은 공공단체 또는 그 기관이나 사인(私人)
    2. "처분"이란 행정청이 행하는 구체적 사실에 관한 법 집행으로서의 공권력의 행사 또는 그 거부와 그 밖에 이에 준하는 행정작용(行政作用)을 말한다.

초 · 중등교육법 시행규칙 제22조(학교생활기록의 관리 · 보존 등)
① 학교의 장은 「공공기록물 관리에 관한 법률」 및 같은 법 시행령에 따라 학교생활기록부 및 학교생활 세부사항기록부를 관리 · 보존해야 한다.
② 학교의 장은 학교생활기록의 기록 사항 중 「학교폭력예방 및 대책

에 관한 법률」 제17조제1항제1호부터 제3호까지의 조치사항을 해당
학생의 졸업과 동시에 삭제해야 한다.

③ 학교의 장은 학교생활기록의 기록 사항 중 「학교폭력예방 및 대책에
관한 법률」 제17조제1항제4호부터 제8호까지의 조치사항을 다음 각
호의 구분에 따른 기간이 지난 후에 지체 없이 삭제해야 한다. 다
만, 같은 항 제4호부터 제7호까지의 조치사항은 교육부장관이 정하
는 바에 따라 해당 학생이 졸업하기 직전에 「학교폭력예방 및 대책
에 관한 법률」 제14조제3항에 따른 전담기구의 심의를 거쳐 해당 학
생의 졸업과 동시에 삭제할 수 있다.

1. 「학교폭력예방 및 대책에 관한 법률」 제17조제1항제4호 및 제5
   호의 조치사항: 해당학생이 졸업한 날부터 2년

2. 「학교폭력예방 및 대책에 관한 법률」 제17조제1항제6호부터 제8
   호까지의 조치사항: 해당학생이 졸업한 날부터 4년

④ 학년도별 학교생활기록의 작성이 종료된 이후에는 해당 학교생활기
록의 내용을 정정할 수 없다. 다만, 정정을 위한 객관적인 증명자료
가 있는 경우에는 정정할 수 있다.

2. 학교폭력 관련 조치에 대한 행정심판

가. 학교폭력 조치처분에 대한 행정심판이란?

행정심판이란 행정청의 위법·부당한 처분, 그밖에 공권력의 행사·불행사 등으로 권리나 이익을 침해받은 국민이 행정기관에 청구하는 권리구제절차를 말합니다. 행정심판의 종류로는 행정청의 침익적 처분으로 권리를 침해받은 국민이 행정청의 처분에 대하여 그 취소나 변경을 구하는 취소심판 혹은 무효임을 확인해 주는 무효확인심판 등이 있습니다. 이 중 학교폭력 관련 학생 등에 대한 행정심판은 주로 취소심판이 그 주를 이루게 됩니다. 취소심판은 처분의 취소 또는 변경을 구할 법률상 이익이 있는 자가 청구할 수 있으므로(행정심판법 제13조) 교육장으로부터 조치처분을 받은 당사자(가해학생 및 피해학생 모두) 및 그 법정대리인은 행정청의 위법 또는 부당한 공권력의 행사로 인해 자신의 권익을 침해당했다며 그 취소 또는 변경을 구하는 행정심판을 제기할 수 있습니다.

행정심판에서 피해학생의 경우 가해학생에 대한 처분의 상향을 구할 수 있고 반대로 가해학생의 경우 자신에 대한 처분의 하향변경을 구할 수 있습니다. 즉 학교폭력 관련 학생들의 행정심판 청구는 행정심판 위원회의 변경 재결로 상향 처분과 하향 처분 모두 가능한 특징을 가지고 있습니다.

나. 행정심판 청구 기간은?

행정심판법은 행정상 법률관계를 조속히 안정시키기 위해 심판청구 기간에 제한을 두고 있습니다. 행정심판은 처분이 있음을 알게 된 날부터 90일 이내 또는 처분이 있었던 날부터 180일 이내에 청구해야 합니다(행정심판법 제27조 제1항, 제3항). 여기서 처분이 있음을 알게 된 날이란 낭사자가 통지, 공고 그 밖의 방법에 의해 해당 처분이 있음을 현실적·구체적으로 알게 된 날을 의미합니다(대법원 2006. 4. 28. 선고 2005두14851 판결). 따라서 교육장의 관련 학생 조치에 대한 행정심판은 조치통보서의 송달일로부터 90일 내 제기할 수도 있고, 처분이 있었던 날로부터 180일 이내 행정심판을 청구할 수 있습니다.

실무적으로는 교육장 명의의 조치 결정 통보서가 각 관련 학생에게 송달된 때를 처분이 있음을 '안 날'로 보기에 학생 또는 그 보호자가 안 날을 기산하는 시점은 조치 결정 통보서를 송달받은 때입니다. 무효확인심판의 경우 청구 기간이 없으나 무효확인심판은 실무적으로 인용 가능성이 거의 없어 잘 제기하지 않는 편입니다.

다. 행정심판 제출 기관 및 제출방법

교육장의 조치처분에 대한 행정심판을 청구하려는 자는 심판청구서를 교육청 행정심판위원회로 제출하여 행정심판을 청구할 수 있습니다. 행정심판의 청구 기간을 계산하는 기준은 심판청구서를 처분청이나 교육행정심판위원회로 제출한 시기를 기준으로 합니다. 행정심판청구서는 직접 서면으로 작성하여 처분청이나 위원회로 직접방문접수 혹은 우편접수도 가능하고 최근에는 온라인행정심판 사이트를 통하여 진행할 수도 있습니다. 온라인행정심판의 경우 진행 상황 및 재결결과를 신속하게 확인할 수 있으므로 공동인증서나 휴대폰 인증이 가능한 경우 온라인행정심판으로 진행하는 것이 더 편리할 수 있습니다.

라. 행정심판의 절차

① 교육행정심판위원회 또는 처분청에 '행정심판서' 제출
② 답변서 제출: 해당 처분청은 행정심판청구서 접수 후 7일 이내에 답변서를 작성하여 제출
④ 답변서 송달: 행정심판위원회는 처분청의 답변서 사본을 청구인에게 송부하여 반박기회 부여
⑤ 보충서면 제출: 청구서에 기재한 내용 이외에 행정청의 답변서에 대한 반박문 및 추가로 보충할 내용 제출
⑥ 위원회 개최일 통보: 행정심판위원회에서는 심판청구서, 답변서, 추가 자료 등을 검토한 후 위원회 개최
⑦ 심리/의결 통보: 행정심판위원회에서 사건을 심리/의결하고, 그 결과

를 행정청에 통보

⑧ 재결 및 재결서 송부

학교폭력예방법 제17조의 2(행정심판)

① 교육장이 제16조제1항 및 제17조제1항에 따라 내린 조치에 대하여
이의가 있는 피해학생 또는 그 보호자는 「행정심판법」에 따른 행정
심판을 청구할 수 있다.

② 교육장이 제17조제1항에 따라 내린 조치에 대하여 이의가 있는 가해학
생 또는 그 보호자는 「행정심판법」에 따른 행정심판을 청구할 수 있다.

③ 제1항 및 제2항에 따른 행정심판청구에 필요한 사항은 「행정심판
법」을 준용한다.

행정심판법 제23조(심판청구서의 제출)

① 행정심판을 청구하려는 자는 제28조에 따라 심판청구서를 작성하여
피청구인이나 위원회에 제출하여야 한다. 이 경우 피청구인의 수만
큼 심판청구서 부본을 함께 제출하여야 한다.

② 행정청이 제58조에 따른 고지를 하지 아니하거나 잘못 고지하여 청
구인이 심판청구서를 다른 행정기관에 제출한 경우에는 그 행정기
관은 그 심판청구서를 지체 없이 정당한 권한이 있는 피청구인에게
보내야 한다.

③ 제2항에 따라 심판청구서를 보낸 행정기관은 지체 없이 그 사실을
청구인에게 알려야 한다.

④ 제27조에 따른 심판청구 기간을 계산할 때에는 제1항에 따른 피청
구인이나 위원회 또는 제2항에 따른 행정기관에 심판청구서가 제출
되었을 때에 행정심판이 청구된 것으로 본다.

행정심판법 제27조(심판청구의 기간)

① 행정심판은 처분이 있음을 알게 된 날부터 90일 이내에 청구하여야 한다.

② 청구인이 천재지변, 전쟁, 사변(事變), 그 밖의 불가항력으로 인하여 제1항에서 정한 기간에 심판청구를 할 수 없었을 때에는 그 사유가 소멸한 날부터 14일 이내에 행정심판을 청구할 수 있다. 다만, 국외에서 행정심판을 청구하는 경우에는 그 기간을 30일로 한다.

③ 행정심판은 처분이 있었던 날부터 180일이 지나면 청구하지 못한다. 다만, 정당한 사유가 있는 경우에는 그러하지 아니하다.

④ 제1항과 제2항의 기간은 불변기간(不變期間)으로 한다.

⑤ 행정청이 심판청구 기간을 제1항에 규정된 기간보다 긴 기간으로 잘못 알린 경우 그 잘못 알린 기간에 심판청구가 있으면 그 행정심판은 제1항에 규정된 기간에 청구된 것으로 본다.

⑥ 행정청이 심판청구 기간을 알리지 아니한 경우에는 제3항에 규정된 기간에 심판청구를 할 수 있다.

⑦ 제1항부터 제6항까지의 규정은 무효등확인심판청구와 부작위에 대한 의무이행심판청구에는 적용하지 아니한다.

행정심판법 제28조(심판청구의 방식)

① 심판청구는 서면으로 하여야 한다.

② 처분에 대한 심판청구의 경우에는 심판청구서에 다음 각 호의 사항이 포함되어야 한다.

　　1. 청구인의 이름과 주소 또는 사무소(주소 또는 사무소 외의 장소에서 송달받기를 원하면 송달장소를 추가로 적어야 한다)

　　2. 피청구인과 위원회

　　3. 심판청구의 대상이 되는 처분의 내용

　　4. 처분이 있음을 알게 된 날

　　5. 심판청구의 취지와 이유

　　6. 피청구인의 행정심판 고지 유무와 그 내용

Q&A
행정심판과 국선 대리인 제도

학교폭력 관련 행정심판의 경우 학부모님이 직접 제기할 수도 있지만 심판과정에서 발생하는 법률적 쟁점이 많기에 가급적 변호사의 조력을 받아 제기하시는 것이 좋습니다. 하지만 가정형편 등 사선변호인을 선임하기 어려운 경우 어떻게 해야 할까요? 이경우 행정심판 국선 대리인 제도 이용을 고려해 볼 수 있습니다. 행정심판 사건 청구인이 다음 요건 중 어느 하나를 충족하는 경우에는 당해 사건의 국선 대리인 선임을 신청할 수 있습니다.

① 「국민기초생활보장법」 제2조 제2호에 따른 수급자
② 「한부모가족지원법」 제5조 및 제5조의2에 따른 지원대상자
③ 「기초연금법」 제2조 제3호에 따른 수급자
④ 「장애인연금법」 제2조 제4호에 따른 수급자
⑤ 「북한이탈주민의 보호 및 정착지원에 관한 법률」 제2조 제2호에 따른 보호대상자
⑥ 그 밖에 위원장이 경제적 능력으로 인해 대리인을 선임할 수 없다고 인정하는 자

즉 행정심판 청구인이 국선 대리인 선정을 원하시는 경우 「국선 대리인 선임 신청서」를 작성하여 위 1.의 요건 중 어느 하나에 해당하는 자임을 소명하는 서류와 함께 소관 행정심판위원회에 제출할 수 있습니다. 다만 신청을 한다고 하여 전부 국선 대리인이 선임되지는 않습니다. 각급 행정심판위원회는 예산 범위, 사건의 내용·규모, 법률 조력 필요성 등을 종합적으로 고려하여 선임 여부를 결정합니다. 또한 행정심판 청구인의 심판청구가 명백히 부적법 또는 이유가 없거나 권리의 남용이라고 인정되는 경우 등은 국선 대리인을 선정하지 아니할 수 있습니다.

3. 학교폭력 조치처분에 관한 행정(취소)소송

가. 행정소송이란?

교육장의 조치처분에 대한 행정심판을 모두 거쳤음에도 더 이상 구제 방법이 없다면 최종적으로 행정소송을 생각해 볼 수 있습니다. 행정소송법은 행정소송절차를 통하여 행정청의 위법한 처분 그 밖에 공권력의 행사·불행사 등으로 인한 국민의 권리 또는 이익의 침해를 구제하고, 공법상의 권리관계 또는 법 적용에 관한 다툼을 적정하게 해결함을 목적으로 한다고 규정하고 있고(행정소송법 제1조), 자녀 및 학부모에 대한 조치처분은 행정청의 공권력의 행사이므로 이런 공권력에 행사의 위법 부당함이 있다면 소송을 통하여 다툴 수 있습니다. 학교폭력 조치에 관한 행정소송은 조치처분에 대한 취소소송이 주를 이룹니다. 조치처분으로 인해 학교생활기록부 등에 기재되고 학교폭력 대상자로 낙인찍히게 되었는데도 다른 구제절차를 통해 구제받지 못했다면 최종적으로 자녀의 권익을 위하여 행정소송을 고려해 볼 수 있습니다.

나. 행정심판 전치주의

우리 행정소송법은 임의적 전치주의를 원칙으로 하여 행정심판을 거치지 아니하고도 행정소송을 제기할 수 있도록 하고 있으나 개별법에 근거가 있는 경우 예외적으로 행정심판 전치주의를 채택하고 있습니다(행정소송법 제18조 제1항). 다만 학교폭력 조치처분에 대한 불복은 행정심판 전치주의를 택하지 있지 않기 때문에 행정심판을 제기하고 행정소송을 제기할 수도 있고 행정심판 없이 행정소송을 바로 진행할 수도 있습니다. 또한 행정심판과 행정소송 2가지 구제절차를 병존적으로 진행하는 것도 가능합니다. 따라서 어떠한 구제 방법을 통해 구제를 신청할 것인지는 전문가와의 상담 후에 각 사안별로 잘 판단하여 대응하는 것이 필요합니다.

다. 행정(취소)소송 제기기간

행정소송에서 말하는 '제소 기간'이란 처분 등의 상대방 또는 제3자가 소송을 적법하게 제기할 수 있는 기간을 말합니다. 학교폭력 조치처분에 대한 취소소송은 처분 등이 있음을 안 날부터 90일 이내에 제기해야 하고, 처분 등이 있은 날부터 1년이 지나면 제기하지 못합니다(행정소송법 제20조). 즉 위 기간을 모두 만족해야 하며 어느 하나의 기간이라도 지나게 되면 행정소송을 제기할 수 없게 됩니다. 다만 주로 행정심판을 거쳐 행정소송을 제기하게 되므로 주로 행정심판의 재결서를 송달받은 날로부터 90일 이내 소송을 제기하게 됩니다.

물론 정당한 사유가 있는 경우에는 행정심판을 거치거나 거치지 않거나 모두 1년의 기간이 지나도 취소소송을 제기할 수 있습니다(행정소송법 제20조 제2항 단서조항). 여기서 말하는 '정당한 사유'는 불확정 개념으로서 정당한 사유가 있는지의 여부는 제소 기간 도과의 원인 등 여러 사정을 종합하여 지연된 제소를 허용하는 것이 사회 통념상 상당하다고 할 수 있는가에 의해 판단됩니다. 대법원 역시 행정소송법 제20조에서 말하는 정당한 사유는 당사자가 그 책임을 질 수 없는 사유나 천재, 지변, 전쟁, 사변 그 밖에 불가항력적인 사유보다는 넓은 개념이라고 판시하고 있습니다(대법원 1991. 6. 28. 선고 90누6521 판결).

라. 행정(취소)소송의 원고적격 및 보조참가

취소소송은 처분 등의 취소를 구할 법률상 이익이 있는 자가 제기할 수 있습니다. 처분 등의 집행 그 밖의 사유로 인하여 소멸된 그 처분들의 취소로 회복되는 법률상 이익이 있는 자의 경우도 또한 같습니다. (행정소송법 제12조). 위 규정의 취지를 고려할 때 가해학생과 그 법정대리인은 당연히 취소를 구할 법률상 이익이 있으므로 처분 취소에 대한 원고적격이 인정됩니다. 피해학생의 경우 가해학생이 자신에 대한 처분을 다투는 행정소송을 제기하는 경우 보조참가인으로 참가해 소송에서 행정청을 보조할 수 있습니다.

보조참가란 다른 사람 사이의 소송 계속 중 그 소송결과에 관하여 이해관계가 있는 제3자가 당사자 한쪽을 승소하기 위해 소송에 참가하는 것을 말합니다. 보조참가인(피해학생 측)은 피참가인의 승소를 위해 원칙적으로 일체의 소송행위를 자기의 이름으로 할 수 있지만 소송 당사자는 아닙니다. 즉 피해학생이 가해학생의 행정소송에 참여하는 경우 소송 당사자는 아니지만 가해학생의 처분이 감경되거나 취소되는 것을 막기 위해 적극적으로 소송에 참가할 수 있습니다.

마. 취소소송의 판단 기준

행정청의 재량에 속하는 처분이라도 재량권의 한계를 넘거나 그 남용이 있는 때에는 법원은 이를 취소할 수 있습니다(행정소송법 제27조). 학교폭력 조치처분 취소소송에서 판사는 무엇을 고려하여 행정청의 조치처분에 대한 취소처분의 위법 부당을 판단하게 될까요? 학교폭력예방법 제17조 제1항은, 심의위원회는 피해학생의 보호와 가해학생의 선도·교육을 위하여 가해학생에 대하여 선도조치를 할 것을 교육장에게 요청하여야 하며 각 조치별 적용기준은 대통령령으로 정한다고 규정하고 있습니다. 그 위임에 따른 학교폭력예방법 시행령 제19조는 위 법 제17조 제1항의 조치별 적용기준으로 가해학생이 행사한 학교폭력의 심각성·지속성·고의성(제1호), 가해학생의 반성 정도(제2호), 해당 조치로 인한 가해학생의 선도 가능성(제3호), 가해학생 및 보호자와 피해학생 및 보호자 간의 화해의 정도(제4호), 피해학생이 장애학생인지 여부(제5호)를 고려하여 결정하고, 그 세부적인 기준은 교육부장관이 정하여 고시하도록 규정하고 있으며, 그 위임에 따른 '학교폭력 가해학생 조치별 적용 세부기준 고시(이하 '세부기준 고시'라 한다)' 제2조 별표에 의하면, 학교폭력의 심각성·지속성·고의성, 가해학생의 반성 정도 및 화해 정도를 개별적인 기본 판단요소로 삼으면서 각 요소마다 0~4점의 판정 점수를 부여하여 그 점수의 합계가 1~3점에 이르면 '피해학생에 대한 서면사과' 처분을 하도록 되어 있습니다.

위와 같은 규정의 내용, 형식 및 취지 등에 비추어 보면, 교육장이 학교폭력 가해학생에 대하여 어떠한 조치를 할 것인지 여부는 교육장의 판단에 따른 재량행위에 속하고, 학교폭력에 대한 조치가 사회 통념상 현저하게 타당성을 잃어 재량권을 일탈·남용하였는지 여부는 학교폭력의 내용과 성질, 조치를 통하여 달성하고자 하는 목적 등을 종합하여 판단하게 됩니다.

바. 학교폭력 처분 취소소송에서의 재량권 일탈 남용

보통 우리가 학교폭력에 관한 행정소송을 제기하면 그 청구취지는 "피고가 원고에게 ~한 처분을 취소하라"라고 쓰게 됩니다. 행정소송법 제27조는 "행정청의 재량에 속하는 처분이라고 재량권의 한계를 넘거나 그 남용이 있는 때에는 법원은 이를 취소할 수 있다"라고 규정하고 있으므로 학교폭력 조치처분 취소에 대한 행정소송은 자녀에 대한 처분이 왜 재량권의 일탈 남용인가를 밝히는 과정이 됩니다.

하지만 학교폭력 관련 행정소송의 인용 건수를 보더라고 취소소송이 그리 쉽지만은 않습니다. 우리 법원은 헌법 제31조 제4항에 의하여 보장되는 교육의 자주성·전문성, 피해학생의 보호, 가해학생의 선도·교육 및 피해학생과 가해학생 간의 분쟁조정을 통하여 학생의 인권을 보호하고, 학생을 건전한 사회구성원으로 육성하려는 학교폭력예방법의 취지 등을 고려할 때, 심의위원회에서 신고 사안을 충실히 살펴 위와 같은 학교폭력예방법의 입법 취지에 부합하도록 재량 범위 내에서 가해학생에 대한 적절한 조치를 결정하였다면 그와 같은 심의위원회의 심의 기준에 합리성이 없다는 등의 특별한 사정이 없는 한, 그 심의 결과는 존중되어야 한다는 일관성을 유지해 오고 있기 때문입니다. 따라서 자녀의 사정을 고려하여 행정소송을 결정하되 꼭 전문가와 상의 후 학교폭력 처분에서의 재량권 일탈 남용이 있는가를 검토하여 취소소송제기 여부를 판단하시기 바랍니다.

관련 법령

행정소송법

제12조(원고적격)

취소소송은 처분 등의 취소를 구할 법률상 이익이 있는 자가 제기할 수 있다. 처분 등의 효과가 기간의 경과, 처분 등의 집행 그 밖의 사유로 인하여 소멸된 뒤에도 그 처분 등의 취소로 인하여 회복되는 법률상 이익이 있는 자의 경우에는 또한 같다.

제27조(재량처분의 취소)

행정청의 재량에 속하는 처분이라도 재량권의 한계를 넘거나 그 남용이 있는 때에는 법원은 이를 취소할 수 있다.

Q&A

저는 학교폭력심의에서 억울한 처분을 받았지만 당시에 불복하지 않았습니다. 현재 대학생이 되었고 조치로부터 2년이 지나 학교생활기록부에서 학교폭력처분은 삭제되었지만 당시 출석정지 10일이 출결 상황에 남아 있는데 이 경우도 소송이 가능할까요?

행정소송은 소의 이익이 있는 경우에만 제기할 수 있습니다. 초 · 중등교육법 제20조의6 제1항 제6호는 그 밖에 관계 법률에 따른 경우 학교의 장은 해당 학생의 동의 없이 제3자에게 학교생활기록부를 제공할 수 있다고 규정하고 있어 위 학교생활기록부 출결 상황이 추후 다른 법률이 정하는 경우 공개되어 사용될 가능성이 존재하고, 초 · 중등교육법 제20조의6 제1항 제2호는 학교생활기록을 상급학교의 학생 선발에 이용하기 위한 경우 학교의 장은 해당 학생의 동의 없이 제3자에게 학교생활기록부를 제공할 수 있다고 규정하고 있는바, 비록 학생이 현재 대학교에 진학하였지만 다른 대학교에 진학하는 등의 선택을 할 경우 대학교 진학과정에서 원고의 학교생활기록부 출결 상황이 제공될 가능성도 배제할 수 없고, 학생이 학교를 이미 졸업하였다고 하더라도 행정처분의 위법성 확인 또는 불분명한 법률문제에 대한 해명이 필요하여 소의 이익의 범위를 넓게 해석할 필요도 인정되는 점 등에 비추어 볼 때, 학생이 조치삭제는 되었지만 처분으로 인하여 불이익을 받고 있다고 봄이 타당하고, 이는 사실상 불이익을 넘어서는 법률상 불이익에 해당하여 소의 이익이 인정됩니다. 따라서 대학생인 현재의 신분에서도 취소소송은 가능합니다.

사. 행정소송 기간 단축규정

학교폭력예방법 개정안에서는 교육장이 가해학생에 대하여 내린 조치에 대하여 이의가 있는 가해학생 또는 그 보호자가 「행정소송법」에 따른 행정소송을 제기한 경우 그 행정소송 사건의 재판은 다른 재판에 우선하여 신속히 하여야 하며, 그 판결의 선고는 제1심에서는 소가 제기된 날부터 90일 이내에, 제2심 및 제3심에서는 전심의 판결의 선고가 있은 날부터 각각 60일 이내에 하여야 한다고 규정하여 학교폭력 재판이 다른 재판에 우선하여 신속히 진행될 수 있도록 규정하였습니다(학교폭력예방법 제17조의5).

4. 행정소송 구제를 위한 당사자의 소송전략

학교폭력 조치처분에 대한 행정소송에서 당사자는 어떠한 점을 주장하면 좋을까요? 행정소송을 제기한 당사자는 자신이 받은 행정처분에 대하여 절차적 하자와 실체적 하자를 구분하여 각 위법성을 주장하는 것이 좋습니다. 행정의 법률 적합성 원칙에 따라 행정행위는 그 내용뿐만 아니라 절차상으로도 적법해야 합니다. 즉 처분에 실체적 하자가 있는 경우 이는 처분의 당연취소 사유에 해당하고 실체적으로는 하자가 없지만 절차상에만 하자가 있다고 하더라도 이는 독자적으로 위법하여 취소 사유가 되기 때문입니다. 이러한 구체적 하자를 주장하여 재판장을 설득하느냐에 따라 처분을 취소할 수 있냐 없냐가 갈리게 됩니다.

행정처분은 침익적 행정행위에 해당합니다. 여기서 침익적 행정행위의 근거가 되는 행정법규는 엄격하게 해석·적용하여야 하고, 그 행정행위의 상대방에게 불리한 방향으로 지나치게 확장해석하거나 유추해석 하여서

는 아니 되며(대법원 2019. 2. 21. 선고 2014두12697 전원합의체 판결 등 참조), 항고
소송에서 당해 처분의 적법성에 대한 증명책임은 원칙적으로 처분의 적
법을 주장하는 처분청에 있으므로(대법원 2016. 6. 28. 선고 2014두2638 판결 등
참조), 이를 고려하여 소송전략을 가져가시는 것이 좋습니다.

가. 절차상 하자에 대한 주장

① 사전통지의무 위반 주장

행정절차법 제21조 제1항에 의하면, 행정청은 당사자에게 의무를 부
과하거나 권익을 제한하는 처분을 하는 경우 미리 ① 처분의 제목(제1
호), ② 당사자의 성명 또는 명칭과 주소(제2호), ③ 처분하려는 원인이 되
는 사실과 처분의 내용 및 법적 근거(제3호), ④ 제3호에 대하여 의견을 제
출할 수 있다는 뜻과 의견을 제출하지 아니하는 경우의 처리방법(제4호),
⑤ 의견제출기관의 명칭과 주소(제5호), ⑥ 의견제출기한(제6호), ⑦ 그 밖
에 필요한 사항(제7호)을 당사자 등에게 통지하여야 하고, 학교폭력예방법
제17조 제1항 및 제5항에 의하면, 학교폭력대책심의위원회는 피해학생의
보호와 가해학생의 선도·교육을 위하여 가해학생에 대하여 동조 제1항
각호에 해당하는 조치를 교육장에게 요청하기 전에 가해학생 및 보호자
에게 의견진술의 기회를 부여하는 등 적정한 절차를 거쳐야 합니다.

행정절차법에 따른 처분의 사전통지나 청문, 학교폭력예방법 제17조
제5항에 따른 가해학생 및 보호자에 대한 의견진술의 기회부여는 모두
침익적 처분을 하기 전에 상대방에게 의견진술의 기회를 부여함으로써
방어의 기회를 주고 처분과 관련한 문제 상황을 정확히 파악하여 적정

한 처분을 하기 위한 취지의 규정으로서, 특히 처분상대방의 방어권 보장을 고려할 때 학교폭력예방법 제17조 제5항에 규정된 '가해학생 및 보호자에게 의견진술의 기회를 부여하는 등 적정한 절차'에는 학교폭력대책심의위원회가 회의를 개최하기 전에 미리 가해학생 및 보호자에게 처분하려는 원인이 되는 사실(이는 회의 개최의 원인이 된 학교폭력의 일시, 장소, 행위내용 등 구체적 사실을 의미한다)을 통지하는 것이 포함된다고 해석함이 타당합니다(제주지방법원 2020. 1. 15. 선고 2018구합610 판결 등 참조).

그렇다면 처분까지의 경위를 고려할 때 교육지원청의 사전통지에 문제가 있다면 이는 당사자가 방어권을 상당한 수준으로 침해된 상태로 심의에 참석한 것이므로, 처분의 근거가 된 심의 자체가 학교폭력법 제17조 제5항을 위배한 절차상 위법이 있다고 주장해 볼 수 있습니다.

② 이유제시 의무 위반

행정절차법 제23조 제1항은 행정청이 처분을 하는 때에는 당사자에게 근거와 이유를 제시하도록 규정하고 있고, 이는 행정청의 자의적 결정을 배제하고 당사자로 하여금 행정구제절차에서 적절히 대처할 수 있도록 하는 데 취지가 있습니다. 따라서 처분서에 기재된 내용과 관계 법령 및 당해 처분에 이르기까지의 전체적인 과정 등을 종합적으로 고려하여도, 처분상대방이 자신에 대한 처분이 어떠한 근거와 이유로 이루어진 것인지 충분히 알 수 없어 그 처분에 불복하여 행정구제절차로 나아가는 데에 어려움을 겪게 된다면 그 처분은 위법하다 할 것입니다(대법원 2013. 11. 14. 선고 2011두18571 판결 등 참조).

즉 전체적인 심의 절차를 고려하여 당사자에 대한 처분을 하면서 그 구체적 근거와 이유를 전혀 제시하지 않았거나 이유제시에 객관적 하자가 존재하였다면 이는 당사자의 불복절차에 장애가 발생하였을 것이고 당사자의 방어권은 침해받았으므로 절차적 하자가 있다고 주장해 볼 수 있습니다.

관련 법령

행정절차법
제21조(처분의 사전 통지)
① 행정청은 당사자에게 의무를 부과하거나 권익을 제한하는 처분을 하는 경우에는 미리 다음 각 호의 사항을 당사자 등에게 통지하여야 한다.

 1. 처분의 제목
 2. 당사자의 성명 또는 명칭과 주소
 3. 처분하려는 원인이 되는 사실과 처분의 내용 및 법적 근거
 4. 제3호에 대하여 의견을 제출할 수 있다는 뜻과 의견을 제출하지 아니하는 경우의 처리방법
 5. 의견제출기관의 명칭과 주소
 6. 의견제출기한
 7. 그 밖에 필요한 사항

학교폭력예방법 제17조(가해학생에 대한 조치)
⑤ 심의위원회는 제1항 또는 제2항에 따른 조치를 요청하기 전에 가해학생 및 보호자에게 의견진술의 기회를 부여하는 등 적정한 절차를 거쳐야 한다. 〈개정 2012. 3. 21., 2019. 8. 20.〉

Q&A
다소 부실한 이유제시는 전부 절차상 하자일까요?

행정청이 처분을 할 때에는 원칙적으로 당사자에게 그 근거와 이유를 제시하여야 하고 이 경우 행정청은 처분의 원인이 되는 사실과 근거가 되는 법령 또는 자치법규의 내용을 구체적으로 명시하여야 합니다(행정절차법 시행령 제14조의2). 다만 행정청의 자의적 결정을 배제하고 당사자로 하여금 행정구제절차에서 적절히 대처할 수 있도록 하는 처분의 근거 및 이유 제시 제도의 취지에 비추어, 처분을 하면서 당사자가 그 근거를 알 수 있을 정도로 이유를 제시한 경우에는 처분의 근거와 이유를 구체적으로 명시하지 않았더라도 그로 말미암아 그 처분이 위법하다고 볼 수는 없습니다. 이때 '이유를 제시한 경우'는 처분서에 기재된 내용과 관계 법령 및 당해 처분에 이르기까지의 전체적인 과정 등을 종합적으로 고려하여, 처분 당시 당사자가 어떠한 근거와 이유로 처분이 이루어진 것인지를 충분히 알 수 있어서 그에 불복하여 행정구제절차로 나아가는 데 별다른 지장이 없었다고 인정되는 경우를 뜻합니다.

나. 실체적 하자에 대한 주장

① 사실오인

학교폭력심의위원회는 법원과 같은 엄격한 증명에 의해 증거검토를 하지 않고 이루어지기 때문에 가끔 사실을 오인한 심의와 그에 따른 조치가 발생하기도 합니다. 이렇게 처분이 사실관계를 오인한 경우 처분에는 하자가 있게 됩니다.

다만 행정처분에 실체적 요건에 관련된 사실관계를 오인한 하자가 있는 경우 그 하자가 중대하다고 하더라도 객관적으로 명백하지 않다면 그 처분을 당연무효라고 할 수 없는바, 하자가 명백하다고 하기 위해서는 그 사실관계 오인의 근거가 된 자료가 외형상 상태성(상태성)을 결여하거나 또는 객관적으로 그 성립이나 내용의 진정을 인정할 수 없는 것임이 명백한 경우라야 합니다. 사실관계의 자료를 정확히 조사하여야 비로소 그 하자 유무가 밝혀질 수 있는 경우라면 이러한 하자는 외관상 명백하다고 할 수는 없을 것입니다(대법원 1992. 4. 28. 선고 91누6863 판결 등 참조). 사실관계를 오인한 행정처분의 하자가 명백한 것인지 여부는 그 사실관계 오인의 근거가 된 자료가 외형상 상태성을 결여하는지 여부 또는 객관적으로 그 성립이나 내용의 진정을 인정할 수 없는 것임이 명백한지 여부에 따라 판단하게 됩니다. 따라서 처분의 근거가 된 사실관계에 허위 사실의 신고가 있거나 무고(誣告)의 사실이 있고 심의위원회나 행정심판 위원회가 이를 오인하여 판단한 경우 이를 객관적으로 입증할 수 있다면 행정청의 처분에는 사실오인의 위법이 있다고 할 것이고 이는 취소할 수 있게 됩니다.

한 권에 담은 학교폭력의 바이블

② 학생의 행위가 학교폭력 자체가 아닌 경우(처분 사유의 부존재)

학생들이 학교생활을 하는 과정에서 크고 작은 갈등이나 다툼이 생기는 것은 자연스럽고 불가피한 것으로, 학생들이 학교생활을 하는 과정에서 발생하는 모든 갈등이나 다툼을 학교폭력예방법으로 해결하는 것은 바람직하지 않습니다. 학교폭력예방법이 제2조 제1호에서 '학교폭력'의 개념을 규정하고, 제3조에서 "이 법을 해석·적용하는 경우 국민의 권리가 부당하게 침해되지 않도록 주의하여야 한다"라고 규정하고 있는 취지도 '학교폭력' 개념을 확대해석하여 지나치게 많은 학교폭력 가해자를 만들어 냄으로써 발생할 수 있는 문제를 막는 데 그 취지가 있다고 봄이 상당하기에 학교폭력 인정을 할 때는 신중을 기하여야 하고 일정 행위가 있더라도 그 행위가 지속적이거나 반복적으로 발생한 신체적 또는 심리적 공격이 아니라면 이는 학교폭력이 아니라고 판단해야 합니다. 즉 학생들 사이에서 교우 관계를 형성함에 있어서 발생할 수 있는 갈등과 분쟁으로 보일 뿐, 학교폭력예방법상 학교폭력에 해당한다고 단정하기 어렵다면 학교폭력이 아니므로 이에 대한 조치는 부당하다고 다투어 볼 수 있습니다.

③ 재량권의 일탈 남용(비례의 원칙 혹은 평등의 원칙위반)

가해학생에게 학교폭력 사실이 인정되어 조치처분을 하는 경우 어떠한 처분을 할 것인가는 교육장의 재량에 맡겨져 있지만 심의위원회가 결정한 처분이 사회·통념상 현저하게 타당성을 잃어 재량권을 남용하였다고 인정되는 경우 그 처분은 위법하다고 하다고 평가될 수 있습니다. 행정청의 재량행위라 하더라도 사실오인 등에 근거하여 이루어졌거나 비례의 원칙 또는 평등의 원칙 등에 위배되는 경우에는 재량권을 일탈·남용한 것으로서 위법하게 됩니다(2008. 12. 11. 선고 2007두18215 판결 등 참조).

만약 재량권의 행사가 처분권을 부여한 목적에 반하거나, 학생의 학교폭력 정도에 비하여 균형을 잃은 과중한 처분을 선택함으로써 비례의 원칙에 위반하거나 또는 합리적인 사유 없이 같은 정도의 비행에 대하여 일반적으로 적용하여 온 기준과 어긋나게 공평을 잃은 조치처분을 선택함으로써 평등의 원칙에 위반한 경우에는, 그 징계처분은 재량권의 한계를 벗어난 것으로서 위법하고 취소되어야 합니다. 가해학생 선도처분에 있어 재량권의 행사가 비례의 원칙을 위반하였는지 여부는, 학교폭력 사유로 인정된 행위의 내용과 정도, 그 경위 내지 동기, 그 피해학생에게 끼치는 가해학생의 평소의 소행과 학업태도, 조치로 인한 불이익의 정도 등 여러 사정을 건전한 사회통념에 따라 종합적으로 판단하여야 할 것이고 이를 위반한 처분이라면 취소할 수 있습니다.

한 권에 담은 학교폭력의 바이블

5. 학교폭력 조치처분과 집행(효력)정지

가. 집행정지란?

집행정지란 취소소송 혹은 취소심판이 제기된 경우에 그 집행 또는 절차의 속행으로 회복하기 어려운 손해를 예방하기 위하여 긴급할 필요가 있을 때 법원이 당사자의 신청 또는 직권에 의해 그 처분의 집행을 잠정적으로(본안 판결 시까지) 정지하도록 결정하는 것을 말합니다(행정소송법 제23조 제2항). 보통 교육장의 조치처분이 있는 경우 관련 법령에 따라 학교생활기록부에 어떠한 조치가 있었는지 바로 기재됩니다. 하지만 만약 처분의 부당함이 존재하는 경우에 위법성이 밝혀지기도 전에 학교생활기록부에 부당한 조치가 기재된다면 입시에서 불리함을 가지게 되는 등 신청인의 회복하기 어려운 손해나 중대한 손해를 입을 우려가 있게 됩니다. 그래서 이런 경우를 대비해 신청인은 처분의 부당함을 소송으로 다투기 전에 그 처분의 효력이 발생하는 것을 막기 위하여 법원에 효력정지신청을 할 수 있습니다. 이런 효력정지신청이 받아들여지면 처분의 효력이 취소 소송(심판)의 본안 판결 시까지 정지됩니다.

Q&A
집행정지의 요건은?

집행정지는 행정처분의 효력을 잠정적으로 정지시키기 위해 본안의 소 제기와 동시 혹은 본안의 계속 중에 신청하는 것으로 ① 집행정지의 이익이 있어야 하고 ② 본안소송이 적법하게 계속 중이어야 하며 ③ 회복하기 어려운 손해 발생의 우려가 있으며 ④ 긴급성 ⑤ 공공복리에 중대한 영향을 미치게 할 우려가 없어야 하고 ⑥ 본안청구가 이유 없음이 명백하지 아니할 것의 요건을 갖추어야 합니다.

집행정지가 인용되는 경우 집행정지 결정은 그 사건에 관하여 당사자인 행정청과 그 밖의 관계 행정청을 기속하게 됩니다. 따라서 취소처분 효력정지신청 인용 결정이 있는 경우 해당 처분의 구속력을 일단 정지시킴으로써 해당 행정처분 등이 없었던 것과 같이 되므로 학교생활기록부 기재를 막을 수 있습니다. 다만 실무적으로 4호 이상의 처분은 학교생활기록부에 우선 기재되기 때문에 집행정지의 실효성이 문제 될 수 있습니다.

나. 학교폭력 가해학생 처분에 대한 집행정지

통상적으로 학교장의 조치처분이 가해학생에게 송달되면 이 처분과 함께 이행 기간이 같이 정해져 있습니다. 학교폭력 가해학생에 대한 조치사항의 경우 학교에서 조치 결정 통보 공문을 접수한 즉시 학교생활기록부에 기재하며, 구체적인 작성·관리에 관한 사항은 학교생활기록 작성 및 관리지침을 따르게 됩니다. 즉 모든 학교폭력 가해자의 경우 학교폭력 사항이 학교생활기록부에 즉시 기재되는 것이 원칙입니다.

가해학생 조치사항에 대한 행정심판 및 소송을 제기하는 경우에도 기재된 조치사항을 삭제하지 아니하고, 향후 조치가 변경되거나 취소될 경우 이를 수정하게 되며 조치 결정 일자는 변경하지 않게 됩니다. 행정심판의 재결까지는 몇 달이 걸리고 행정소송의 경우 1년이 넘게 진행될 수도 있습니다. 따라서 처분에 대한 불복을 고려하고 있다면 당연히 집행정지도 동시에 고려해야 합니다. 따라서 집행정지의 경우 학교생활기록부에 기재되기 전 받아놓아야만 불이익을 예방할 수 있습니다.

실제로 교육청에서는 각 학교에 학교폭력심의위원회의 조치(1~3호 처분만 해당)를 받은 이후 그 이행만료 기간 전에 집행정지(법원의 효력정지) 결정을 받은 경우에만 학교생활기록부 기재를 보류하라고 안내하고 있으므로 집행정지를 고려하고 있는 경우 신속하게 움직이시는 것이 좋습니다.

다. 집행정지 시 피해학생 의견청취

행정심판위원회 및 법원이 가해학생 선도조치에 대하여 「행정심판법」 제30조 또는 「행정소송법」 제23조에 따른 집행정지 결정을 하려는 경우에는 피해학생 또는 그 보호자의 의견을 청취하여야 합니다. 다만 피해학생 또는 그 보호자가 의견진술의 기회를 포기한다는 뜻을 명백히 표시한 경우 등에는 의견청취를 아니할 수 있습니다(학교폭력예방법 시행령 제24조).

제23조(집행정지)
① 취소소송의 제기는 처분 등의 효력이나 그 집행 또는 절차의 속행에 영향을 주지 아니한다.
② 취소소송이 제기된 경우에 처분 등이나 그 집행 또는 절차의 속행으로 인하여 생길 회복하기 어려운 손해를 예방하기 위하여 긴급한 필요가 있다고 인정할 때에는 본안이 계속되고 있는 법원은 당사자의 신청 또는 직권에 의하여 처분 등의 효력이나 그 집행 또는 절차 속행의 전부 또는 일부의 정지(이하 "執行停止"라 한다)를 결정할 수 있다. 다만, 처분의 효력정지는 처분 등의 집행 또는 절차의 속행을 정지함으로써 목적을 달성할 수 있는 경우에는 허용되지 아니한다.
③ 집행정지는 공공복리에 중대한 영향을 미칠 우려가 있을 때에는 허용되지 아니한다.
④ 제2항의 규정에 의한 집행정지의 결정을 신청함에 있어서는 그 이유에 대한 소명이 있어야 한다.
⑤ 제2항의 규정에 의한 집행정지의 결정 또는 기각의 결정에 대하여는 즉시 항고할 수 있다. 이 경우 집행정지의 결정에 대한 즉시항고에는 결정의 집행을 정지하는 효력이 없다.
⑥ 제30조제1항의 규정은 제2항의 규정에 의한 집행정지의 결정에 이를 준용한다.

6. 학교폭력사건과 관련 민사소송

가, 손해배상 책임의 발생

가해학생들은 아직 경제적으로 독립하지 못한 미성년자이기에 그 부모님의 보호·감독을 받게 되는 나이입니다. 미성년자가 부모와 함께 생활하며 그들의 보호·감독을 받고 있다면, 가해학생의 부모는 가해학생에게 타인에 대하여 가해행위를 저지르지 않도록 일상적인 지도 및 조언을 하는 등 교육하고 감독할 의무가 있다고 할 것입니다. 그런데 통상 학교폭력 피해는 가해학생들 부모 위와 같은 지도 및 감독 의무를 소홀히 하여서 발생하게 됩니다. 그러한 과실이 학교폭력 행위가 발생한 한 원인이 되었다면, 가해학생의 부모님도 피해학생 및 피해학생의 부모님이 입은 손해를 배상할 책임이 있게 됩니다. 이렇게 미성년자가 책임능력이 있어 스스로 불법행위책임을 지는 경우에도 그 손해가 당해 미성년자의 감독의무자의 의무 위반과 상당인과관계가 있으면 감독의무자는 일반불법행위자로서 손해배상책임이 있게 됩니다(대법원 1994. 8. 23. 선고 93다60588 판결 등 참조).

즉 학교폭력이 발생하여 가해학생이 행한 학교폭력 행위는 피해학생 및 그 부모님 대한 불법행위에 해당한다고 봄이 타당하므로, 가해학생과 그 부모가 공동하여 학교폭력 행위로 입게 된 손해를 배상할 책임이 있습니다.

나. 손해배상의 범위

통상 학교폭력이 발생하면 그로 인한 치료비와 그에 따른 교통비 등이 발생하게 됩니다. 이렇게 피해학생 측에 실제 발생한 손해를 적극적 손해라고 하고 민사소송에서는 이 적극적 손해를 잘 입증하면 배상받을 수 있습니다. 또한 학교폭력이 심해 향후 치료비가 발생하게 된다면 그 부분까지 손해로 인정됩니다. 그뿐만 아니라 학교폭력으로 피해학생 및 그 부모님은 상당한 정신적 손해를 받게 되므로 정신적으로 고통받은 부분에 대한 손해배상 청구도 할 수 있습니다. 이를 '위자료'라고 하는데 위자료의 경우 학교폭력 행위가 발생한 경위와 그 내용 및 정도, 피해학생 나이 및 건강상태, 그 부모님들의 피해 정도, 학교폭력 행위 이후의 정황 등 제반 사정을 종합적으로 고려하여 정해지게 됩니다. 위자료의 경우 피해학생뿐만 아니라 그 부모님도 자녀의 피해로 인한 자신의 정신적 손해에 대한 배상청구가 가능합니다.

민법

제750조(불법행위의 내용) 고의 또는 과실로 인한 위법행위로 타인에게 손해를 가한 자는 그 손해를 배상할 책임이 있다.

제753조(미성년자의 책임능력) 미성년자가 타인에게 손해를 가한 경우에 그 행위의 책임을 변식할 지능이 없는 때에는 배상의 책임이 없다.

제755조(감독자의 책임)

① 다른 자에게 손해를 가한 사람이 제753조 또는 제754조에 따라 책임이 없는 경우에는 그를 감독할 법정의무가 있는 자가 그 손해를 배상할 책임이 있다. 다만, 감독의무를 게을리하지 아니한 경우에는 그러하지 아니하다.

② 감독의무자를 갈음하여 제753조 또는 제754조에 따라 책임이 없는 사람을 감독하는 자도 제1항의 책임이 있다.

제766조(손해배상청구권의 소멸시효)

① 불법행위로 인한 손해배상의 청구권은 피해자나 그 법정대리인이 그 손해 및 가해자를 안 날로부터 3년간 이를 행사하지 아니하면 시효로 인하여 소멸한다.

② 불법행위를 한 날로부터 10년을 경과한 때에도 전항과 같다.

③ 미성년자가 성폭력, 성추행, 성희롱, 그 밖의 성적(性的) 침해를 당한 경우에 이로 인한 손해배상청구권의 소멸시효는 그가 성년이 될 때까지는 진행되지 아니한다. 〈신설 2020. 10. 20.〉

Q&A

학교폭력으로 인한 위자료 얼마나 인정될까요?

위자료는 정신적 고통에 대한 손해배상을 의미합니다. 다만 안타깝게도 대한민국 법원은 학교폭력으로 인한 정신적 손해배상에 대하여 인색한 편입니다. 위자료는 학교폭력 행위의 발생 경위와 결과, 당사자가 받은 피해의 내용과 정도, 학교폭력이 지속된 기간, 당사자의 연령, 당사자의 현재 상태, 학교폭력 행위의 발생에 관련된 정도, 학교폭력 행위의 전후 사정, 그 밖에 변론에 나타난 제반 사정을 고려하여 정해지게 됩니다. 실무적으로는 200~1,000만 원 사이의 위자료가 통상적입니다. 다만 학교폭력의 지속성이나 심각성을 더 입증할 수 있으면 그 이상의 위자료 청구도 가능하다고 할 것입니다.

제5장

학교폭력 관련
최신판례

‖ 학교폭력 관련 최신판례 모음

1. 부산지방법원 2023. 10. 12. 선고 2023구합21694 판결

[처분] 서면사과 처분

[쟁점]
원고가 피해학생과 전화통화 과정에서 욕설은 하지 않았지만 일부 과격한 표현을 사용하며 즉흥적으로 싸움 일시나 장소를 제안한 것이 '폭언'에 해당하여 학교폭력에 해당하는지

[법원의판결] 학교폭력에 해당하지 않음.

원고가 언어를 사용하면서 한 다소 감정적 한 표현에 불과하고 어떠한 위해를 가할 만한 내용으로 보기 어렵다면 이는 정신적 피해를 줄 정도의 폭언을 한 것으로 보기는 어려우므로 이를 학교폭력예방법이 정하는 '학교폭력'에 해당한다고 볼 수 없다. 따라서 피고가 원고에 대하여 한 서면사과 처분을 취소한다.

2. 청주지방법원 2023. 8. 24. 선고 2022구합52442 판결

[처분] 학급교체, 접촉, 협박 및 보복행위 금지(졸업 시까지), 교내봉사 3일(6시간)(30일 이내), 사회봉사 2일(12시간), 출석정지 3일, 학생 특별교육이수 5일(30시간), 보호자 특별교육이수 5시간 처분

[쟁점]
원고의 경우 피해학생에게 신체폭력이나 언어폭력을 가한 사정이 없으며, 원고에게 일부 언어폭력이 인정된다고 하여도 이에 대하여 학급교체 처분을 한 것은 비례의 원칙을 위반하여 재량권을 일탈·남용한 것으로서 위법하다고 평가할 수 있는지

[법원의판결] 재량권을 일탈·남용한 것으로서 위법함.

원고의 경우 신체폭력을 행사한 사실을 인정하기 부족하고 달리 인정할 증거가 없어 이 사건 처분 사유 중 이 사건 제2 처분사유(언어폭력)만 인정되고, 나머지 처분 사유인 이 사건 제1 처분사유(신체폭력)에 해당되는 행위를 하였다는 점은 인정되지 않는다. 학교폭력 가해학생에 대한 조치는 학교폭력의 내용과 성질, 조치를 통하여 달성하고자 하는 목적, 관련 법령에 따른 조치의 기준 등 여러 요소를 살펴 피해학생의 보호와 가해학생의 선도·교육이라는 목적에 부합하는 방향으로 신중히 결정하여야 한다. 특히 수개 조치의 병과와 관련하여서는, 조치의 남발을 막고, 가해학생에 대한 선도·교육의 목적을 달성하기 위해 가장 적절한 조치가 내려질 수 있도록 신중한 판단이 요구된다. 이 사건 제2 처분사유는 앞에서 살펴본 바와 같이 언어적 수단이 전부인데, 학교폭력예방법 제17조

에 따르면 '학급교체(제1항 제7호)'는 상당히 강력한 처분으로 보이는바(위 제1항에는 제7호 후에는 제8호 전학, 제9호 퇴학처분만을 규정하고 있다), 이 사건 제2 처분사유만으로도 원고에 대해 이 사건 처분과 같은 내용의 처분이 이루어졌을 것이라고 단정할 수 없고, 원고가 한 행위에 비해 과중한 처분이 내려졌다고 볼 여지가 있다. 또한 학교폭력예방법이 정한 가해학생에 대한 조치 중 학급교체는 상당히 무거운 조치이므로, 다른 조치로는 피해학생의 보호, 가해학생에 대한 선도와 교육이 어려울 경우에 한하여 하는 것이 바람직하다. 그런데 위에서 본 제반 사정을 고려하면, 원고에 대하여 학급교체라는 조치를 취하지 않고, 이보다 가벼운 조치를 하더라도 피해학생의 보호와 원고에 대한 교육 및 선도라는 목적을 달성할 수 있을 것으로 판단된다. 그렇다면 이 사건 처분의 조치 내용은 과중하여 재량권을 일탈·남용한 것이므로 위법하여 취소되어야 한다.

3. 서울행정법원 2023. 6. 8. 선고 2022구합74270 판결

[처분] 서면사과 처분 사회봉사 등 처분을 전학 등 처분으로 변경한 재결

[쟁점]
단톡방에서 이미 피해학생의 사진이 돌고 있었고 원고가 예전에 이를 징그럽다고 말한 사실이 있어 이를 사과하려고 피해학생에게 91차례 문자 메시지를 보내고 2회 전화를 건 것이 '학교폭력'에 해당하는지 여부

[법원의판결] 학교폭력에 해당하지 않음.

이 사건 문자메시지의 수가 91개에 이르게 된 것은 원고가 하나의 긴 문장

을 여러 개의 문장으로 나누어 단문 형태로 작성하였기 때문인데, 이러한 문자메시지 작성 방식은 피해학생을 비롯한 F 중학교 학생들 사이에서 널리 사용되고 있었고, 앞서 본 바와 같이 이 사건 문자메시지는 완곡한 어투로 피고에게 사과의 의사를 반복적으로 표시한 것에 불과하므로, 원고가 하나의 긴 문장을 여러 개의 문장으로 나누어 피해학생에게 문자메시지를 보낸 결과 이 사건 문자메시지의 수가 91개에 이르게 되었다고 하더라도 그러한 사정만으로 피해학생이 두려움이나 불안감을 느꼈다고 보기는 어렵다. 달리 원고가 피해학생에게 두려움이나 불안감을 유발할 목적으로 이 사건 문자메시지를 91개로 나누어 보냈음을 인정할 만한 사정 또한 발견할 수 없다. 위 인정사실 및 피고가 제출한 증거들만으로는 피해학생이 원고로부터 이 사건 문자메시지를 받고 2회 전화가 걸려온 것으로 인해 정신상의 피해를 입었음을 인정하기에 부족하고, 달리 이를 인정할 증거가 없다. 그렇다면 이 사건 행위가 학교폭력예방법 제2조 제1호의 학교폭력에 해당한다고 할 수 없으므로, 피고가 원고에 대하여 한 피해학생에 대한 서면사과 처분을 취소한다.

4. 대전지방법원 2023. 1. 19. 선고 2021구합107304 판결

[처분] 서면사과 처분

[쟁점]

담임교사가 국어 수업 과제로 '겪은 일을 감정이 잘 드러나게 글로 표현하기'라는 주제의 글을 작성할 것을 지시하였고, 이에 원고는 피해학생과 사이에 있었던 사건 및 이에 대한 원고의 감정에 관한 글을 작성하였고 이를 'G반 e-학습터'에 게시하였는바 이 행위가 학교폭력(언어폭력)에 해당하는지 여부

[법원의판결] **마음가짐을 표현한 글은 언어폭력에 해당하지 않음.**

학생들이 학교생활을 하는 과정에서 발생하는 모든 갈등이나 분쟁을 학교폭력으로 의율하는 것은 바람직하지 않으므로, 학교폭력예방법 제2조 제1호는 '학교폭력'의 개념에 관하여 규정하고 있고, 제3조는 '이 법을 해석·적용함에 있어서 국민의 권리가 부당하게 침해되지 아니하도록 주의하여야 한다'고 규정하고 있으며, 이는 모두 '학교폭력' 개념의 확대해석으로 인하여 지나치게 많은 학교폭력 가해자를 양산하거나, 같은 행위를 두고서도 그것을 학교폭력으로 문제를 삼는지에 따라 위 법에 따른 조치대상이 되는지 여부가 달라지는 것을 방지하기 위한 취지의 규정으로 볼 수 있다. 특히 학교생활 내외에서 학생들 사이에 크고 작은 갈등이나 분쟁의 발생은 당연히 예상되고 학교폭력으로 인하여 학교폭력예방법 제17조 제1항에 열거된 조치를 받은 경우 이를 학교생활기록부에 기재하고 졸업할 때까지 보존하게 되므로, 일상적인 학교생활 중에 일어난 어떤 행위가 학교폭력예방법에서 말하는 '학교폭력'에 해당하는지 여부는 그 발생 경

위와 상황, 행위의 정도 등을 신중히 살펴 판단하여야 한다. 이 사건 처분은 '이 사건 과제물이 피해학생을 비방할 의도로 작성되었음'을 전제로 하나, ① 위 과제물의 전체적인 내용, 특히 결론 부분은 피해학생과의 다툼으로 인한 원고의 감정 및 위 다툼 이후 원고가 갖게 된 마음가짐을 표현한 것으로 봄이 상당하고, ② 원고는 '겪은 일을 감정이 잘 드러나게 글로 표현하기'라는 국어 수업 과제의 일환으로 이 사건 과제물을 작성한 데다가, ③ 위 과제물을 G반 e-학습터에 게시하기에 앞서 담임교사 J로부터 검수까지 받았음을 고려하면, 이 사건 과제물 작성 당시 원고의 피해학생에 대한 감정이 좋지 않았던 사정을 고려하더라도 원고가 피해학생의 명예 또는 평판을 훼손할 의도로 이 사건 과제물을 작성·게시하였다고 단정하기는 어렵다. 피고가 원고에 대하여 한 피해학생에 대한 서면사과 처분을 취소한다.

5. 부산지방법원 2023. 1. 12. 선고 2022구합21970 판결

[처분] 사회봉사 8시간, 피해학생 및 신고·고발학생에 대한 접촉, 협박 및 보복행위의 금지, 학내외 전문가에 의한 특별교육이수 20시간 처분

[쟁점]
다른 학생이 피해학생을 폭행하였는데 이 과정에서 원고가 피해학생에게 전화를 걸어 위치를 확인한 것이 학교폭력에 해당하는지 여부

[법원의판결] 피해학생에게 전화를 걸어 위치를 확인한 것만으로는 학교폭력에 해당하지 않음.

원고가 피해학생에게 전화를 건 사실을 학교폭력이라고 보기 어렵고, 달리 이를 인정할 증거가 없다. 따라서 원고의 이 부분 주장은 이유 있다. 행정청의 재량행위라 하더라도 비례의 원칙 또는 평등의 원칙 등에 위배되는 경우에는 재량권을 일탈·남용한 것으로서 위법하여 취소되어야 하고, 학교폭력에 대한 조치가 비례의 원칙 또는 평등의 원칙 등에 위배됨으로써 사회통념상 현저하게 타당성을 잃어 재량권을 일탈·남용하였는지 여부는 학교폭력의 내용과 성질, 이에 대한 조치와 그 조치를 통하여 달성하고자 하는 목적 등을 종합하여 판단하여야 한다. 이 사건 심의위원회는 이 사건 제1, 2 처분사유가 모두 학교폭력에 해당함을 전제로 피고에 대한 조치 요구를 하였다. 그러나 앞서 본 바와 같이 이 사건 제1 처분사유는 학교폭력에 해당하지 않고, 이 사건 제2 처분사유만이 학교폭력에 해당한다고 보아야 한다. 앞서 든 각 증거들과 변론 전체의 취지를 종합하여 알 수 있는 다음과 같은 사정들을 앞서 본 관련 법령의 내용과 취지에 비추어 보면, 이 사건 심의위원회의 의결은 기본 판단요소에 중대한 오류가 있고, 이를 기초로 한 이 사건 처분은 비례의 원칙에 위배됨으로써 사회통념상 현저하게 타당성을 잃어 그 재량권의 범위를 일탈하거나 재량권을 남용한 것으로 볼 수 있으므로 위법하고, 이를 지적하는 원고의 주장은 이유 있다. 피고가 원고에 대하여 한 처분을 취소한다.

6. 광주지방법원 2023. 1. 19. 선고 2022구합11699 판결

[처분] 서면사과, 접근금지 처분

[쟁점]
학교생활을 하면서 학생들 사이에 충분히 발생할 수 있는 실수(과실)에 의한 사고가 학교폭력예방법에서 말하는 '학교폭력'에 해당하는지 여부, 돈을 빌리고 이를 변제하지 아니하다가 부모님 연락을 받고 바로 변제한 것이 학교폭력에 해당하는지 여부

[법원의판결] 실수(과실)에 의한 사고는 학교폭력예방법에서 말하는 '학교폭력'에 해당하지 않음, 단순히 돈을 빌렸다가 잊어버려 늦게 변제하는 행위를 학교폭력으로 볼 수 없음.

학교폭력예방법에서 말하는 '학교폭력'은 행위자의 고의에 의한 행위만을 의미한다고 봄이 상당한바, 학교생활 내외에서 학생들 사이에 충분히 발생할 수 있는 실수(과실)에 의한 사고는 학교폭력예방법에서 말하는 '학교폭력'에 해당한다고 보기 어렵다. 2017년경 코뼈골절 사안은 원고가 플로어 볼 채를 잡고 휘두르다가 실수로 옆에 있던 피해학생의 코를 쳐서 발생한 사고라고 봄이 상당하다. 2020년경 다리골절 사안은 원고와 피해학생이 서로 장난을 치다가 실수로 발생한 사고라고 봄이 상당하므로, 이를 학교폭력예방법상의 폭행이나 상해 기타 이에 준하는 '학교폭력' 행위에 해당한다고 보기 어렵다. 다음으로 돈을 빌린 행위 관련 피해학생은 심리적 어려움을 느꼈을 것으로 보인다. 그러나 이에 대하여 원고는 당시에 단순히 피해학생으로부터 돈을 빌린 것을 잊어버려서 이를 변제하지 못하고 있다가 엄마로부터 연락을 받고 바로 돈을 갚았다고 진술하였

고, 피해학생 또한 원고에게 돈을 빌려주고 이를 변제받을 때까지 원고에게 위 돈에 대하여 그 변제를 촉구하는 등의 말을 하지는 않은 것으로 보이는 점, 단순히 돈을 빌렸다가 잊어버려 늦게 변제하는 행위를 넘어서 강요나 강제적인 심부름, 따돌림, 사이버 따돌림, 기타 이에 준하는 행위, 즉 학교폭력예방법상의 '학교폭력' 행위에 해당한다고 단정하기 어렵고, 달리 이를 인정할 증거가 없다.

---

7. 대구지방법원 2022. 12. 21. 선고 2022구합23298 판결

[처분] 출석정지 10일

[쟁점]
학생의 신분을 상실한 원고에 대하여 학교폭력예방법에 따른 가해학생에 대한 조치처분이 적법한지 여부

[법원의판결] 학생의 신분을 상실한 자에게는 가해학생 조치처분 불가

피해학생 및 가해학생에 대한 조치의 주체를 모두 '교육장'으로 정하고 있고, 피해학생 및 가해학생에 대한 조치는 같은 항 제1호의 '피해학생에 대한 서면사과'를 비롯하여 '피해학생 및 신고·고발 학생에 대한 접촉·협박 및 보복행위의 금지(제2호)', '학교에서의 봉사(제3호)', '사회봉사(제4호)', '학내외 전문가에 의한 특별교육이수 또는 심리치료(제5호)', '출석정지(제6호)', '학급교체(제7호)', '전학(제8호)', '퇴학처분(제9호)'으로 그 성질상 학교 내에서 이루어져야 하는 것들이다. 여기에 학교폭력예방법 제12조, 학교폭력예방법 시행령 제13조에서 피해학생과 가해학생이 각각 다른 교육지원청 관할 구역 내의 학교에 재학 중인 경우에는 학교폭력대책심의위원회를 구성함에 있어 교육감 보고를 거쳐 둘 이상의 교

육지원청이 공동으로 심의위원회를 구성할 수 있다는 점, 가해학생이 임시조치를 거부하거나 회피하는 때에는 학교의 장이 초·중등교육법 제18조에 따라 그 가해학생을 징계하여야 하는데(제17조 제7항), 학교의 장은 학생이 아닌 자를 상대로는 징계를 할 수 없는 점, 학교폭력예방법은 피해학생의 보호, 가해학생의 선도·교육 및 피해학생과 가해학생 간의 분쟁조정을 통하여 학생의 인권을 보호하고 학생을 건전한 사회구성원으로 육성함을 목적으로 하고(제1조), 학교폭력예방법에 의하면 가해학생이란 가해자 중에서 학교폭력을 행사하거나 그 행위에 가담한 '학생'을 말한다고 규정되어 있는 점(제2조 제3호)까지 더하여 보면, 학교폭력예방법상 가해학생에 대한 조치는 그 처분 당시의 해당 학교 학생의 신분이나 지위를 전제로 한다고 보아야 하고, 처분 당시 퇴학, 졸업, 사망 등으로 해당 학교 학생의 신분을 상실한 자에 대하여는 학교폭력예방법에 따른 가해학생에 대한 조치처분을 할 수 없다고 봄이 타당하다.

따라서 처분 당시 학생의 신분이 아닌 자에 대하여는 학교폭력예방법에 따른 가해학생에 대한 조치처분을 할 수 없다 할 것인데, 앞서 본 바와 같이 피고는 이 사건 처분 당시 이미 이 사건 학교를 졸업하여 이 사건 학교 학생의 신분을 상실한 원고에 대하여 학교폭력예방법에 따른 가해학생에 대한 조치처분을 하였는바, 이는 조치처분의 대상이 될 수 없는 자를 상대로 한 조치처분에 해당하여 위법하므로 취소되어야 한다.

8. 수원고등법원 2022. 10. 28. 선고 2021누15744 판결

[처분] 서면사과 처분

[쟁점]
학생이 이미 졸업하여 서면사과 처분 관련 기록을 원고의 학교생활기록부에서 모두 삭제한 경우 원고에게는 회복되는 법률상 이익이 없으므로, 이 사건 소는 부적법한지 여부.

[법원의판결] 학교생활기록부에 있던 처분 관련 사항을 모두 삭제한 경우 소의 이익이 없음.

위법한 행정처분의 취소를 구하는 소는 위법한 처분에 의해 발생한 위법상태를 배제하여 원상으로 회복시키고, 그 처분으로 침해되거나 방해받은 권리와 이익을 보호·구제하고자 하는 소송이므로, 처분 등의 효력이 존속하고 있어야 하고, 처분 후 사정에 의해 권리와 이익 침해 등이 해소된 경우에는 그 처분 취소를 구할 소의 이익이 없다(대법원 2008. 4. 11. 선고 2006두9733 판결 등 참조). 을 제15, 16, 17, 18호증의 기재 및 변론 전체의 취지에 의하면, 피고가 이 사건 처분 이후로서 원고의 졸업 무렵인 2022. 1월경 초·중등교육법 시행규칙 제22조에 근거하여 학교생활기록부에 있던 이 사건 처분 관련 사항을 모두 삭제한 사실을 인정할 수 있다. 이러한 사정변경에 의해, 이 사건 처분으로 발생한 원고의 권리와 이익 침해 등은 이미 해소되었다고 볼 수 있으므로, 원고에게는 이 사건 처분 취소를 구할 법률상 이익이 인정되지 않고, 그 밖에 원고가 어떠한 법률상 이익을 침해받고 있다고 볼 만한 사정도 없다. 이 사건 소를 각하한다.

한 권에 담은 학교폭력의 바이블

9. 대전지방법원 2022. 9. 21. 선고 2021구합105414 판결

[처분] 서면사과, 출석정지 3일, 특별교육 12시간을, '서면사과, 전학, 특별교육 12시간'으로 변경한 재결

[쟁점]
피해학생의 보호를 위해 행정심판위원회가 출석정지 조치를 전학 조치로 바꾼 재결이 재량권의 일탈·남용에 해당하여 위법한지 여부

[법원의판결] 재량권의 일탈·남용에 해당

이 사건 재결의 이유 요지는 앞서 본 바와 같이, 이 사건 학교폭력 행위에 관한 원고의 고의성은 높고 반성 정도는 낮음에도 불구하고 이 사건 위원회가 이를 잘못 평가하였고, 원고를 전학시켜 원고와 피해학생을 분리함으로써 원고를 선도하고 피해학생을 보호할 필요가 있다는 것이다. ① 이 사건 학교폭력 행위에 관한 원고의 고의성이 높다는 점은 충분히 인정된다. 다만, 원고는 최초 피해학생의 목을 조른 이후 피해학생과 서로 실랑이를 벌이다가 흥분한 상태에서 재차 피해학생의 목을 졸랐던 것으로 보이는 점, 피해학생이 신체적·정신적 고통을 받고 있음을 알면서도 장기간에 걸쳐 학교폭력을 행사하거나 다수의 가해학생이 학교폭력을 계획적·조직적으로 저지르는 등의 비행사례에 비해서는 원고의 고의성이 높다고 보기 어려운 점 등을 고려하면, 원고의 고의성은 이 사건 고시의 별표가 정하고 있는 범위(0~4점) 중에서 높음(3점)에 해당하는 것으로 봄이 상당하다.② 이 사건 위원회가 원고의 반성 정도를 높음(1점)으로 본 것은 이 사건 재결의 이유에 기재된 일부 사정들, 즉 원고가 이 사건 학교폭력 행위에 대

해 자신에게 유리한 취지로 일부 변명한 점이나 목을 조르는 과정에서 피해학생에게 팔을 긁힌 것을 학교폭력으로 신고한 점 등을 감안할 때, 수긍하기 어렵다. 그러나 한편 원고가 이 사건 회의에 출석하여 한 진술을 비롯하여 원고와 그 부모가 이 사건 학교폭력 행위 이후에 보인 태도 등도 원고의 반성 정도를 평가함에 있어 함께 고려되어야 하는데, 이 사건 재결에는 그와 같은 내용이 기재되어 있지 않다. 이러한 사정까지 감안하면, 원고의 반성 정도는 이 사건 고시의 별표가 정하고 있는 범위(0~4점) 중에서 낮음(3점)이나 보통(2점)에 해당하는 것으로 봄이 상당하다. ③ 이 사건 위원회가 이 사건 학교폭력 행위의 심각성, 지속성, 원고와 피해학생의 화해 정도를 각각 4점, 0점, 3점으로 평가하였음은 앞서 본 바와 같고(이 사건 재결에는 이에 관한 언급이 없다), 여기에 위 ①, ②항에서 살펴본 점수를 합산하면 이 사건 한 변경 재결이 있으면 원처분은 변경 재결로 변경되어 존재하는 것이 되므로, 결국 이 사건 재결에서 정한 조치의 수위가 재량권을 일탈·남용한 것인지 여부가 심리 대상이 된다. 고시의 별표에 따른 원고의 판정 점수는 12~13점이 된다. 그런데 위 별표는 가해학생에 대하여 판정 점수가 10~12점인 경우 출석정지를, 13~15점인 경우 학급교체를, 16~20점인 경우 전학 또는 퇴학처분을 하도록 정하고 있으므로, 원고에 대하여는 원칙적으로 출석정지 또는 학급교체 조치를 취하여야 한다. 설령 원고의 고의성과 반성 정도를 위 별표가 정하고 있는 범위(0~4점) 내에서 원고에게 가장 불리하도록 각각 4점으로 평가한다 하더라도 원고의 판정 점수는 15점이 되는데, 여전히 위 별표가 전학 조치에 필요한 점수로 정하고 있는 16점에는 미치지 못한다. ④ 당시 합기도를 약 3년간 배운 상태였던 원고가 피해학생에게 위험한 방법으로 상당한 유형력을 행사하였고, 이로 인하여 피해학생이나 그 가족은 상당한 정신적 충격을 받은 것으로 보인다. 그러나 한편 중학교 1학년생인 원고는 평소 별다른 문제를 일으킨 바 없이 생활해온 것으로 보이며, 이 사건 학교폭력 행위는 일회적으로 종료된 점, 원고의 담임교사는 이 사건 회의에 출석하여 '두 학생들은 본인들은 잘 지내고 싶어 하는 마음이 큰 것 같다'는 취지로 진술하였

한 권에 담은 학교폭력의 바이블

고, 피해학생의 담임교사도 위 회의에 출석하여 '화해가 되면 두 학생이 잘 지낼 수 있을 것 같은데, 아이들만의 문제가 아니다 보니 어려운 문제가 있다'는 취지로 진술한 점, 원고는 대전가정법원 2021푸1911호로 소년법 제32조 제1항 제1호의 보호처분을 받은 점 등을 종합적으로 고려하면, 이 사건 고시의 규정에도 불구하고 피해학생의 보호를 위해 조치를 가중하여 원고를 전학시키는 것이 타당하다고 단정하기 어렵다. 이 사건 재결은 재량권의 일탈·남용에 해당하여 위법하므로 이를 취소한다.

10. 수원고등법원 2022. 10. 28. 선고 2021누15744 판결

[처분] 서면사과, 학급교체, 학생 특별교육이수, 보호자 특별교육이수 처분

[쟁점]
원고가 에스크 계정에 참가인의 선행 행위(관련사건)와 관련된 것을 묻는 지인의 질문에 대하여 수동적으로 답하고, 선행 의결의 결과를 묻는 친구 L에게 이를 알려 준 것만으로 이를 피해학생에 대한 명예훼손이나 모욕행위, 피해학생에게 정신적 피해를 줄 정도의 언어폭력으로 볼 수 있는지 여부, 원고의 주관적인 평가행위 내지 감정의 표현에 이 언어폭력에 해당하는지 여부

[법원의판결] 학교폭력(언어폭력)에 해당하지 않음.

피해학생이 원고가 하였다고 주장하는 말(진짜 개 못 뛰네, 너는 기초가 없다, 이걸 그림이라고 그렸냐? 우리 반 미술 꼴찌네)은 참가인의 입장에서 불쾌할 수는 있지

만, 언어적 표현행위는 매우 추상적이고 다의적일 수 있으므로 문언뿐만이 아니라 그 대화가 오간 상황, 당시 피해학생이 원고에게 한 말과 반응 등에 비추어 종합적으로 해석하여야 하는데 이에 관하여는 별다른 자료가 없는 점, 위 말은 문언상으로도 원고의 주관적인 평가행위 내지 감정의 표현에 해당하는 점, 원고와 피해학생은 같은 반 동급생이고 참가인이 원고가 위 말을 하였다고 주장하는 시간 및 장소(학교 수업시간) 등에 비추어 이를 모욕행위 또는 언어적 방식에 의한 폭력으로 평가하기 어렵다. 원고는 같은 반 친구인 L과 이야기하면서 선행 의결과 관련된 L의 질문을 받자 다른 사람에게 절대 발설하지 말라고 하면서 참가인에게 학급교체 조치를 명하는 선행 의결이 있었다는 것을 언급하였고, L은 참가인에게만 이를 확인하였을 뿐 제3자에게는 이에 대하여 이야기하지 않았던 점 등을 종합하면, 원고가 L에게 선행 의결에 대한 내용을 언급한 것이 참가인에 대한 명예훼손 또는 정신적 피해를 줄 정도의 언어폭력이라고 보기 어렵다. 학교폭력예방법 제17조 제1항은 피해학생의 보호와 가해학생의 선도·교육을 위하여 가해학생에 대하여 할 수 있는 조치를 피해학생에 대한 서면사과, 피해학생 및 신고·고발학생에 대한 접촉, 협박 및 보복행위의 금지, 학교에서의 봉사, 사회봉사, 학 내외 전문가에 의한 특별교육이수 또는 심리치료, 출석정지, 학급교체, 전학, 퇴학조치와 같이 단계적으로 규정하고 있다. 이는 폭력행위가 매우 심각한 예외적인 경우를 제외하는 기존의 교육현장에서 가해학생에 대한 최대한의 선도와 교육이 먼저 이루어져야 한다는 것을 전제로, 그러한 수단으로도 해결되지 아니하는 경우 그 정도에 따라 피해학생과 가해학생이 더는 한 공간에서 수학하는 것이 어려운 경우(학급교체), 한 학교에서 수학하는 것이 어려운 경우(전학), 가해학생에 대한 선도나 교육 자체가 어려운 경우(퇴학)에 관한 조치를 규정하는 것으로 보인다. 앞서 본 제1, 2 사안의 경위나 내용 등에 비추어 기존의 교육현장에서 원고에 대한 최대한의 선도와 교육이 어려운 상황이라고 단정하기 어렵다. 이 사건 처분은 처분사유가 인정되지 아니하여 위법하므로 취소되어야 한다.

11. 수원지방법원 2022. 5. 18.자 2021구합73370

[처분] 서면사과

[쟁점]
초등학생이 같은 반 친구에게 "A가 너랑 친하게 지내는 거 싫어해""절교하자"라는 문자메시지를 보낸 정도가 학교폭력에 해당하는지 여부

[법원의판결] 학교폭력(언어폭력)에 해당하지 않음.

학교폭력예방법은 학교폭력의 예방과 대책에 필요한 사항을 규정함으로써 피해학생의 보호, 가해학생의 선도·교육 및 피해학생과 가해학생 간의 분쟁조정을 통하여 학생의 인권을 보호하고 학생을 건전한 사회구성원으로 육성하는 것을 목적으로 한다(제1조). 학교생활을 하는 과정에서 학생들 사이에 크고 작은 갈등이나 분쟁의 발생은 당연히 예상되므로, 일상적인 학교생활 중에 일어난 어떤 행위가 학교폭력예방법에서 말하는 '학교폭력'에 해당하는지 여부는 그 발생 경위와 상황, 행위의 정도 등을 신중히 살펴 판단하여야 한다. 원고와 F가 2021. 7. 6. E에게 전화하여 절교하자고 말한 사실은 있다. 그러나 F는 위 사건 전날까지 E와 친해서 원고와 '절교'하기도 하였고, 원고, E, F 등은 서로 어울리는 대상이 바뀌어 온 것으로 보인다. 원고와 F의 일방적, 지속적 따돌림 행위라고 보기 어렵고, 초등학교 5학년 학생들이 같은 반 생활을 하는 과정에서 흔히 예상되는 갈등의 범위 안에 있다고 보인다. 담임 교사는 심의위원회에서 '저희 반에서 유행처럼 너 고소할 거야 손절할 거야라는 말을 많이들 사용해서 계속 지도를 하였다'라고 진술하였다. "따돌림"이란 학교 내외에서 2명 이상의 학생들

이 특정인이나 특정집단의 학생들을 대상으로 지속적이거나 반복적으로 신체적 또는 심리적 공격을 가하여 상대방이 고통을 느끼도록 하는 모든 행위를 말한다(학교폭력예방법 제2조 제1의2호). 원고와 F의 행위가 일방적인 가해행위였다고 단정하기 어렵고, 인정되는 사실관계에 나타난 행위의 횟수, 기간, 정도에 비추어 볼 때 그 공격행위가 지속적이거나 반복적이라고 보기도 어렵다. 담임교사는 심의위원회에서 '제가 학생들을 평소에 관찰을 했을 때 학교폭력 관련된 사안 이야기가 나오기 전까지 세 친구의 큰 접점은 없었다고 교실 내에서 확인을 하였다. 학교 내에서 나눔 장터를 시행한 2021. 7. 5.경 F, 원고, E가 가까워지는 계기가 되었던 것 같다'라고 진술하였다. 피고가 제출한 증거들만으로는 E에 대한 원고의 행위가 학교폭력예방법이 정한 '학교폭력'에 해당한다는 점을 인정하기에 부족하고, 달리 이를 인정할 증거가 없다. 따라서 피고가 원고에 대하여 한 서면사과 처분을 취소한다.

12. 창원지방법원 2022. 1. 19. 선고 2021구단11174 판결

[처분] 서면사과, 피해학생 및 신고·고발학생에 대한 접촉, 협박 및 보복행위의 금지, 학생특별교육 2시간 및 보호자에 대한 특별교육 2시간 처분

[쟁점]
원고가 예전 자신에 대한 학교폭력의 가해자에게 '너는 가해자, 나는 피해자 너는 잘못하면 벌을 받아서 다른데 이사 갈 수도 있다'라고 말한 사실이 '협박'에 해당하여 학교폭력에 해당하는지 여부

[법원의판결] 학교폭력에 해당하지 않음.

학교생활 내외에서 학생들 사이에 크고 작은 갈등이나 분쟁의 발생은 당연히 예상되고 학교폭력으로 인하여 학교폭력예방법 제17조 제1항에 열거된 조치를 받은 경우 이를 학교생활기록부에 기재하고 졸업할 때까지 보존하게 되므로, 일상적인 학교생활 중에 일어난 어떤 행위가 학교폭력예방법상의 정의 규정에 해당하는지 여부는 그 발생 경위와 상황, 행위의 정도 등을 신중히 살펴 판단할 필요성이 있다. 원고는 동급 학생들, 특히 관련 학생으로부터 수년에 걸쳐 지속적이고 반복적으로 육체적 및 언어적 폭력을 당하고 있었고, 그로 인하여 관련 학생은 가해학생으로서 학교폭력예방법에 따른 처분을 받게 되었으며, 그 과정에서 원고는 피해학생으로서 심리상담과 치료 등을 받고 있었는데, 그러한 원고가 가해학생인 관련 학생에 대하여 '너는 가해자, 나는 피해자'라는 정도의 발언을 하는 것은 초등학교 4학년인 피해자로서 충분히 할 수 있는 발언으로 보이는 점, ② 특히 원고가 관련 학생으로부터 폭력을 당하거나 다른 친구와 함께 있을 때 비방성 발언을 듣게 되어 이 사건 조치원인과 같이 관련 학생에게 저항하는 취지로 발언하게 된 것으로, 그와 같은 발언 경위에 비추어 볼 때, 원고의 발언으로 관련 학생이 피해자로서 위협을 느끼거나 부당한 압박을 당하였을 것으로 보이지 않는 점 등에 비추어 보면, 원고의 위와 같은 발언 행위가 관련 학생에게 학교폭력에 해당한다. 인정하기 부족하고, 달리 이를 인정할 증거가 없으므로, 원고의 이 부분 주장은 이유가 있다. 이 사건 처분은 위법하므로 취소되어야 한다.

13. 광주지방법원 2021. 12. 23. 선고 2021구합12190 판결

[처분] 서면사과, 피해학생 및 신고·고발학생에 대한 접촉, 협박 및 보복행위의 금지, 출석정지 30일, 전학처분

[쟁점]
원고가 행한 초등학교 재학 중의 학교폭력 사건에 관하여 행정심판위원회가 원고의 중학교 재학 시점에서 전학 조치를 하는 것이 학교폭력예방법 제17조에 따라 할 수 있는 조치의 범위를 벗어난 것으로서 위법한지 여부 및 취소의 범위

[법원의판결] 초등학교 재학시절 학교폭력사건에 관하여 중학교 재학 시점에서 전학 조치를 하는 것은 위법

학교폭력예방법 제17조 제1항 각 호와 관련하여, 가해학생이 졸업하는 경우 위 각 호의 조치가 가능한지 여부와 그 집행 방법에 대하여 같은 법에 별도의 규정이 없기는 하나, 같은 법 제17조 제1항 등의 취지 및 각 조치의 성질상 적어도 학교에서의 봉사(제3호), 출석정지(제6호), 학급교체(제7호), 전학(제8호), 퇴학(제9호) 등은 해당 학생이 해당 학교의 학생이라는 신분을 가질 것을 전제로 하는 것으로 보아야 한다. 이 사건 원처분상 제1 내지 3 혐의가 원고가 초등학교 재학 중인 2020년의 것인 사실, 이 사건 원처분은 2020. 11. 26. 이루어졌으나 이에 대한 피고보조참가인의 행정심판 청구에 따라 이 사건 원처분의 조치에 전학 조치를 추가하는 이 사건 재결이 2021. 5. 24. 이루어진 사실, 한편 원고는 2021년 중학교에 입학한 사실은 앞서 본 바와 같다. 그렇다면 이 사건

재결은 원고의 초등학교 재학 중 학교폭력사건에 관하여 중학교 재학 시점에서 전학 조치를 하는 것으로서, 위와 같은 전학 조치의 성질에 반하여 위법하다고 보아야 한다. 이 사건 재결이 이 사건 원처분의 조치에 전학 조치를 더하여 조치를 한 것은 위와 같이 전학 조치의 성질에 반할 뿐만 아니라 재량권의 일탈·남용에 해당하여 취소되어야 한다. 그런데 학교폭력예방법 제17조 제1항은 각 호의 조치 중 수 개의 조치를 할 경우 원칙적으로 그 수 개의 조치를 병과하도록 규정하고 있는 점, 이에 따라 학교폭력 가해학생에 대한 조치는 하나의 학교폭력 사안에 대하여 학교폭력예방법 제17조 제1항 각 호의 조치를 함께 부과하고 있고, 이러한 수 개의 조치는 하나의 학교폭력 사안에 대한 하나의 불가분의 처분으로서 그 조치양정의 재량권 행사 또한 수 개의 조치가 일체로 평가되어 이루어진다고 볼 수 있는 점, 이러한 맥락에서 이 사건 재결 또한 단순히 원고에게 학교폭력예방법 제17조 제1항 제8호의 전학 조치만을 부과하는 데 그치지 않고 이 사건 원처분 전체를 변경하여 '학교폭력예방법 제17조 제1항 제1호, 제2호, 제6호, 제8호(전학), 제3항, 제9항 조치'를 내린 점, 이 사건에서 피고의 변경재결 중 전학 조치만 취소한다면 법원이 재결청인 피고의 변경재결에 관한 재량의 행사 정도를 직접 정하게 되는 결과가 되는 점 등에 비추어 보면, 이 사건 재결에 대한 취소의 범위는 이 사건 재결 전부가 되어야 한다고 봄이 타당하다.

14. 수원지방법원 2021. 11. 18. 선고 2020구합64461 판결

[처분] 서면사과 및 특별교육이수 30시간

[쟁점]
원고가 같은 중학교 같은 반 피해학생에게 장난감을 교환을 요구한 것이 강요에 해당하는지, 독감이 걸린 친구에게 왜 학교에 왔냐고 한 것이 등교 정지를 강요한 것인지 여부

[법원의판결] 학교폭력 아님.

학교생활 내외에서 학생들 사이에 크고 작은 갈등이나 분쟁의 발생은 당연히 예상되고 학교폭력으로 인하여 학교폭력예방법 제17조 제1항에 열거된 조치를 받은 경우 이를 학교생활기록부에 기재하고 졸업할 때까지 보존하게 되므로, 일상적인 학교생활 중에 일어난 어떤 행위가 학교폭력예방법상의 정의 규정에 해당하는지 여부는 그 발생 경위와 상황, 행위의 정도 등을 신중히 살펴 판단할 필요성이 있다. 인정사실에 변론 전체를 더하면 알 수 있는 다음과 같은 사정들, 즉 ① 독감이 걸린 반 친구에게 '열나면 학교에 오면 안 된다'라는 정도의 발언을 하는 것은 일상적인 학교생활 중에 흔히 일어날 수 있는 일로 보이는 점, ② 원고가 자신에게 옮을 것을 우려하여 위와 같은 발언을 하게 되었다고 하더라도, 그 발언에 위협적인 내용이나 부당한 압박을 가하는 내용은 전혀 포함되어 있지 아니한 점, ③ 피해학생도 최초에는 '나는 위로를 먼저 안 해주고 그렇게 말하니까 속상하고 당황스러웠다'라는 정도의 진술을 하였을 뿐인바, 피해학생이 그 당시 원고의 위와 같은 발언으로 정신적인 피해를 입었다고 단정하기

한 권에 담은 학교폭력의 바이블

도 어려운 점 등에 비추어 보면, 원고의 위와 같은 발언행위가 피해학생에게 등교정지를 강요하는 것으로서 학교폭력에 해당한다고 인정하기 부족하고, 달리 이를 인정할 증거가 없다. 원고의 이 부분 주장은 이유 있다. 앞서 본 바와 같이 학교폭력은 학교 내외에서 학생을 대상으로 발생한 상해, 폭행, 감금, 협박, 약취·유인, 명예훼손·모욕, 공갈, 강요·강제적인 심부름 및 성폭력, 따돌림, 사이버 따돌림, 정보통신망을 이용한 음란·폭력 정보 등에 의하여 신 체·정신 또는 재산상의 피해를 수반하는 행위를 말하는데, 여기에 잘 설득하고 달래어 권한다는 뜻을 가진 종용은 포함되어 있지도 아니한 점, ② 원고가 선물교환을 교환하는 과정에서 수시로 원하는 선물의 변경을 요구하는 등 다소 우월적 지위에서 대화를 주도하는 모습이 보이기는 하지만, 전체적인 대화내용과 흐름을 보면, 그것이 원만한 학교생활에 대한 압박으로서 피해학생에게 선물교환을 강요하는 정도에 이른다고 보기는 어려운 점, ③ 원고의 보호자와 피해학생의 보호자 모두 위와 같은 선물교환은 친구 사이에서 충분히 일어날 수 있는 일이고, 둘 사이에 화해하는 것이 가장 교육적인 처분이라고 생각한다는 내용을 진술한 것으로 보이는 점(자치위원회 협의록 7쪽) 등에 비추어 보면, 원고의 위와 같은 선물교환 요구 등 행위가 피해학생에게 선물교환을 강요하는 것으로서 학교폭력에 해당한다고 인정하기 부족하고, 달리 이를 인정할 증거가 없다. 원고의 이 부분 주장은 이유 있다. 이 사건 조치원인이 학교폭력에 해당하지 않으므로, 이 사건 처분은 그 처분사유가 인정되지 않는다. 따라서 이 사건 처분은 위법하므로 취소되어야 한다.

15. 수원고등법원 2021. 10. 15. 선고 2020누15068 판결

[처분] 전학조치

[쟁점]
학교폭력심의위원회 위원 중 일부 학부모위원들이 학부모 전체회의 등의 적법한 선출절차를 거쳐 자치위원회 위원으로 위촉되었는지에 대한 객관적 증거가 없다면 그 학부모들이 위원으로 참여하여 한 처분이 적법하게 구성되지 아니한 위원에 의해 이루어진 것으로 절차적 하자에 해당하여 위법한지 여부

[법원의판결] 절차적 하자 인정

학교폭력예방법은 학교폭력의 예방 및 대책에 관련된 사항을 심의하기 위하여 학교에 자치위원회를 두고(제12조 제1항), 자치위원회는 학교폭력의 예방 및 대책 등을 위하여 피해학생의 보호, 가해학생에 대한 선도 및 징계, 피해학생과 가해학생 간의 분쟁조정 등을 심의하며(제12조 제2항), 자치위원회는 위원장 1인을 포함하여 5인 이상 10인 이하의 위원으로 구성하되, 대통령령으로 정하는 바에 따라 전체위원의 과반수를 학부모전체회의에서 직접 선출된 학부모대표로 위촉하여야 하고, 다만, 학부모전체회의에서 학부모대표를 선출하기 곤란한 사유가 있는 경우에는 학급별 대표로 구성된 학부모대표회의에서 선출된 학부모대표로 위촉할 수 있으며(제13조 제1항), 자치위원회의 구성·운영에 필요한 그 밖의 사항은 대통령령으로 정하도록 규정하고 있다(제13조 제4항). 학교폭력예방법의 위임에 따라 구 학교폭력예방법 시행령(2020. 2. 5. 대통령령 제30441호로 개정되기 전의 것, 이하 '학교폭력예방법 시행령'이라고 한다)은 자치위원회의 위원은 학교폭력

예방법 제13조 제1항에 따라 선출된 학부모대표 중에서 해당 학교의 장이 임명하거나 위촉하도록 규정하고 있다(제14조 제1항 제3호). 한편 학교폭력예방법은 자치위원회는 피해학생의 보호와 가해학생의 선도·교육을 위하여 가해학생에 대하여 일정한 조치를 할 것을 학교의 장에게 요청하여야 하고(제17조 제1항), 자치위원회의 위와 같은 요청이 있는 때에는 학교의 장은 14일 이내에 해당 조치를 하도록 규정하고 있다(제17조 제6항).

학교폭력예방법과 학교폭력예방법 시행령은 위와 같이 자치위원회 전체위원의 과반수를 학부모전체회의 등에서 선출된 학부모대표로 위촉하도록 규정하고 있고, 다만 학부모전체회의 등에서 구체적으로 어떠한 방식으로 학부모대표를 선출하여야 하는지에 관하여는 특별히 제한을 두고 있지 않다. 그러나 학교폭력예방법과 학교폭력예방법 시행령의 자치위원회 구성에 관한 각 규정들의 문언과 '가해학생에 대한 조치' 등 사항의 심의결과가 가해학생에게 미치는 영향이 큰 점 등을 감안하여 자치위원회 위원의 중립성과 객관성 및 공정성을 강화하고 이를 담보하려는 학교폭력예방법령 규정들의 취지 등에 비추어 보면, 학부모전체회의 등에서 자치위원회의 위원이 될 학부모대표를 선출함에 있어서는 적정한 선출방법으로 학부모전체회의의 의사를 반영하여 대표성과 민주적 정당성을 부여하는 것이 요구된다고 할 것이다. 나) 앞서 든 증거들과 을 제27호증의 1 내지 5, 을 제28호증의 1 내지 6, 을 제30호증의 각 기재에 변론 전체의 취지를 종합하면, 이 사건 자치위원회는 9명의 위원으로 구성되어 있고, 그중 과반수인 6명이 학부모위원인 사실, 이 사건 자치위원회의 학부모위원 6명 중 4명은 2018년 3월 피고에게 자치위원회 학부모위원 입후보자 등록서를 제출하고, 그 무렵 학부모위원으로 위촉되었으며, 나머지 학부모위원 2명은 2019년 3월 피고에게 자치위원회 학부모위원 입후보자 등록서를 제출하고, 그 무렵 학부모위원으로 위촉된 사실, 이 사건 자치위원회가 C에 대한 조치를 의결할 당시 재적위원 9명 중 5명이 참석하였는데, 그중 2명은 교원(교감, 학생안전부장), 1명은 2018년 위촉된 학부모위원(이 사건 자치위원회의 위원장이다), 2명은 2019년 위촉된 학부모위원인 사실이 인정된다.

우선 2018년 위촉된 4명의 학부모위원이 학부모전체회의 등의 적법한 선출절차를 거쳐 자치위원회 위원으로 위촉되었는지에 관하여 보건대, 앞서 든 각 증거들에 변론 전체의 취지를 종합하여 인정되는 다음과 같은 사정들에 비추어 보면, 위 인정사실과 피고가 제출한 증거들만으로는 이를 인정하기 부족하고, 달리 이를 인정할 증거가 없다.

① 피고가 위 4명의 학부모위원이 2018. 3. 15. 개최된 학부모전체회의에서 직접 선출되었다고 주장하면서 그 증거로 제출한 을 제27호증의 1 내지 5는 2018학년도 학부모위원 선출 공고를 위한 내부결재문, 공고문 및 그 홈페이지 게시글, 입후보자등록서, 자치위원회 구성 및 운영에 관한 내부결재문에 불과하고, 을 제31호증의 1 내지 4는 위 4명의 학부모위원이 작성한 사실확인서로서 모두 부동문자로 동일한 내용이 기재된 문서에 날인만 한 것일 뿐 그 선출절차에 관한 구체적 내용은 전혀 기재되어 있지 않아, 위 각 증거들만으로는 위 4명의 학부모대표가 학부모전체회의에서 직접 선출되었다고 인정하기 부족하다.

② 피고가 홈페이지에 게시한 학부모위원 선출공고(을 제27호증의 2)에는 2018. 3. 15. 개최되는 학부모전체회의에서의 직접투표로 학부모위원을 선출하고, 선거 전에 후보 1인당 3분 내외 소견 발표를 한다고 기재되어 있는데, 2018. 3. 15. 개최된 학부모전체회의에서 실제로 위와 같은 절차를 거쳐 학부모위원을 선출하였다는 점에 관한 회의록 등의 객관적인 증거가 없다. 그 밖의 방법으로 위 4명의 학부모위원이 학부모전체회의의 의사를 반영하여 대표성과 민주적 정당성을 부여받았다는 점을 인정할 만한 증거도 없다.

③ 학교폭력예방법에 따를 때 자치위원회는 가해학생에 대한 조치를 할 것을 의결하여 학교의 장에게 요청하고, 그 요청을 받은 학교의 장은 해당 조치를 하여야 함은 앞서 본 바와 같다. 이와 같이 자치위원회의 가해학생에 대한 조치 심의결과가 가해학생에게 미치는 영향이 큰 점 등을 고려할 때 자치위원회 구성의 적법성은 자치위원회 의결의 적법성 및 이에 따른 학교의 장의 가해학생에

한 권에 담은 학교폭력의 바이블

대한 조치의 적법성을 인정하기 위한 중요한 전제이다. 피고가 위 4명의 학부모위원이 2018. 3. 15. 개최된 학부모전체회의에서 직접 선출되었다고 주장하면서도 회의록 등 이를 뒷받침할 만한 객관적 자료를 제출하지 못하고 있는 이상, 이 사건 처분의 적법성에 대한 증명책임을 부담하는 피고가 그 증명을 다하지 못하였다고 볼 수밖에 없다.

다) 2018년 위촉된 4명의 학부모위원이 학부모 전체회의 등에서 적법하게 선출되었다고 인정하기 어려우므로, 2019년 위촉된 나머지 학부모위원 2명이 학부모전체회의 등에서 적법하게 선출되었는지 여부에 관하여 나아가 판단할 필요도 없이 이 사건 자치위원회는 학교폭력예방법 제13조 제1항에 따라 적법하게 구성되었다고 볼 수 없다. 따라서 이 사건 처분은 적법하게 구성되지 아니한 이 사건 자치위원회의 조치 요청에 따라 이루어진 것이므로 절차적 하자가 있어 위법하다.

---

16. 수원지방법원 2021. 6. 10. 선고 2020구합67729 판결

[처분] 서면사과, 접촉, 협박 및 보복행위의 금지, 학교에서의 봉사 6시간, 특별교육이수 4시간의 처분

[쟁점]
피해학생이 따돌림의 학교폭력 피해를 주장하나, 학교생활 중 일상생활 중 발생한 갈등상황인지 따돌림인지 애매한 경우 이를 학교폭력(따돌림)으로 의율할 수 있는지 여부

[법원의판결] 학교폭력 아님.

학교폭력예방법상 따돌림 행위가 학교폭력에 해당하려면 고의에 의한 행위일 것을 요하므로, 2명 이상의 학생들이 고의적으로 특정 상대방에 대하여 인격권 등 법익을 침해할 정도의 심리적 공격을 반복적으로 가하여야 할 것이다. 그런데 앞에서 본 것처럼 원고 A와 함께 학교폭력대책 심의위원회에 회부되었던 다른 모든 학생들에 대해서 따돌림 행위의 증거가 없다는 취지의 행정심판 결정이 내려졌고, 제2, 3, 4, 5 사유와 관련하여 원고 A가 G, H, I과 함께 D의 인격을 무시·모독하는 언행을 공동으로 하였다거나 심리적인 공격을 반복적으로 하였다고 단정할 만한 구체적인 정황은 부족하다. 제5 사유가 따돌림에 해당한다고 보기 위해서는 원고 A의 요구 등에 의하여 I이 D를 멀리하는 등의 사정이 있어야 하는데, 이를 뒷받침할 객관적인 증거는 보이지 않는다. 오히려 D는 I에게 I를 벌레라고 칭하는 내용의 문자를 보내기도 하였는데, 이러한 문자 등이 원인이 되어 I과 D 사이가 멀어지게 되었을 가능성도 있다. 원고 A가 D에게 했던 말들은 D에 대한 태도를 당사자 등에게 밝힌 것에 불과하고, 이것을 2명 이상의 학생들이 D를 따돌리는 것에 동참하라는 의미라고 단정하기에는 너무 단편적이며, 이는 감수성이 예민한 연령의 원고 A와 D 간 일상적인 갈등상황에서 비롯된 것일 가능성도 상당하다. 설령 D가 진료 등을 받을 만큼 심리적 고통을 겪었다고 하더라도, 이러한 사정을 통하여 원고 A와 D 사이에 일련의 갈등이 있었다고 추단해 볼 수는 있겠으나, 나아가 원고 A가 따돌림을 반복하거나 주도하였다는 점까지 인정하기에는 한계가 있어 보인다. 원고 A가 D를 따돌렸다는 점에 관하여 D 본인의 진술 외에 다른 객관적인 증거가 갖추어져 있지 않으므로 위 진술 자체에 더욱 높은 신빙성이 요구된다. 그런데 앞에서 본 사정들 및 D는 1학년 생활이 마무리된 지 약 3개월이 지난 시점에서 원고 A 등을 고소한 점 등을 종합하여 보면, 원고 A가 D를 따돌렸다는 취지의 D의 진술은 원고 A와의 갈등 상황에 대한 D의 주관적인 감정 내지 평가에 해당할 가능성을 배제하기 어렵다.

17. 서울행정법원 2021. 5. 6.자 2020구합61430

[처분] 서면사과

[쟁점]
피해학생의 진술이 학교폭력의 유일한 증거인 경우 이를 학교폭력으로 인정할 수 있을지 여부, 피해학생 측의 진술만으로 학교폭력을 인정하기 위하여서는, 다른 객관적인 증거가 갖추어져 있는 경우에 비하여 위 진술 자체에 더욱 높은 신빙성이 요구되는지 여부

[법원의판결] 학교폭력 아님(신빙성이 없음), 피해학생 측의 진술만으로 학교폭력을 인정하기 위하여서는, 다른 객관적인 증거가 갖추어져 있는 경우에 비하여 진술 자체에 더욱 높은 신빙성이 요구됨.

이 사건 신고 사실의 내용에 따르면, 해당 사건은 최소 2개월 이상 지속되었고, 그동안 원고가 단독으로 피해학생을 괴롭혔을 뿐 아니라 다른 학생들까지 선동하여 집단 따돌림을 하였다는 것이다. 그렇다면 이 사건 신고 사실의 규모에 비추어 볼 때 그중 일부 사실이라도 목격한 학생이 존재하여야 자연스럽다 할 것임에도, 이러한 목격자의 진술은 전혀 확보된 바 없다. 피해학생의 학부모는 이 사건 자치위원회에서 "원고가 수시로 교실의 문을 잠그고 피해학생에게 위협과 협박을 했다는 사실은 담임 선생님께서도 진술해 주신 내용입니다"라고 진술하기는 하였으나(갑 제4호증의 1 제16쪽), 그 담임 선생님의 원 진술을 확인할 수 있는 자료가 없다. 나. 이 사건 자치위원회의 위원들도 각 학부모의 진술을 모두 듣고 나서 협의를 시작하였을 때 "객관적인 입장에서 봤을 때 증거라고 할

만한 것들이 특별히 안 보인다", "보통 이러한 사건에는 급우들의 진술이 제출되어야 하는데, 그런 진술이 하나도 없다", "언어폭력에 대한 확실한 증거가 없다", "원고에 대한 명확한 혐의가 없어서 학교폭력으로 보기는 어려운 것 같다"라는 등의 발언을 한 것으로 미루어 보면(갑 제4호증의 2 제2쪽), 이 사건 신고 사실에 관한 증거 부족의 문제점을 충분히 인식하고 있었다고 보인다.

다. 그런데 위원들은 이 사건 신고 사실의 존재에 대하여 위와 같이 회의적인 태도를 보이고 있었음에도, 피해학생의 학부모가 제출한 자료(을 제1호증, 이하 '피해학생 측 제출자료'라고 한다)를 검토하더니, 돌연 이 사건 신고 사실을 학교폭력으로 인정하는 결정을 한 것이다(갑 제4호증의 2 제2쪽). 그러나 피해학생 측 제출자료의 구체적인 내용을 살펴보면, 이 사건 신고 사실에 관하여 피해학생의 진술을 전해 들은 피해학생 학부모의 일방적인 주장만을 기재한 것이거나, 2019. 4. 16.자 몸싸움 사건 등 별개의 사건에 관한 참고자료에 불과하므로, 이는 피해학생의 피해 진술과 구분되는 객관적인 증거에 해당한다고 볼 수 없다.

결국 이 사건 신고 사실에 관하여는 피해학생 본인이나 그 학부모의 진술 외에 다른 증거는 보이지 않는다. 그럼에도 불구하고 원고가 일관하여 부인하고 있는 이 사건 신고 사실을 오로지 피해학생 측의 진술만으로 인정하기 위하여서는, 다른 객관적인 증거가 갖추어져 있는 경우에 비하여 위 진술 자체에 더욱 높은 신빙성이 요구된다고 볼 수밖에 없다. 이 사건 처분이 서면사과를 집행하는 것에 그치지 않고, 그 처분사실이 학교생활기록부에 기재되어 졸업할 때까지 보존되는 불이익이 뒤따르는 점도 고려한다면, 그만큼 위 진술의 신빙성은 한층 더 신중하게 판단하여야 할 것이다. 그런데 피해학생의 진술은 피해 일시 및 장소를 구체적·개별적으로 특정하고 있지 않고, 사건의 경위, 가해행위의 태양 등을 세부적인 사항까지 풍부하게 묘사하고 있는 것도 아니다. 따라서 피해학생의 진술 내용 자체에 높은 신빙성을 부여하기 어렵다 할 것이다.다만 피해학생 측 제출자료에 의하면 피해학생이 2019. 4. 18.~2019. 12. 19.까지 상담센터에서 심리상담을 받은 사실은 인정되고, 피해학생의 학부모는 이 사건 자치위원회에서 "피해학생이 심리상담을 시작한 지 7개월이 되어갈 무렵에 '원고가 지속적으로 피해학생에게 돼지, 저팔계, 사이코패스 냄새가 난다며 놀리고, 집단 따돌림을 당하는 것이 힘들어서 2019. 4. 16. 투신자살을 시도하다가 중단한 적이 있다'는 사실을 고백했다"라는 취지의 진술을 하기도 하였는바(갑 제4호증의 1 제7쪽), 이것이 이 사건 자치위원회가 피해학생의 진술대로 이 사건 신고 사실을 인정하게 된 주요 근거라고 보인다. 그러나 설령 피해학생이 2019. 4. 16.경 일시적으로 자살충동까지 느낄 만큼 심리적 고통을 겪었던 것이 사실이라고 하더라도, 이러한 사정을 통하여 원고와 피해학생 사이에 2019. 4. 16.자 몸싸움 사건을 비롯한 일련의 갈등이 있었다고 추단해 볼 수는 있겠으나, 나아가 이 사건 신고 사실과 같이 원고가 학교폭력을 반복하거나 주도하였다는 점까지 인정하기에는 한계가 있어 보인다.

18. 청주지방법원 2023. 6. 15. 선고 2022구합52572 판결

[처분] 출석정지(전학 시까지) 처분 및 전학 처분

[쟁점]
초등학교 4학년 학생이 자신의 고백을 거절한 피해학생에게 '고백 사실을 다른 사람에게 말하지 말라'고 하면서 만약 말할 경우 흉기를 사용해 참가인의 손목을 잘라 버린다고 하거나, 빵칼 사진을 찍어 전송하는 등 협박한 사실로 전학 조치를 받은 것이 재량권을 일탈·남용한 처분인지 여부

[법원의판결] 재량권을 일탈·남용한 처분

학교폭력예방법령의 내용과 취지, 형식 및 체계 등에 비추어 볼 때, 학교폭력 예방법상의 각종 조치는 학교폭력에 대한 제재의 성격을 가지는 한편 인격적으로 완성되지 않아 개선의 여지가 많은 학생들에게 적절한 훈육과 선도를 통해 모범적인 사회인으로 성장할 수 있는 기회를 부여하기 위한 것으로 교육적 성격도 강하므로 구체적인 사안에서 어떠한 조치를 취할 것인지에 관하여 학교 측에 재량권이 인정된다. 다만, 위와 같은 조치권자가 재량권의 행사로서 한 조치가 사회통념상 현저하게 타당성을 잃어 재량권을 남용한 것이라고 인정되는 경우에는 그 처분은 위법한 것이라고 할 것이며, 가해학생에 대한 조치가 사회통념상 현저하게 타당성을 잃었는지 여부는 구체적인 사례에 따라 조치의 원인이 된 학교폭력의 내용과 성질, 해당 조치에 의하여 달성하려고 하는 행정목적, 관련 법령에 따른 조치의 기준 등 여러 요소를 종합하여 판단하여야 할 것이다. 이 사건 1, 2 행위는 그 언행의 내용이 상당히 거칠뿐더러 특히 원고가 참가인에게 보낸 스테인리스 빵칼 사진은 성인에게도 큰 정신적 충격을 줄 수 있는 내용이다. 따라서 당시 원고가 만 9세의 초등학교 4학년이었다는 점을 고려하더라도 그 행위의 심각성은 넉넉히 인정된다.

다만 원고는 사전에 이 사건 1, 2 행위를 계획한 것이 아니라, 참가인이 고백을 거절하면서, '(원고의 고백이) 다 음성녹음 되었다, (진심이라면) 다른 친구들에게 보내도 되느냐'고 하자, 당황하여 비밀로 해달라고 강하게 말하는 등 대화 과정에서 충동적으로 이 사건 1, 2 행위에 이른 것으로 보인다. 이후 원고가 2022. 5. 24. 학교에서 참가인에게 고백 사실을 말하지 말아 달라고 한 차례 더 말한 사실은 인정되나, 그 외에 참가인에게 계속적·반복적으로 학교폭력이나 괴롭힘을 가하였음을 인정할 만한 증거가 없다. 이 사건 위원회는 원고가 본인이 한 행동들을 대부분 인정하면서도, 그 경위에 대하여 고백을 거절당한 사실이 알려지면 창피할까 봐 해당 행위를 했다고 발언한 점을 들어 원고가 사안의 심각성에 대해서는 크게 인지하고 있지 못하다고 보고, 반성 정도를 보통(2점)으로 보았다. 그러나 원고의 위와 같은 발언은 이 사건 각 행위에 이르게 된 원고의 동기를 설명한 것이므로, 위 발언만을 근거로 원고의 반성 정도가 보통에 불과하다고 볼 수는 없다. 오히려 원고는 이 사건 위원회에 출석하여 '원고를 마주치기 무서워하는 참가인을 위하여 참가인을 마주치는 것을 피하고, 사과하고 싶다'는 취지로 진술하였고, 원고의 모 또한 이 사건 위원회에서 "A가 잘못을 한 건데 어머니 뵙고 싹싹 빌고 싶은 마음이 있었죠. 저도 되게 무거운데 그런 기회가 없어서 솔직히 좀 지금도 많이 무겁습니다"라고 진술한 바 있다. 이 사건 위원회는 학교폭력 가해학생 조치별 적용 세부기준 고시 [별표]에 따라 심각성을 '매우 높음(4점)', 지속성을 '높음(3점)', 고의성을 '매우 높음(4점)', 반성 정도 '보통(2점)', 화해 정도 '낮음(3점)'으로 합계 16점으로 평가하였다. 학교폭력예방법 제17조 제1항 제8호의 전학은 합계 16점부터 20점에 해당할 경우 내려지는 조치이므로, 위 평가요소 중 어느 한 항목에서 단 1점이라도 낮게 평가될 경우 전학 조치 대상에 해당하지 않는다. 그런데 이 사건 학교폭력의 심각성 및 화해 정도에 관하여 이 사건 위원회의 판단과 같이 그대로 판정하더라도, 앞서 본 바와 같이 이 사건 학교폭력의 지속성이 인정되지 않을뿐더러 고의성 및 반성 정도 또한 각각 '매우 높음' 및 '보통'이라고 보기 어렵다. 또한 원고가 평소 학교폭력이나 그 밖에 비행을 저지른 적이 있는 등 선도 가능성이 낮다고 볼 만한 사정을 찾아볼 수 없고, 오히려 담임교사 등의 진술을 종합하여 보면 앞으로 선도 가능성이 상당한 것으로 보이므로, 가중조치의 대상에 해당하지도 아니한다. 가해학생에 대한 조치를 결정할 때에는 가해학생에 대한 선도와 교육 가능성 내지 가해학생에게 가혹한 조치인지에만 중점을 두어 이를 피해학생의 보호와 피해회복보다 우선시하지 않도록 유의하여야 한다. 그러나 이 점을 고려하더라도, 이 사건 처분에 대한 집행정지 결정(이 법원 2022아50143호)이 인용된 상태에서 참가인이 전학을 가 현재 원고와 같은 학교에 다니지 아니하고 있고, 여기에 원고의 부모들이 책임을 통감하고 있어 가정에서의 적절한 훈육과 학교 측의 선도와 교육 및 적절한 조치가 이루어질 수 있을 것으로 보이는 점 등을 감안하면 가해행위가 재발한다거나 참가인에게 추가적인 피해가 있을 것으로 단언하기 어렵다. 학교폭력예방법이 정한 가해학생에 대한 조치 중 전학은 원고와 같이 의무교육과정에 있는 초등학생에게 할 수 있는 가장 무거운 조치이므로, 다른 조치로는 피해학생의 보호, 가해학생에 대한 선도와 교육이 어려울 경우에 한하여 하는 것이 바람직하다. 그런데 위에서 본 제반 사정을 고려하면, 원고에 대하여 전학이라는 조치를 취하지 않더라도 피해학생의 보호와 원고에 대한 교육 및 선도라는 목적을 달성할 수 있을 것으로 판단된다.

---

19. 청주지방법원 2023. 4. 20. 선고 2022구합51890 판결

[처분] 전학처분

[쟁점]
고등학생이 자신을 고등학생이라고 말하고 다니는 중학생과 합의하에 성관계를 맺은 사실이 학교폭력(성폭력)에 해당하는지 여부

[법원의판결] 학교폭력(성폭력) 아님.

앞서 본 바와 같이 학교폭력예방법상 피해학생의 연령대에 포섭되는 6세부터 19세까지의 시기는 인간이 정신적·육체적으로 성장하는 시기이므로, 위 법이 예정한 '피해학생'의 범위에 포함된다 하더라도, 개별 학생의 연령, 성장환경 등에 따라 정신적·육체적 성숙도에서 큰 차이가 있을 수밖에 없고, 그에 따라 성적 자기결정권을 제대로 행사할 수 있는지 여부도 달라질 수밖에 없다. 이 사건 처분사유는 관련 학생에게 성적 자기결정권이 '없어' 성관계 자체가 성폭력에 해당한다는 것인데, 관련 학생이 13세 미만의 어린 나이라거나 이 사건 행위

이후 정신적 피해를 호소한다는 사정만을 들어 관련 학생에게 성적 자기결정권이 없었다고 단정하기는 어렵다. 원고를 포함한 여러 주변 사람들은 당시 관련 학생이 175cm가 넘는 큰 키인 데다가 스스로 실제보다 5살가량 많은 16세라고 말하고 다녀 중학교 3학년 정도로 알고 있었던 것으로 보인다. 이 사건 행위를 포함하여 관련 학생과 원고의 만남은 대부분 관련 학생이 먼저 원고에게 연락하여 이루어진 것으로 보인다(실제로 관련 학생은 이 사건 행위 이후 발생한 ③ 행위에 관하여도 이 사건 행위에 관하여 따지기 위하여 만난 것이라고 진술하였는데, 만남 이후 항의 등을 하였다는 언급은 없다). 원고는 관련 학생이 자신에게 좋아한다는 말을 하였거나, 술을 마신 상태에서 먼저 성적인 이야기를 꺼내고 집에서 나왔으니 재워달라고 요청하였다고 주장하여 성관계에 대한 동의가 있었던 것으로 생각하였다고 주장하고 있고, 실제로 관련 학생도 인정하는 것처럼 ① 행위 및 ③ 행위 당시에는 원고에게 거부 의사를 표시하지 아니하였던 점까지 고려하면 원고가 위와 같이 생각한 것이 상식에 반한다거나 크게 부조리한 것으로 보이지 않는다.

⑸ 피고는 관련 학생이 원고와 성행위를 할 당시 저항하지 아니하였으나 성관계 장소와 시간, 관련 학생의 연령이나 감정 상태 등에 비추어 볼 때 관련 학생이 원고에게 저항하기 어려워 객관적으로 정상적인 동의가 있었다고 볼 수 없어 관련 학생의 성적 자기결정권을 침해하였기 때문에 그 성관계는 학교폭력에 해당할 수 있다고 주장하나, 이는 이 사건 처분의 사유에 부합하지 아니할뿐더러, 위와 같은 원고와 관련 학생의 관계, 만남의 경위나 당시 상황을 고려하면 원고의 입장에서는 정상적인 동의가 있었다고 볼 여지가 있다. 결국 피고가 제출한 증거들만으로는 원고가 관련 학생에 대하여 학교폭력(성폭력)을 행사하였다는 사실이 입증되었다고 보기 어려워 이 사건 처분은 그 처분사유가 인정되지 아니하므로 위법한 처분으로서 취소되어야 한다.

20. 수원지방법원 2023. 3. 30. 선고 2022구합75489 판결

[처분] 전학처분

[쟁점]
가해학생은 합의하에 성관계를 했다고 주장하고 피해학생은 성폭력이라고 주장하는 성폭력(강간)이 발생한 경우 처분의 처분청인 피고는 가해학생으로 신고된 원고가 피해학생에 대하여 성폭력을 행사하였다는 사실을 구체적으로 주장하고 이를 입증하여야만 하는지 및 이를 하지 못하는 경우 성폭력을 인정하기 부족한지 여부

[법원의판결] 학교폭력(성폭력) 아님, 행정청은 가해학생으로 신고된 원고가 대하여 성폭력을 행사하였다는 사실을 구체적으로 주장하고 이를 입증하여야만 하고 이를 하지 못하면 성폭력으로 인정할 수 없음.

행정처분의 취소를 구하는 항고소송에서는 당해 처분의 적법을 주장하는 처분청인 피고에게 그 적법 여부에 대한 입증책임이 있으므로, 학교폭력예방법 제17조 제1항, 제3항 등에 따라 이루어진 이 사건 처분의 취소를 구하는 이 사건 소송에서 이 사건 처분의 처분청인 피고는 가해학생으로 신고된 원고가 E에 대하여 성폭력을 행사하였다는 사실을 구체적으로 주장하고 이를 입증하여야만 한다.

성폭력 유무에 관하여 E의 진술이 사실상 유일한 증거인 상황에서는 E 진술의 구체성, 일관성, 합리성 등이 담보되어 그 신빙성이 어느 정도 인정되어야 할 것이다. 그런데 이 사건에서 성관계 당시 상황에 대한 E의 진술은 E가 작성

하여 제출한 확인서(을 제4호증)가 유일하고,〈각주3〉, 원고에 대하여 증거불충분을 이유로 불송치결정이 내려진 형사사건에서 E가 경찰에서 어떠한 진술을 하였는지 확인되지 않는 상황에서(입증책임이 있는 피고는 E의 경찰에서의 진술과 관련한 자료를 제출하지 않고 있다), E의 진술이 구체성, 일관성, 합리성 등을 갖추어 신빙성이 있다고 평가하기 어렵다. 성관계 후 원고는 E에게 신고하지 말아 달라고 하면서, 신고를 하지 않는 조건으로 합의금을 지급하겠다는 의사를 표시한 바 있으나, 이는 중학생으로서 이 사건에 대하여 자신의 부모들이 알게 되고, 일이 확대되는 것을 염려한 마음에서 비롯된 행동으로 볼 여지가 있고, 위와 같이 사건을 수습하고자 하는 과정에서도 E에게 합의하에 성관계를 한 것 아니냐는 취지의 얘기를 지속적으로 하여 왔다. E의 친구들인 G와 H(사건 당일 D 중학교 근처에서 E와 함께 있던 3명의 여학생 중 2명이다)가 2022. 7. 4. 작성하여 제출한 확인서(을 제2호증)에는 '자신들이 E가 있는 곳(건물 옥상)으로 갔을 때 E가 울고 있어서 왜 그러냐고 물어봤는데 원고한테 강간을 당했다고 말했다'는 취지의 내용이 기재되어 있긴 하나, 앞서 본 사정들과 더불어, G와 H 등 E의 친구들이 건물 옥상에 가게 된 경위 및 성관계 후 원고와 E가 합의금 지급과 관련하여 나눈 대화 내용 등을 종합하여 보면, 위 증거들만으로는 원고의 E에 대한 성폭력을 인정하기 부족하다. 피고가 제출한 증거들만으로는 원고가 E에 대하여 성폭력을 행사하였다는 사실이 입증되었다고 보기 어려워 이 사건 처분은 그 처분사유가 인정되지 아니하므로 원고의 나머지 주장에 관하여 더 나아가 살펴볼 필요 없이 위법한 처분으로서 취소되어야 한다.

21. 서울행정법원 2021. 12. 10. 선고 2020구합1742 판결

[처분] 피해학생 및 신고·고발학생에 대한 접촉·협박 및 보복행위 금지, 전학, 특별교육이수 5시간, 보호자 특별교육이수 5시간의 처분

[쟁점]

5명 중 2명의 학교폭력심의위원회 자치위원이 학부모전체회의에서 선출된 학부모대표로 볼 수 없다면 나머지 3명의 위촉이 적법하게 이루어졌다고 하더라도 위법하게 구성된 자치위원회의 심의·의결을 기초로 하여 이루어진 심의인지 여부

[법원의판결] 절차상 하자 인정

구 학교폭력예방법 제13조 제1항은 "학교폭력대책자치위원회는 위원장 1인을 포함하여 5인 이상 10인 이하의 위원으로 구성하되, 대통령령으로 정하는 바에 따라 전체위원의 과반수를 학부모전체회의에서 직접 선출된 학부모대표로 위촉하여야 한다. 다만, 학부모전체회의에서 학부모대표를 선출하기 곤란한 사유가 있는 경우에는 학급별 대표로 구성된 학부모대표회의에서 선출된 학부모대표로 위촉할 수 있다"고 규정하고, 구 학교폭력예방법 시행령(2020. 2. 25. 대통령령 제30441호로 개정되기 전의 것, 이하 같다) 제14조 제1항 제3호는 "자치위원회의 위원은 학교폭력예방법 제13조 제1항에 따라 선출된 학부모대표를 해당 학교의 장이 임명하거나 위촉한다"고 규정하고 있는데, 학부모전체회의 등에서 구체적으로 어떠한 방식으로 학부모위원을 선출하여야 하는지에 관하여는 특별히 제한을 두고 있지는 않다. 이러한 구 학교폭력예방법 등 관련 법령의 문언과 취지

에 비추어 보면, 자치위원회의 학부모위원을 선출함에 있어 입후보자 수와 선출해야 할 위원의 수가 동일한 경우에까지 학부모전체회의의 투표절차를 필수적으로 거쳐야 한다고 볼 수는 없으나, 적정한 선출방법으로 학부모전체회의의 의사를 반영하여 대표성과 민주적 정당성을 부여하여야 할 것이다. H, I 등 2명을 학부모전체회의에서 선출된 학부모대표로 볼 수 없는 이상, 나머지 학부모위원인 J, K, L에 대한 위촉이 적법하게 이루어졌다고 하더라도, 위 3명만으로는 이 사건 자치위원회 재적인원(9명)의 과반수에 이르지 못하므로, 이 사건 자치위원회는 구 학교폭력예방법 제13조 제1항을 위반하여 구성되었다고 할 것이고, 이와 같이 위법하게 구성된 자치위원회의 심의·의결을 기초로 하여 이루어진 이 사건 처분은 원고의 다른 주장에 관하여 나아가 살펴볼 필요 없이 위법하여 취소되어야 한다.

22. 청주지방법원 2023. 5. 11. 선고 2022구합50590 판결

[처분] 서면사과, 피해학생 및 신고·고발학생에 대한 접촉, 협박 및 보복행위의 금지, 특별교육이수 3시간, 보호자 특별교육이수 3시간 처분

[쟁점]
학교폭력심의 참석요청서, 처분서에 기재된 내용과 관계 법령 및 해당 처분에 이르기까지의 전체적인 과정 등을 종합적으로 고려하여 보아도, 처분 당시 당사자인 원고가 어떠한 근거와 이유로 처분이 이루어진 것인지를 충분히 알 수 없었던 경우 이는 절차상 하자에 해당하는지 여부

[법원의판결] 절차상 하자 인정

행정청은 처분을 하는 때에는 원칙적으로 당사자에게 그 근거와 이유를 제시하여야 한다(행정절차법 제23조 제1항). 당사자가 신청하는 허가 등을 거부하는 처분을 하면서 당사자가 그 근거를 알 수 있을 정도로 이유를 제시한 경우에는 처분의 근거와 이유를 구체적으로 명시하지 않았더라도 그로 말미암아 그 처분이 위법하다고 볼 수는 없다. 이때 '이유를 제시한 경우'는 처분서에 기재된 내용과 관계 법령 및 당해 처분에 이르기까지의 전체적인 과정 등을 종합적으로 고려하여, 처분 당시 당사자가 어떠한 근거와 이유로 처분이 이루어진 것인지를 충분히 알 수 있어서 그에 불복하여 행정구제절차로 나아가는 데 별다른 지장이 없었다고 인정되는 경우를 뜻한다(대법원 2002. 5. 17. 선고 2000두8912 판결, 대법원 2009. 12. 10. 선고 2007두20362 판결, 대법원 2017. 8. 29. 선고 2016두44186 판결 등 참조).

변론 전체의 취지를 더하여 알 수 있는 다음과 같은 사정을 종합하여 보면, 이 사건 각 처분은 처분서에 기재된 내용과 관계 법령 및 해당 처분에 이르기까지의 전체적인 과정 등을 종합적으로 고려하여 보아도, 처분 당시 당사자인 원고가 어떠한 근거와 이유로 처분이 이루어진 것인지를 충분히 알 수 없었던 것으로 보이므로, 피고가 이 사건 각 처분을 함에 있어 행정절차법 제23조 제1항이 정한 처분의 근거 및 이유 제시의무를 준수하였다고 볼 수 없다. 이를 지적하는 원고의 주장은 이유 있다. 원고가 수령한 이 사건 심의위원회 위원장 명의의 참석요청서에는 '사안개요(내용)'란에 이 사건 1 내지 3 행위 및 〈쟁점사항〉이라는 표제 하에 이 사건 4, 5 행위가 모두 기재되어 있다. 원고의 부는 이 사건 심의위원회에 출석하여 의견을 개진하면서 원고가 이 사건 1 내지 3 행위는 모두 인정하고 사과하고 있지만, 이 사건 4, 5 행위에 대하여는 그러한 행위를 한적이 없으므로 인정할 수 없다는 뜻을 밝혔다. 그런데 피고가 원고에게 교부한 조치결정 통보서 상에 기재된 조치결정의 이유에는 "A가 행한 행위는 D에게 정신상 피해를 유발하였기에 다음과 같이 조치함"이라고만 기재되어 있었을 뿐, 이 사건 1 내지 5 행위 중 4, 5 행위가 사실로 인정되었는지 여부 및 이 사건

한 권에 담은 학교폭력의 바이블

각 행위 중 어떠한 행위가 학교폭력예방법에서 규정한 어떠한 유형의 학교폭력에 해당하는지에 관하여는 전혀 언급한 바 없다. 피고는 원고가 2021. 11. 13. 충청북도교육청행정심판위원회에 이 사건 각 처분의 취소를 구하는 행정심판을 청구한 후에야 비로소 '이 사건 심의위원회는 문제된 원고의 이 사건 1 내지 5 행위 중 이 사건 4, 5 행위를 인정하지 않았고, 위 4, 5 행위는 신체상 피해를 야기하는 성격의 것인 점을 반영하여 조치결정 통보서에 정신상 피해에 관하여만 기재하였다'는 취지로 답변하였는바, 원고는 그즈음에야 참석요청서상의 이 사건 1 내지 5 행위 중 4, 5 행위는 처분사유에 포함되어 있지 않다는 것을 알게 된 것으로 보인다. 피고는 '정신상 피해'를 유발할 수 있는 행위는 성질상 이 사건 1 내지 3 행위에 한정되므로, 어떠한 근거와 이유로 이 사건 각 처분이 이루어지게 되었는지를 충분히 알 수 있었다고 주장하나, 이 사건 4, 5 행위와 같이 체육 시간이나 교실에서 상대방을 때리는 행위, 특히 음경과 같은 특정 부위를 때리는 행위는 보는 관점에 따라 신체상 피해뿐만 아니라 정신상 피해를 유발할 수 있는 행위로 볼 수 있어 그 해석이 명확하다고 보기 어렵다. 따라서 원고로서는 조치결정 통보서 상에 처분사유로 정신상 피해를 유발하는 행위가 기재되었다는 것만으로는 행정심판을 제기하기 이전에 어떠한 행위가 문제가 되었는지, 나아가 이 사건 4, 5 행위가 인정되지 아니하였다는 점을 알 수 있었다고 볼 수 없다. 나아가 원고는 이 사건 소송에서 이 사건 각 처분의 이유가 적법하게 제시되지 않았다는 절차적 위법을 주장하고 있고, 이 사건 1 내지 3 행위가 학교폭력예방법상 구체적으로 어떠한 유형의 학교폭력에 해당하는지 여부의 경우 이 사건 소송에서도 여전히 명확하지 않은 부분이 존재하는 점을 종합적으로 고려하면, 원고가 이 사건 각 처분에 불복하여 행정구제절차로 나아가는 데에 별다른 지장이 없었다고 할 수도 없다.

23. 창원지방법원 2022. 12. 14. 선고 2021구단12016 판결

[처분] 피해학생에 대한 접촉, 협박 및 보복행위 금지, 출석정지 5일, 학생 특별교육 5시간의 각 처분

[쟁점]
언어폭력이 인정되어 학교폭력에 해당하여 위법하다 할지라도, 지속성, 고의성, 심각성, 반성 정도, 화해 정도 등에 비추어 볼 때, 처분이 지나치게 무거워 재량권을 일탈하거나 남용한 경우 취소되어야 하는지 여부

[법원의판결] 재량권의 일탈·남용에 해당

해당 학교의 장이 학교폭력 가해학생에 대하여 어떠한 조치를 할 것인지 여부는 학교의 장의 판단에 따른 재량행위에 속하고, 학교폭력에 대한 조치가 사회통념상 현저하게 타당성을 잃어 재량권을 일탈·남용하였는지 여부는 학교폭력의 내용과 성질, 조치를 통하여 달성하고자 하는 목적 등을 종합하여 판단하여야 한다. 앞서 든 각 증거들과 변론 전체의 취지를 종합하여 알 수 있는 다음과 같은 사정들을 앞서 본 관련 법령의 내용과 취지에 비추어 보면, 이 사건 심의위원회의 의결은 기본 판단요소에 중대한 오류가 있고, 이를 기초로 한 이 사건 처분은 사회통념상 현저하게 타당성을 잃을 정도로 원고에게 지나치게 가혹하여 그 재량권의 범위를 일탈하거나 재량권을 남용한 것으로 볼 수 있으므로 위법하다.

① 이 사건 심의위원회는 원고에 대하여 학교폭력의 '심각성(보통)', '고의성(보통)', '반성 정도(보통)', '화해 정도(보통)'를 각 2점, '지속성(낮음)'을 1점으로, 총 판

정점수를 9점으로 배점하였고, 이는 이 사건 고시 규정상 '사회봉사(제4호)' 사유에 해당한다.

그런데 심의위원회는 원고가 2021. 6. 23.경 별도의 학교폭력사건으로 사회봉사 등 조치를 받은 적이 있다는 이유로 원고의 선도 가능성이 의심된다며 이를 가중요소로 적용하여 가중된 '출석정지(제6호)' 5일의 조치를 의결하였다.

1) 그러나 원고가 2021. 6. 23.경 별도의 학교폭력사건으로 사회봉사 등 조치를 받았다고는 하나, 이 사건 조치원인 기재 행위는 위 별도 조치 이전에 이루어진 것이고, 두 사건 사이에 특별한 유사성이 발견된다고 보기도 어려운 점 등에 비추어 볼 때, 이러한 사정만으로 원고의 선도 가능성이 낮다며 가중요소로 삼는 것은 과도한 것으로 판단된다.

2) 원고의 이 사건 조치원인 기재 발언은 그 자체로 욕설 등과 같이 피해학생의 인격권을 침해하거나 정신상의 피해를 주는 내용은 아니다.

비록 원고가 피해학생이 쉽게 화를 낸다는 사정을 알고도 위와 같은 발언을 하기는 하였으나, 그 횟수가 총 2회에 그치고, 피해학생에게 심각한 정신적 피해를 입게 하였던 것으로는 보이지 않으며, 원고는 피해학생에게 위와 같은 사정이 있다는 것을 충분히 인식한 후에는 반성하면서 이를 중단하였다.

② 한편, 이 사건 조치로 이 사건 처분으로 달성하고자 하는 이익, 즉 가해학생인 원고에 대한 선도·교육을 통하여 원고를 건전한 사회구성원으로 육성하려는 공익이 인정된다 할 것이나, '출석정지(제6호)'에 이르는 이 사건 처분으로 인해 원고가 입게 될 불이익에 비해 중대하다고 볼 수 있는지 역시 의문이다. 따라서 이 사건 처분은 재량권을 일탈하거나 남용하여 위법하므로 취소되어야 한다.

24. 춘천지방법원 2022. 11. 29. 선고 2021구합32833 판결

[처분] 출석정지 10일

[쟁점]
언어폭력(모욕)에 관련하여 학생이 일상적인 학교생활 중 다른 학생에 대하여 부적절한 언행을 하였다는 사실만으로는 곧바로 학교폭력예방법상 학교폭력에 해당하는 명예훼손 또는 모욕을 하였다고 단정할 수 있는지 여부, 명예훼손이나 모욕을 판단하는 기준

[법원의판결] 학교폭력 아님(단정할 수 없음), 명예훼손 또는 모욕의 경우 해당 언행의 구체적 내용과 그 수위, 발언 횟수, 언행 전후의 맥락, 그와 같은 언행을 하게 된 경위, 표현의 정도, 불특정 또는 다수인이 인식할 수 있는 상태인지 여부 등을 종합적으로 고려하여 학교폭력에 해당하는지 여부를 판단하여야 함.

학교폭력예방법상 학교폭력에 해당하는 '명예훼손' 또는 '모욕'이 반드시 형벌 규정이 정한 구성요건에 해당하는 행위에 국한된다고 할 수는 없으나 학교폭력예방법에서 명예훼손이나 모욕에 대한 정의규정을 따로 두지 않고 있으며, 학교폭력의 개념의 확대해석으로 인하여 지나치게 많은 학교폭력 가해자를 양산하는 것은 방지하여야 하므로, 학생의 행위가 학교폭력예방법에서 정한 명예훼손 또는 모욕에 해당하는지를 검토함에 있어서도 형법상의 구성요건인 공연성을 갖추고 있는지 여부는 충분히 고려되어야 한다. 따라서 학생이 일상적인 학교생활 중 다른 학생에 대하여 부적절한 언행을 하였다는 사실만으로는 곧바로

학교폭력예방법상 학교폭력에 해당하는 명예훼손 또는 모욕을 하였다고 단정할
수는 없고, 해당 언행의 구체적 내용과 그 수위, 발언 횟수, 언행 전후의 맥락,
그와 같은 언행을 하게 된 경위, 표현의 정도, 불특정 또는 다수인이 인식할 수
있는 상태인지 여부 등을 종합적으로 고려하여 학교폭력에 해당하는지 여부를
판단하여야 한다. 그러나 앞서 든 증거, 위 인정사실을 종합하여 알 수 있는 다
음과 같은 사정을 고려할 때 원고가 각 문자메시지를 F에게 전송한 행위가 학교
폭력예방법상 명예훼손, 모욕 기타 피해학생에게 정신적 고통을 가한 행위로서
학교폭력에 해당한다고 평가하기에는 부족하고, 달리 이를 인정할 증거가 없다.
원고의 행위를 피해학생에 대한 학교폭력 행위로 평가하기 어려우므로, 재량권
의 일탈 및 남용에 관한 주장에 관하여 더 나아가 살필 필요 없이 이 사건 처분
은 위법하다.

---

25. 대구지방법원 2022. 11. 9. 선고 2022구합20831 판결

[처분] 피해학생 및 신고·고발 학생에 대한 접촉, 협박 및 보복행위의
금지, 사회봉사 5시간, 학생 특별교육 5시간, 보호자 특별교육 5시간의
각 가해학생 조치처분

[쟁점]
교육장은 어디까지나 심의위원회가 의결의 전제로 삼은 학교폭력 행위
를 처분 사유로 하여 조치처분을 하여야 하고, 이와 다른 사유에 기한
조치처분은 심의위원회의 의결 없이 이루어진 것으로서 위법하다고 보
아야 하는지 여부

[법원의판결] 절차상 하자 인정

학교폭력예방법 제17조 제1항, 제6항에 의하면, 심의위원회는 피해학생의 보호와 가해학생의 선도·교육을 위하여 심의, 의결을 거쳐 가해학생에 대하여 일정한 조치를 할 것을 교육장에게 요청하여야 하고, 교육장은 심의위원회의 심의 결과에 구속되어 그 요청에 따라 14일 이내에 해당 조치를 하여야 한다. 학교폭력예방법 제17조 제1항, 제2항 및 같은 법 시행령 제19조에 의하면, 가해학생에 대한 조치는 가해학생이 행사한 학교폭력의 심각성·지속성·고의성 등을 고려하여 결정하고, 심의위원회가 교육장에게 가해학생에 대한 조치를 요청할 때 그 이유가 피해학생이나 신고·고발 학생에 대한 협박 또는 보복행위일 경우에는 여러 조치를 동시에 부과하거나 조치 내용을 가중할 수도 있다. 가해학생에 대한 조치는 그 원인이 된 학교폭력에 해당하는 사실에 대한 판단과 그 행위의 경중 등에 따른 조치사항의 결정을 거쳐 이루어지게 되므로, 교육장은 어디까지나 심의위원회가 의결의 전제로 삼은 학교폭력행위를 처분사유로 하여 조치처분을 하여야 하고, 이와 다른 사유에 기한 조치처분은 심의위원회의 의결 없이 이루어진 것으로서 위법하다고 보아야 한다. ① '원고가 D에게 부모님께 알리면 때리겠다고 협박한 행위'는 제1, 2 행위와 그 시기, 경위 및 행위 태양을 달리하는 점, ② 위원장은 참석위원 4명 중 4명이 원고의 행위에 대해 학교폭력으로 인정하는 의결이 있었다고 선언하였으나 회의록을 살펴보아도 그와 같이 인정한 근거를 알 수 없는 점, ③ 제1 행위에 대해서는 심리과정에서 주요하게 다루어지지 않았고 위원들도 제1 행위에 대해서는 그 누구도 어떠한 의견도 제시하지 않은 점, ④ 심의위원회는 원고의 협박에 의한 언어폭력(제1 행위가 아니다) 및 제2 행위에 의한 신체폭력을 학교폭력으로 인정하여 조치사항을 의결한 반면, 피고는 원고의 제1, 2 행위를 조치의 원인으로 하여 이 사건 처분을 한 점, ⑤ 결과적으로 심의위원회의 의결 당시 원고의 제1 행위에 대해서는 아무런 의결 없이 제2 행위에 대해서만 출석위원 4명 중 2명이 학교폭력으로 인정한 점을 알 수 있다. 따라서 피고가 이 사건 처분의 원인이 된 사실로 제시한 제1 행위에 대하여는 심의위원회의 의결이 아예 존재하지 않았고 제2 행위에 대하여는 의

결정족수가 충족되지 못하였으므로 이 사건 처분의 이유가 된 학교폭력인 제1, 2 행위에 대하여 심의위원회의 적법한 의결이 존재한다고 볼 수 없다. 이 사건 처분은 심의위원회의 적법한 의결 없이 이루어진 것으로서 절차상 위법이 있다. 따라서 이 사건 처분은 위법하다.

---

26. 창원지방법원 2023. 1. 18. 선고 2022구단11041 판결

[처분] 피해학생에 대한 접촉, 협박 및 보복행위 금지 추인, 전학, 학생 특별교육 6시간, 보호자 특별교육 6시간의 각 처분

[쟁점]
성폭력 사안에서 가해학생이 피해학생의 성적 자유를 침해하는 유형력을 강제로 행사하였다고 단정하기는 어려운 경우 학교폭력을 인정할 수 있는지 여부

[법원의판결] 학교폭력 아님

이 사건 조치원인 기재 각 학교폭력 행위의 성립 여부는 피해학생의 성적 자유를 침해하는 유형력의 행사가 이루어졌다고 볼 수 있는지 여부에 따라 결정될 수 있다. 이 사건 심의위원회는 이 사건 조치원인 기재 각 행위가 3일간에 걸쳐 일어난 것인데, 제반사정에 비추어 원고와 피해학생이 일반적인 교제를 한 사이로 볼 수 없다고 전제한 뒤, 이 사건 제1, 2, 3 사유를 일괄하여 피해학생의 의사에 반하는 행위로서 사실관계가 모두 인정되고, 학교폭력에 해당한다고 인정하였다(갑 제3-4호증, 제8쪽 이하).

그러나 원고와 피해학생 사이에 오고 간 카카오톡 대화 내용(갑 제2-1 내지

2-6호증)이나 피해학생이 경찰에서 한 참고인진술조서(을 제2호증) 내용 등에 의하면, 원고가 제1 사유 기재 일시경 피해학생에게 사귀자고 얘기한 뒤 서로 교제를 시작하였던 것으로 보이고, 이에 따라 3일간 연속하여 서로 만나게 된 것으로 봄이 상당하므로, 원고와 피해학생 사이에 발생한 이 사건 조치원인 기재 각 사실의 존재 및 학교폭력 해당 여부를 판단함에 있어서도 이러한 원고와 피해학생 사이의 관계 등 제반사정을 고려하여야 할 것이다. 피해학생 측은 2022. 4. 12. 이 사건 조치원인과 관련하여 원고를 특수협박, 아동·청소년의성보호에관한법률위반(강간) 등으로 진주경찰서에 고소하였으나, 진주경찰서에서는 2022. 8. 17. 고소인인 피해학생의 진술 외에 피의사실을 인정할 증거가 부족하다는 이유로 불송치(혐의없음) 결정을 하였다. 이에 피해학생 측이 이의신청을 하였으나, 검찰에서도 2022. 10. 18. 마찬가지로 혐의없음(증거불충분) 처분을 하였다. 피해학생은 위 사건으로 참고인으로 경찰조사를 받으면서, 1) 제1 사유 기재 행위가 강제추행이라 생각하는 이유에 대하여 '네, 되게 부담스러웠어요. 걔가 평소에 여자애들하고 지내는 방법이니까, 그래라고 체념하듯 생각하긴 했는데 부담스러웠어요'라고 답변하였고, 2) 제1 사유 발생 이후 다시 제2 사유 기재 일시경에 다시 만난 이유에 대하여, '제가 좋아하는 영화가 있는데, 걔가 그걸 사겠대요. 저는 보고 싶었고, 걔가 돈을 낸다고 하니까 만났던 거예요'라고 답변하였으며, 3) 제3 사유 기재 일시경에 다시 만난 이유에 대하여는 당일 아침부터 원고로부터 '보고 싶다, 빨리 와라' 전화가 왔는데, 피해학생은 전날 있었던 일을 얘기하러 만나러 갔다고 답변하였는데, 피해학생의 나머지 각 진술내용과 원고와 피해학생 사이의 당시 관계 등을 종합하여 살펴볼 때, 피해학생이 원고와 갑작스럽게 교제를 하게 되면서 원고와의 관계를 부담스럽게 느꼈을 것으로 보이고, 교제 3일째 되는 날인 제3 사유 당일 원고로부터 갑자기 학업 등을 이유로 교제를 끝내자는 말을 듣게 되어 당황하게 되면서 원고에 대하여 상당한 배신감을 느꼈을 것으로 보이기는 하나, 수사기관의 수사결과와 마찬가지로 피해학생의 진술이나 나머지 증거들만으로 원고가 이 사건 조치원인 기재와 같이 피

해학생의 의사에 반하여 성적 자유를 침해하는 유형력을 강제로 행사하였다고 단정하기는 어렵다. 따라서 이 사건 처분은 위법하다.

---

27. 인천지방법원 2022. 10. 6. 선고 2022구합50964 판결

[처분] 피해학생에 대한 접촉·협박 및 보복행위의 금지, 학교에서의 봉사 3시간, 학생특별교육 1시간, 보호자특별교육 1시간의 처분

[쟁점]
표현행위의 정도, 또래 아이들 간에 이루어지는 의사표시의 관행 및 행위 이후의 정황 등 제반 사정을 참작하여 볼 때 정당한 의사표시로 보인다면 언어폭력으로 볼 수 있는지 여부

[법원의판결] 학교폭력 아님

원고 등이 이 사건 관련 처분의 사진을 인적사항을 일부 가린 채 G의 H 계정에 올린 행위는 원고가 E와의 사이에 학교폭력의 가해자가 아니라 오히려 피해자였던 사실을 알 수 있는 객관적 증거물을 올린 것으로서, 원고가 E와의 사이에 학교폭력의 가해자라는 취지의 허위사실 유포에 대처하고 불필요한 추가 논란을 종식시키기에 적절하고, 과장된 사실이나 또 다른 허위사실의 개입 여지가 없는 점, 그 게시 장소가 원고에 대한 부당한 침해가 이루어지는 장소에 한정되고, 사진 게시의 상대방 또한 이 사건 게시글 등을 보았던 사람들에게 한정되어 방어적 의사표시 대상의 범위로서 적절하고 그 피해가 최소화되었던 점, 실제 위 관련 처분의 사진을 본 사람이 이 사건 게시글 등을 올린 E와 그 친구 Q, R 외에 달리 확인되지 않은 점, 이후 E의 요구 등에 따라 원고 등이 위 사진

을 내리기까지 그리 오랜 시간 동안 위 사진의 게시가 있었다고 보이지 않는 점 등의 사정에 비추어 방어적 의사표시의 수단 행위로서 적절하고 상당한 정도에 해당한다. 이 사건 게시글 등 허위사실로 인해 원고가 입을 정신적 고통과 정당한 사회적 평가가 폄하되는 등 명예훼손으로 입을 피해 및 E가 이 사건 관련 처분의 사진이 게시되어 원고에 대한 가해행위 전력이 알려짐으로써 입게 될 피해를 상호 비교하여 볼 때, E의 법익 침해의 정도가 중하다고 단정할 수 없다. 또한, H 계정에 이 사건 게시글 등이 올라온 이상 즉시 불특정다수의 사람이 볼수 있도록 공개되어 원고 등도 긴급히 이를 방어할 필요가 있었던 점, 상호 언어를 통한 토론 및 공방 과정에서는 의사표시의 시의성과 적절성이 매우 중요한 의미를 가지는 점, 계정의 주인이라 하여 이 사건 게시글 등을 즉시 삭제할 적절한 방법이 있다고 보이지 않고 원고 등이 위 게시글 등의 장소가 된 계정의 주인도 아니었던 점, 그 밖에 이 사건 행위의 발단과 동기 및 경위, 태양과 방법, 원고와 피해학생 및 가해학생으로 신고된 E, Q, R과의 관계, 이들의 나이와 표현행위의 정도, 또래 아이들 간에 이루어지는 의사표시의 관행 및 이 사건 행위이후의 정황 등 제반 사정을 참작하여 볼 때 원고 등의 이 사건 행위가 정당한 의사표시의 한계를 넘어 명예훼손에 해당한다거나 원고 등에게 명예훼손의 의사가 있었다고 단정하기 어렵다. 와 같이 원고 등의 행위가 학교폭력에 해당하지 않는 이상 이와 달리 위 행위를 학교폭력으로 보아 한 이 사건 처분은 처분사유가 존재하지 아니하므로 위법하다.

28. 광주고등법원 (전주) 2022. 4. 13. 선고 2021누1898 판결

[처분] 사회봉사 처분

[쟁점] 가해학생이 피해학생에게 행한 어떠한 행동이 학교폭력에 해당하는지 알 수 없고, 구체적인 날짜와 장소도 특정되어 있지 않으며, 심의 대상이 되는 행위의 구체적인 태양도 전혀 나타나 있지 않은 경우 처분의 사전통지 의무 위반 인지 여부, 원고의 피해학생에 대한 어떠한 행동이 학교폭력으로서 이 사건 처분의 근거가 되었는지에 관한 구체적인 내용이 전혀 기재되어 있지 않은 경우 이유제시 의무 위반인지 여부

[법원의판결] 절차상 하자 인정(사전통지 의무 위반, 이유제시 의무 위반)

이 사건 심의위원회를 개최함에 있어서 피고가 원고에게 이러한 사전통지절차를 제대로 이행하였다고 보기 어렵고, 이 사건 처분의 성질에 비추어 행정절차법 제21조 제4항 제3호에서 정한 그 사전통지나 의견청취가 '현저히 곤란하거나 명백히 불필요하다고 인정될 만한 상당한 이유가 있는 경우'에도 해당하지 않는다. 따라서 이에 대한 원고의 절차상 하자 주장은 이유 있다. 또한 이 사건 처분은 그 처분서에 기재된 내용과 관계 법령 및 당해 처분에 이르기까지의 전체적인 과정 등을 종합적으로 고려하여 보아도, 처분 당시 원고가 어떠한 사유로 처분이 이루어진 것인지를 충분히 알 수 없어서 그에 불복하여 행정구제절차로 나아가는 데에 지장이 있었던 것으로 판단되므로, 이 사건 각 처분은 행정절차법 제23조 제1항을 위반하였다고 봄이 타당하다.

제6장

학교폭력
예방법 및 시행령

‖ 학교폭력예방 및 대책에 관한 법률
(약칭: 학교폭력예방법)

[시행 2024. 3. 1.] [법률 제19942호, 2024. 1. 9., 일부개정]

제1조(목적) 이 법은 학교폭력의 예방과 대책에 필요한 사항을 규정함으로써 피해학생의 보호, 가해학생의 선도·교육 및 피해학생과 가해학생 간의 분쟁조정을 통하여 학생의 인권을 보호하고 학생을 건전한 사회구성원으로 육성함을 목적으로 한다.

제2조(정의) 이 법에서 사용하는 용어의 정의는 다음 각 호와 같다. 〈개정 2009. 5. 8., 2012. 1. 26., 2012. 3. 21., 2021. 3. 23., 2023. 10. 24.〉

1. "학교폭력"이란 학교 내외에서 학생을 대상으로 발생한 상해, 폭행, 감금, 협박, 약취·유인, 명예훼손·모욕, 공갈, 강요·강제적인 심부름 및 성폭력, 따돌림, 사이버폭력 등에 의하여 신체·정신 또는 재산상의 피해를 수반하는 행위를 말한다.

1의2. "따돌림"이란 학교 내외에서 2명 이상의 학생들이 특정인이나 특정집단의 학생들을 대상으로 지속적이거나 반복적으로 신체적 또는 심리적 공격을 가하여 상대방이 고통을 느끼도록 하는 모든 행위를 말한다.

1의3. "사이버폭력"이란 정보통신망(「정보통신망 이용촉진 및 정보보호 등에 관한 법률」 제2조제1항제1호의 정보통신망을 말한다)을 이용하여 학생을 대상으로 발생한 따돌림과 그 밖에 신체·정신 또는 재산상의 피해를 수반하는 행위를 말한다.

2. "학교"란 「초·중등교육법」 제2조에 따른 초등학교·중학교·고등학교·특수

학교 및 각종학교와 같은 법 제61조에 따라 운영하는 학교를 말한다.

3. "가해학생"이란 가해자 중에서 학교폭력을 행사하거나 그 행위에 가담한 학생을 말한다.

4. "피해학생"이란 학교폭력으로 인하여 피해를 입은 학생을 말한다.

5. "장애학생"이란 신체적·정신적·지적 장애 등으로 「장애인 등에 대한 특수교육법」 제15조에서 규정하는 특수교육이 필요한 학생을 말한다.

제3조(해석·적용의 주의의무) 이 법을 해석·적용하는 경우 국민의 권리가 부당하게 침해되지 아니하도록 주의하여야 한다. 〈개정 2021. 3. 23.〉

제4조(국가 및 지방자치단체의 책무) ① 국가 및 지방자치단체는 학교폭력을 예방하고 근절하기 위하여 조사·연구·교육·계도 등 필요한 법적·제도적 장치를 마련하여야 한다.

② 국가 및 지방자치단체는 청소년 관련 단체 등 민간의 자율적인 학교폭력 예방활동과 피해학생의 보호 및 가해학생의 선도·교육활동을 장려하여야 한다.

③ 국가 및 지방자치단체는 제2항에 따른 청소년 관련 단체 등 민간이 건의한 사항에 대하여는 관련 시책에 반영하도록 노력하여야 한다.

④ 국가 및 지방자치단체는 제1항부터 제3항까지의 규정에 따른 책무를 다하기 위하여 필요한 행정적·재정적 지원을 하여야 한다. 〈개정 2012. 3. 21.〉

제5조(다른 법률과의 관계) ① 학교폭력의 규제, 피해학생의 보호 및 가해학생에 대한 조치에 관하여 다른 법률에 특별한 규정이 있는 경우를 제외하고는 이 법을 적용한다. 〈개정 2021. 3. 23.〉

② 제2조제1호 중 성폭력은 다른 법률에 규정이 있는 경우에는 이 법을 적용하지 아니한다.

제6조(기본계획의 수립 등) ① 교육부장관은 이 법의 목적을 효율적으로 달성하기 위하여 학교폭력의 예방 및 대책에 관한 정책 목표·방향을 설정하고, 이에 따른 학교폭력의 예방 및 대책에 관한 기본계획(이하 "기본계획"이라 한다)을 제7

조에 따른 학교폭력대책위원회의 심의를 거쳐 수립·시행하여야 한다. 〈개정 2012. 3. 21., 2013. 3. 23.〉

② 기본계획은 다음 각 호의 사항을 포함하여 5년마다 수립하여야 한다. 이 경우 교육부장관은 관계 중앙행정기관 등의 의견을 수렴하여야 한다. 〈개정 2012. 3. 21., 2013. 3. 23.〉

1. 학교폭력의 근절을 위한 조사·연구·교육 및 계도

2. 피해학생에 대한 치료·재활 등의 지원

3. 학교폭력 관련 행정기관 및 교육기관 상호 간의 협조·지원

4. 제14조제1항에 따른 전문상담교사의 배치 및 이에 대한 행정적·재정적 지원

5. 학교폭력의 예방과 피해학생 및 가해학생의 치료·교육을 수행하는 청소년 관련 단체(이하 "전문단체"라 한다) 또는 전문가에 대한 행정적·재정적 지원

6. 그 밖에 학교폭력의 예방 및 대책을 위하여 필요한 사항

③ 교육부장관은 학교에서 학교폭력에 효과적으로 대응할 수 있도록 학교폭력 사안처리 및 예방교육 등에 관한 안내서를 개발·보급하여야 한다. 〈신설 2023. 10. 24.〉

④ 교육부장관은 대통령령으로 정하는 바에 따라 특별시·광역시·특별자치시·도 및 특별자치도(이하 "시·도"라 한다) 교육청의 학교폭력 예방 및 대책과 그에 대한 성과를 평가하고, 이를 공표하여야 한다. 〈신설 2012. 1. 26., 2013. 3. 23., 2023. 10. 24.〉

제6조의2(학교폭력 대응 전문교육기관 및 센터 운영 등) ① 국가는 학생 치유·회복을 위한 보호시설 운영, 연구 및 교육 등을 수행하는 전문교육기관을 설치·운영할 수 있다.

② 국가는 학교폭력의 효과적인 예방 및 대응을 위한 센터(이하 "학교폭력 예방 센터"라 한다)를 지정·운영할 수 있다.

③ 제1항에 따른 전문교육기관의 설치·운영과 제2항에 따른 학교폭력 예방

센터의 지정·운영에 관한 사항은 대통령령으로 정한다.

[본조신설 2023. 10. 24.]

제7조(학교폭력대책위원회의 설치·기능) 학교폭력의 예방 및 대책에 관한 다음 각 호의 사항을 심의하기 위하여 국무총리 소속으로 학교폭력대책위원회(이하 "대책위원회"라 한다)를 둔다. 〈개정 2012. 3. 21., 2019. 8. 20.〉

1. 학교폭력의 예방 및 대책에 관한 기본계획의 수립 및 시행에 대한 평가

2. 학교폭력과 관련하여 관계 중앙행정기관 및 지방자치단체의 장이 요청하는 사항

3. 학교폭력과 관련하여 교육청, 제9조에 따른 학교폭력대책지역위원회, 제10조의2에 따른 학교폭력대책지역협의회, 제12조에 따른 학교폭력대책심의위원회, 전문단체 및 전문가가 요청하는 사항

[제목개정 2012. 3. 21.]

제8조(대책위원회의 구성) ① 대책위원회는 위원장 2명을 포함하여 20명 이내의 위원으로 구성한다.

② 위원장은 국무총리와 학교폭력 대책에 관한 전문지식과 경험이 풍부한 전문가 중에서 대통령이 위촉하는 사람이 공동으로 되고, 위원장 모두가 부득이한 사유로 직무를 수행할 수 없을 때에는 국무총리가 지명한 위원이 그 직무를 대행한다.

③ 위원은 다음 각 호의 사람 중에서 대통령이 위촉하는 사람으로 한다. 다만, 제1호의 경우에는 당연직 위원으로 한다. 〈개정 2013. 3. 23., 2014. 11. 19., 2017. 7. 26.〉

1. 기획재정부장관, 교육부장관, 과학기술정보통신부장관, 법무부장관, 행정안전부장관, 문화체육관광부장관, 보건복지부장관, 여성가족부장관, 방송통신위원회 위원장, 경찰청장

2. 학교폭력 대책에 관한 전문지식과 경험이 풍부한 전문가 중에서 제1호의 위원이 각각 1명씩 추천하는 사람

3. 관계 중앙행정기관에 소속된 3급 공무원 또는 고위공무원단에 속하는 공무원으로서 청소년 또는 의료 관련 업무를 담당하는 사람

4. 대학이나 공인된 연구기관에서 조교수 이상 또는 이에 상당한 직에 있거나 있었던 사람으로서 학교폭력 문제 및 이에 따른 상담 또는 심리에 관하여 전문지식이 있는 사람

5. 판사·검사·변호사

6. 전문단체에서 청소년보호활동을 5년 이상 전문적으로 담당한 사람

7. 의사의 자격이 있는 사람

8. 학교운영위원회 활동 및 청소년보호활동 경험이 풍부한 학부모

④ 위원장을 포함한 위원의 임기는 2년으로 하되, 한 차례에 한정하여 연임할 수 있다. 〈개정 2021. 3. 23.〉

⑤ 위원회의 효율적 운영 및 지원을 위하여 간사 1명을 두되, 간사는 교육부장관이 된다. 〈개정 2013. 3. 23.〉

⑥ 위원회에 상정할 안건을 미리 검토하는 등 안건 심의를 지원하고, 위원회가 위임한 안건을 심의하기 위하여 대책위원회에 학교폭력대책실무위원회(이하 "실무위원회"라 한다)를 둔다.

⑦ 그 밖에 대책위원회의 운영과 실무위원회의 구성·운영에 필요한 사항은 대통령령으로 정한다.

[전문개정 2012. 3. 21.]

제9조(학교폭력대책지역위원회의 설치) ① 지역의 학교폭력 문제를 해결하기 위하여 시·도에 학교폭력대책지역위원회(이하 "지역위원회"라 한다)를 둔다. 〈개정 2012. 1. 26.〉

② 특별시장·광역시장·특별자치시장·도지사 및 특별자치도지사는 지역위원회의 운영 및 활동에 관하여 시·도의 교육감(이하 "교육감"이라 한다)과 협의하여야 하며, 그 효율적인 운영을 위하여 실무위원회를 둘 수 있다. 〈개정 2012. 1. 26.〉

한 권에 담은 학교폭력의 바이블

③ 지역위원회는 위원장 1인을 포함한 11인 이내의 위원으로 구성한다.

④ 지역위원회 및 제2항에 따른 실무위원회의 구성·운영에 필요한 사항은 대통령령으로 정한다.

제10조(학교폭력대책지역위원회의 기능 등) ① 지역위원회는 기본계획에 따라 지역의 학교폭력 예방대책을 매년 수립한다.

② 지역위원회는 해당 지역에서 발생한 학교폭력에 대하여 교육감 및 시·도경찰청장에게 관련 자료를 요청할 수 있다. 〈개정 2020. 12. 22.〉

③ 교육감은 지역위원회의 의견을 들어 제16조제1항제1호부터 제3호까지나 제17조제1항제5호에 따른 상담·치료 및 교육을 담당할 상담·치료·교육 기관을 지정하여야 한다. 〈개정 2012. 1. 26.〉

④ 교육감은 제3항에 따른 상담·치료·교육 기관을 지정한 때에는 해당 기관의 명칭, 소재지, 업무를 인터넷 홈페이지에 게시하고, 그 밖에 다양한 방법으로 학부모에게 알릴 수 있도록 노력하여야 한다. 〈신설 2012. 1. 26.〉

[제목개정 2012. 1. 26.]

제10조의2(학교폭력대책지역협의회의 설치·운영) ① 학교폭력예방 대책을 수립하고 기관별 추진계획 및 상호 협력·지원 방안 등을 협의하기 위하여 시·군·구에 학교폭력대책지역협의회(이하 "지역협의회"라 한다)를 둔다.

② 지역협의회는 위원장 1명을 포함한 20명 내외의 위원으로 구성한다.

③ 그 밖에 지역협의회의 구성·운영에 필요한 사항은 대통령령으로 정한다.

[본조신설 2012. 3. 21.]

제11조(교육감의 임무) ① 교육감은 시·도교육청에 학교폭력의 예방·대책 및 법률지원을 포함한 통합지원을 담당하는 전담부서를 설치·운영하여야 한다. 〈개정 2023. 10. 24.〉

② 교육감은 관할 구역 안에서 학교폭력이 발생한 때에는 해당 학교의 장 및 관련 학교의 장에게 그 경과 및 결과의 보고를 요구할 수 있다.

③ 교육감은 관할 구역 안의 학교폭력이 관할 구역 외의 학교폭력과 관련이

있는 때에는 그 관할 교육감과 협의하여 적절한 조치를 취하여야 한다.

④ 교육감은 학교의 장으로 하여금 학교폭력의 예방 및 대책에 관한 실시계획을 수립·시행하도록 하여야 한다.

⑤ 교육감은 제12조에 따른 심의위원회가 처리한 학교의 학교폭력빈도를 학교의 장에 대한 업무수행 평가에 부정적 자료로 사용하여서는 아니 된다. 〈개정 2019. 8. 20.〉

⑥ 교육감은 제17조제1항제8호에 따른 전학의 경우 그 실현을 위하여 필요한 조치를 취하여야 하며, 제17조제1항제9호에 따른 퇴학처분의 경우 해당 학생의 건전한 성장을 위하여 다른 학교 재입학 등의 적절한 대책을 강구하여야 한다. 〈개정 2012. 1. 26., 2012. 3. 21.〉

⑦ 교육감은 대책위원회 및 지역위원회에 관할 구역 안의 학교폭력의 실태 및 대책에 관한 사항을 보고하고 공표하여야 한다. 관할 구역 밖의 학교폭력 관련 사항 중 관할 구역 안의 학교와 관련된 경우에도 또한 같다. 〈개정 2012. 1. 26., 2012. 3. 21.〉

⑧ 교육감은 학교폭력의 실태를 파악하고 학교폭력에 대한 효율적인 예방대책을 수립하기 위하여 학교폭력 실태조사를 연 2회 이상 실시하고 그 결과를 공표하여야 한다. 〈신설 2012. 3. 21., 2015. 12. 22.〉

⑨ 교육감은 학교폭력 등에 관한 조사, 상담, 치유프로그램 운영, 학생 치유·회복을 위한 보호시설 운영, 법률지원을 포함한 통합지원 등을 위한 전문기관을 설치·운영하여야 한다. 〈신설 2012. 3. 21., 2023. 10. 24.〉

⑩ 교육감은 제14조제3항에 따른 전담기구 구성원의 학교폭력 관련 전문성 향상을 위한 교육 등을 실시할 수 있다. 〈신설 2023. 10. 24.〉

⑪ 교육감은 관할 구역에서 학교폭력이 발생한 때에 해당 학교의 장 또는 소속 교원이 그 경과 및 결과를 보고하면서 축소 및 은폐를 시도한 경우에는 「교육공무원법」 제50조 및 「사립학교법」 제62조에 따른 징계위원회에 징계의결을 요구하여야 한다. 〈신설 2012. 3. 21., 2021. 3. 23., 2023. 10. 24.〉

⑫ 교육감은 관할 구역에서 학교폭력의 예방 및 대책 마련에 기여한 바가 큰 학교 또는 소속 교원에게 상훈을 수여하거나 소속 교원의 근무성적 평정에 가산점을 부여할 수 있다. 〈신설 2012. 3. 21., 2023. 10. 24.〉

⑬ 교육감은 학교의 장 및 교감을 대상으로 학교폭력 예방 및 대책 등에 관한 교육을 매년 1회 이상 실시하여야 한다. 〈신설 2023. 10. 24.〉

⑭ 제1항에 따라 설치되는 전담부서의 구성과 제8항에 따라 실시하는 학교폭력 실태조사, 제9항에 따른 전문기관의 설치 및 제13항에 따른 교육의 실시에 필요한 사항은 대통령령으로 정한다. 〈개정 2012. 3. 21., 2023. 10. 24.〉

제11조의2(학교폭력 조사·상담 등) ① 교육감은 학교폭력 예방과 사후조치 등을 위하여 다음 각 호의 조사·상담 등을 수행할 수 있다. 〈개정 2021. 3. 23.〉

1. 학교폭력 피해학생 상담 및 가해학생 조사

2. 필요한 경우 가해학생 학부모 조사

3. 학교폭력 예방 및 대책에 관한 계획의 이행 지도

4. 관할 구역 학교폭력서클 단속

5. 학교폭력 예방을 위하여 민간 기관 및 업소 출입·검사

6. 그 밖에 학교폭력 등과 관련하여 필요한 사항

② 교육감은 제1항의 조사·상담 등의 업무를 대통령령으로 정하는 기관 또는 단체에 위탁할 수 있다.

③ 교육감 및 제2항에 따른 위탁 기관 또는 단체의 장은 제1항에 따른 조사·상담 등의 업무 수행에 필요한 경우 관계 기관의 장에게 협조를 요청할 수 있다. 〈개정 2021. 3. 23.〉

④ 제1항에 따라 조사·상담 등을 하는 관계 직원은 그 권한을 표시하는 증표를 지니고 이를 관계인에게 보여주어야 한다.

⑤ 제1항제1호 및 제4호의 조사 등의 결과는 학교의 장 및 보호자에게 통보하여야 한다.

[본조신설 2012. 3. 21.]

제11조의3(관계 기관과의 협조 등) ① 교육부장관, 교육감, 지역 교육장, 학교의 장은 학교폭력과 관련한 개인정보 등을 경찰청장, 시·도경찰청장, 관할 경찰서장 및 관계 기관의 장에게 요청할 수 있다. 〈개정 2013. 3. 23., 2020. 12. 22.〉

② 제1항에 따라 정보제공을 요청받은 경찰청장, 시·도경찰청장, 관할 경찰서장 및 관계 기관의 장은 특별한 사정이 없으면 그 요청을 따라야 한다. 〈개정 2020. 12. 22., 2021. 3. 23.〉

③ 제1항 및 제2항에 따른 관계 기관과의 협조 사항 및 절차 등에 필요한 사항은 대통령령으로 정한다.

[본조신설 2012. 3. 21.]

제11조의4(학교폭력 업무 담당자에 대한 지원 및 면책) ① 학교의 장은 제14조제3항에 따른 책임교사의 활동을 지원하기 위하여 수업시간을 조정하는 등 필요한 조치를 하여야 한다.

② 교육부장관 및 교육감은 학교폭력 예방 및 대응 업무를 수행하는 교원의 활동을 지원하기 위하여 「교원의 지위 향상 및 교육활동 보호를 위한 특별법」 제14조의2에 따른 법률지원단을 통하여 학교폭력과 관련된 상담 및 민사소송이나 형사 고소·고발 등을 당한 경우 이에 대한 상담 등 필요한 법률 서비스를 제공할 수 있다.

③ 학교의 장 및 교원이 학교폭력 예방 및 대응을 위하여 「초·중등교육법」 등 관계 법령에 따라 학생생활지도를 실시하는 경우 해당 학생생활지도가 관계 법령 및 학칙을 준수하여 이루어진 정당한 학교폭력 사건처리 또는 학생생활지도에 해당하는 때에는 학교의 장 및 교원은 그로 인한 민사상·형사상 책임을 지지 아니한다.

[본조신설 2023. 10. 24.]

제12조(학교폭력대책심의위원회의 설치·기능) ① 학교폭력의 예방 및 대책에 관련된 사항을 심의하기 위하여 「지방교육자치에 관한 법률」 제34조 및 「제주

특별자치도 설치 및 국제자유도시 조성을 위한 특별법」제80조에 따른 교육

지원청(교육지원청이 없는 경우 해당 시·도 조례로 정하는 기관으로 한다. 이하 같다)

에 학교폭력대책심의위원회(이하 "심의위원회"라 한다)를 둔다. 다만, 심의위원

회 구성에 있어 대통령령으로 정하는 사유가 있는 경우에는 교육감 보고를

거쳐 둘 이상의 교육지원청이 공동으로 심의위원회를 구성할 수 있다. 〈개정

2012. 1. 26., 2019. 8. 20.〉

② 심의위원회는 학교폭력의 예방 및 대책 등을 위하여 다음 각 호의 사항

을 심의한다. 〈개정 2012. 1. 26., 2019. 8. 20.〉

1. 학교폭력의 예방 및 대책

2. 피해학생의 보호

3. 가해학생에 대한 교육, 선도 및 징계

4. 피해학생과 가해학생 간의 분쟁조정

5. 그 밖에 대통령령으로 정하는 사항

③ 심의위원회는 해당 지역에서 발생한 학교폭력에 대하여 조사할 수 있고

학교장 및 관할 경찰서장에게 관련 자료를 요청할 수 있다. 〈신설 2012. 3.

21., 2019. 8. 20.〉

④ 심의위원회의 설치·기능 등에 필요한 사항은 지역 및 교육지원청의 규모

등을 고려하여 대통령령으로 정한다. 〈개정 2012. 3. 21., 2019. 8. 20.〉

[제목개정 2019. 8. 20.]

제13조(심의위원회의 구성·운영) ① 심의위원회는 10명 이상 50명 이내의 위원으로

구성하되, 전체위원의 3분의 1 이상을 해당 교육지원청 관할 구역 내 학교(고

등학교를 포함한다)에 소속된 학생의 학부모로 위촉하여야 한다. 〈개정 2019.

8. 20.〉

② 심의위원회의 위원장은 다음 각 호의 어느 하나에 해당하는 경우에 회의

를 소집하여야 한다. 〈신설 2011. 5. 19., 2012. 1. 26., 2012. 3. 21., 2019.

8. 20.〉

1. 심의위원회 재적위원 4분의 1 이상이 요청하는 경우

2. 학교의 장이 요청하는 경우

3. 피해학생 또는 그 보호자가 요청하는 경우

4. 학교폭력이 발생한 사실을 신고받거나 보고받은 경우

5. 가해학생이 협박 또는 보복한 사실을 신고받거나 보고받은 경우

6. 그 밖에 위원장이 필요하다고 인정하는 경우

③ 심의위원회는 회의의 일시, 장소, 출석위원, 토의내용 및 의결사항 등이 기록된 회의록을 작성·보존하여야 한다. 〈신설 2011. 5. 19., 2019. 8. 20.〉

④ 제2항에 따라 회의가 소집되는 경우 교육장(교육지원청이 없는 경우 해당 시·도 조례로 정하는 기관의 장)은 가해학생·피해학생 및 그 보호자에게 다음 각 호의 사항을 통지하여야 한다. 〈신설 2024. 1. 9.〉

1. 회의 일시·장소와 안건

2. 조치 요청사항 등 회의 결과

⑤ 심의위원회는 심의 과정에서 소아청소년과 의사, 정신건강의학과 의사, 심리학자, 그 밖의 아동심리와 관련된 전문가를 출석하게 하거나 서면 등의 방법으로 의견을 청취할 수 있고, 피해학생이 상담·치료 등을 받은 경우 해당 전문가 또는 전문의 등으로부터 의견을 청취할 수 있다. 다만, 심의위원회는 피해학생 또는 그 보호자의 의사를 확인하여 피해학생 또는 그 보호자의 요청이 있는 경우에는 반드시 의견을 청취하여야 한다. 〈신설 2020. 12. 22., 2024. 1. 9.〉

⑥ 그 밖에 심의위원회의 구성·운영에 필요한 사항은 대통령령으로 정한다. 〈개정 2011. 5. 19., 2019. 8. 20., 2020. 12. 22., 2024. 1. 9.〉

[제목개정 2011. 5. 19., 2019. 8. 20.]

제13조의2(학교의 장의 자체해결) ① 제13조제2항제4호 및 제5호에도 불구하고 다음 각 호에 모두 해당하는 경미한 학교폭력에 대하여 피해학생 및 그 보호자가 심의위원회의 개최를 원하지 아니하는 경우 학교의 장은 학교폭력사건을

자체적으로 해결할 수 있다. 이 경우 학교의 장은 지체 없이 이를 심의위원회에 보고하여야 한다. 〈개정 2021. 3. 23., 2023. 10. 24.〉

1. 2주 이상의 신체적·정신적 치료가 필요한 진단서를 발급받지 않은 경우

2. 재산상 피해가 없는 경우 또는 재산상 피해가 즉각 복구되거나 복구 약속이 있는 경우

3. 학교폭력이 지속적이지 않은 경우

4. 학교폭력에 대한 신고, 진술, 자료제공 등에 대한 보복행위(정보통신망을 이용한 행위를 포함한다)가 아닌 경우

② 학교의 장은 제1항에 따라 사건을 해결하려는 경우 다음 각 호에 해당하는 절차를 모두 거쳐야 한다.

1. 피해학생과 그 보호자의 심의위원회 개최 요구 의사의 서면 확인

2. 학교폭력의 경중에 대한 제14조제3항에 따른 전담기구의 서면 확인 및 심의

③ 학교의 장은 제1항에 따른 경미한 학교폭력에 대하여 피해학생 및 그 보호자가 심의위원회의 개최를 원하는 경우 피해학생과 가해학생 사이의 관계회복을 위한 프로그램(이하 "관계회복 프로그램"이라 한다)을 권유할 수 있다. 〈신설 2023. 10. 24.〉

④ 국가 및 지방자치단체는 관계회복 프로그램의 개발·보급 및 운영을 위하여 필요한 경우 행정적·재정적 지원을 할 수 있다. 〈신설 2023. 10. 24.〉

⑤ 그 밖에 학교의 장이 학교폭력을 자체적으로 해결하는 데에 필요한 사항은 대통령령으로 정한다. 〈개정 2023. 10. 24.〉

[본조신설 2019. 8. 20.]

제14조(전문상담교사 배치 및 전담기구 구성) ① 학교의 장은 학교에 대통령령으로 정하는 바에 따라 상담실을 설치하고, 「초·중등교육법」 제19조의2에 따라 전문상담교사를 둔다.

② 전문상담교사는 학교의 장 및 심의위원회의 요구가 있는 때에는 학교폭

력에 관련된 피해학생 및 가해학생과의 상담결과를 보고하여야 한다. 〈개정 2019. 8. 20.〉

③ 학교의 장은 교감, 전문상담교사, 보건교사 및 책임교사(학교폭력문제를 담당하는 교사를 말한다), 학부모 등으로 학교폭력문제를 담당하는 전담기구(이하 "전담기구"라 한다)를 구성한다. 이 경우 학부모는 전담기구 구성원의 3분의 1 이상이어야 한다. 〈개정 2012. 3. 21., 2019. 8. 20.〉

④ 학교의 장은 학교폭력 사태를 인지한 경우 지체 없이 전담기구 또는 소속 교원으로 하여금 가해 및 피해 사실 여부를 확인하도록 하고, 전담기구로 하여금 제13조의2에 따른 학교의 장의 자체해결 부의 여부를 심의하도록 한다. 〈신설 2019. 8. 20.〉

⑤ 전담기구는 학교폭력에 대한 실태조사(이하 "실태조사"라 한다)와 학교폭력 예방 프로그램을 구성·실시하며, 학교의 장 및 심의위원회의 요구가 있는 때에는 학교폭력에 관련된 조사결과 등 활동결과를 보고하여야 한다. 〈개정 2012. 3. 21., 2019. 8. 20.〉

⑥ 피해학생 또는 피해학생의 보호자는 피해사실 확인을 위하여 전담기구에 실태조사를 요구할 수 있다. 〈신설 2009. 5. 8., 2012. 3. 21., 2019. 8. 20.〉

⑦ 국가 및 지방자치단체는 실태조사에 관한 예산을 지원하고, 관계 행정기관은 실태조사에 협조하여야 하며, 학교의 장은 전담기구에 행정적·재정적 지원을 할 수 있다. 〈개정 2009. 5. 8., 2012. 3. 21., 2019. 8. 20.〉

⑧ 전담기구는 성폭력 등 특수한 학교폭력사건에 대한 실태조사의 전문성을 확보하기 위하여 필요한 경우 전문기관에 그 실태조사를 의뢰할 수 있다. 이 경우 그 의뢰는 심의위원회 위원장의 심의를 거쳐 학교의 장 명의로 하여야 한다. 〈신설 2012. 1. 26., 2012. 3. 21., 2019. 8. 20.〉

⑨ 그 밖에 전담기구 운영 등에 필요한 사항은 대통령령으로 정한다. 〈신설 2012. 3. 21., 2019. 8. 20.〉

제15조(학교폭력 예방교육 등) ① 학교의 장은 학생의 육체적·정신적 보호와 학교폭력의 예방을 위한 학생들에 대한 교육(학교폭력의 개념·실태 및 대처방안 등을 포함하여야 한다)을 학기별로 1회 이상 실시하여야 한다. 〈개정 2012. 1. 26.〉

② 학교의 장은 학교폭력의 예방 및 대책 등을 위한 교직원 및 학부모에 대한 교육을 학기별로 1회 이상 실시하여야 한다. 〈개정 2012. 3. 21.〉

③ 학교의 장은 학교폭력을 예방하기 위하여 교사·학생·학부모 등 학교구성원이 학교폭력에 대한 책임을 인식하고 실천할 수 있도록 필요한 사항을 정하여 운영할 수 있다. 〈신설 2023. 10. 24.〉

④ 학교의 장은 제1항에 따른 학교폭력 예방교육 프로그램의 구성 및 그 운용 등을 전담기구와 협의하여 전문단체 또는 전문가에게 위탁할 수 있다. 〈개정 2023. 10. 24.〉

⑤ 교육장은 제1항, 제2항 및 제4항에 따른 학교폭력 예방교육 프로그램의 구성과 운용계획을 학부모가 쉽게 확인할 수 있도록 휴대전화를 이용한 문자메시지 전송, 인터넷 홈페이지 게시 및 그 밖에 다양한 방법으로 학부모에게 홍보하여 참여가 활성화될 수 있도록 노력하여야 한다. 〈개정 2012. 1. 26., 2023. 10. 24.〉

⑥ 교육부장관은 학교폭력 예방 및 대책 등에 관한 홍보영상을 제작하여 「방송법」 제2조제3호에 따른 방송사업자에게 배포하고 송출을 요청할 수 있다. 〈신설 2023. 10. 24.〉

⑦ 그 밖에 학교폭력 예방교육의 실시와 관련한 사항은 대통령령으로 정한다. 〈개정 2011. 5. 19., 2023. 10. 24.〉

[제목개정 2011. 5. 19.]

제16조(피해학생의 보호) ① 심의위원회는 피해학생의 보호를 위하여 필요하다고 인정하는 때에는 피해학생에 대하여 다음 각 호의 어느 하나에 해당하는 조치(수 개의 조치를 동시에 부과하는 경우를 포함한다)를 할 것을 교육장(교육장이 없는 경우 제12조제1항에 따라 조례로 정한 기관의 장으로 한다. 이하 같다)에게 요청할

수 있다. 다만, 학교의 장은 학교폭력사건을 인지한 경우 피해학생의 반대의
사 등 대통령령으로 정하는 특별한 사정이 없으면 지체 없이 가해자(교사를 포
함한다)와 피해학생을 분리하여야 하며, 피해학생이 긴급보호를 요청하는 경
우에는 제1호부터 제3호까지 및 제6호의 조치를 할 수 있다. 이 경우 학교의
장은 심의위원회에 즉시 보고하여야 한다. 〈개정 2012. 3. 21., 2017. 4. 18.,
2019. 8. 20., 2020. 12. 22., 2021. 3. 23., 2023. 10. 24.〉

1. 학내외 전문가에 의한 심리상담 및 조언

2. 일시보호

3. 치료 및 치료를 위한 요양

4. 학급교체

5. 삭제 〈2012. 3. 21.〉

6. 그 밖에 피해학생의 보호를 위하여 필요한 조치

② 심의위원회는 제1항에 따른 조치를 요청하기 전에 피해학생 및 그 보호
자에게 의견진술의 기회를 부여하는 등 적정한 절차를 거쳐야 한다. 〈신설
2012. 3. 21., 2019. 8. 20.〉

③ 제1항에 따른 요청이 있는 때에는 교육장은 피해학생의 보호자의 동의를
받아 7일 이내에 해당 조치를 하여야 한다. 〈개정 2012. 3. 21., 2019. 8. 20.〉

④ 제1항의 조치 등 보호가 필요한 학생에 대하여 학교의 장이 인정하는 경
우 그 조치에 필요한 결석을 출석일수에 포함하여 계산할 수 있다. 〈개정
2012. 3. 21., 2021. 3. 23.〉

⑤ 학교의 장은 성적 등을 평가하는 경우 제3항에 따른 조치로 인하여 학
생에게 불이익을 주지 아니하도록 노력하여야 한다. 〈개정 2012. 3. 21.,
2021. 3. 23.〉

⑥ 피해학생이 전문단체나 전문가로부터 제1항제1호부터 제3호까지의 규정
에 따른 상담 등을 받는 데에 사용되는 비용은 가해학생의 보호자가 부담하
여야 한다. 다만, 피해학생의 신속한 치료를 위하여 학교의 장 또는 피해학

생의 보호자가 원하는 경우에는 「학교안전사고 예방 및 보상에 관한 법률」제 15조에 따른 학교안전공제회 또는 시·도교육청이 부담하고 이에 대한 상환 청구권을 행사할 수 있다. 〈개정 2012. 1. 26., 2012. 3. 21., 2021. 3. 23.〉

1. 삭제 〈2012. 3. 21.〉

2. 삭제 〈2012. 3. 21.〉

⑦ 학교의 장 또는 피해학생의 보호자는 필요한 경우 「학교안전사고 예방 및 보상에 관한 법률」 제34조의 공제급여를 학교안전공제회에 직접 청구할 수 있다. 〈신설 2012. 1. 26., 2012. 3. 21.〉

⑧ 피해학생의 보호 및 제6항에 따른 지원범위, 상환청구범위, 지급절차 등 에 필요한 사항은 대통령령으로 정한다. 〈신설 2012. 3. 21., 2021. 3. 23.〉

제16조의2(장애학생의 보호) ① 누구든지 장애 등을 이유로 장애학생에게 학교폭 력을 행사하여서는 아니 된다.

② 심의위원회는 피해학생 또는 가해학생이 장애학생인 경우 심의과정에 「장애인 등에 대한 특수교육법」 제2조제4호에 따른 특수교육교원 등 특수교 육 전문가 또는 장애인 전문가를 출석하게 하거나 서면 등의 방법으로 의견 을 청취할 수 있다. 〈신설 2020. 12. 22.〉

③ 심의위원회는 학교폭력으로 피해를 입은 장애학생의 보호를 위하여 장애 인전문 상담가의 상담 또는 장애인전문 치료기관의 요양 조치를 학교의 장 에게 요청할 수 있다. 〈개정 2019. 8. 20., 2020. 12. 22.〉

④ 제3항에 따른 요청이 있는 때에는 학교의 장은 해당 조치를 하여야 한다. 이 경우 제16조제6항을 준용한다. 〈개정 2012. 3. 21., 2020. 12. 22.〉

[본조신설 2009. 5. 8.]

제16조의3(피해학생 지원 조력인) ① 교육감 또는 교육장은 피해학생 지원을 위하여 피해학생이 필요로 하는 법률, 상담, 보호 등을 위한 서비스 및 지원기관을 연계하는 조력인(이하 "피해학생 지원 조력인"이라 한다)을 지정할 수 있다.

② 교육감 또는 교육장은 피해학생 지원 조력인의 운영을 위한 행정적·재정

적 지원을 하여야 한다.

③ 피해학생 지원 조력인의 지정 및 운영에 관한 사항은 대통령령으로 정한다.

[본조신설 2023. 10. 24.]

제16조의4(사이버폭력의 피해자 지원) ① 국가는 사이버폭력에 해당하는 촬영물, 음성물, 복제물, 편집물, 개인정보, 허위사실 등(이하 이 조에서 "촬영물등"이라 한다)이 정보통신망에 유포되어 피해(촬영물등의 대상자가 되어 입은 피해를 말한다)를 입은 학생에 대하여 촬영물등의 삭제를 위한 지원을 할 수 있다.

② 제1항에 따른 피해학생, 그 보호자 또는 피해학생이나 보호자가 지정하는 대리인은 국가에 촬영물등의 삭제를 위한 지원을 요청할 수 있다. 이 경우 피해학생이나 그 보호자가 지정하는 대리인은 대통령령으로 정하는 요건을 갖추어 삭제지원을 요청하여야 한다.

③ 제1항에 따른 촬영물등 삭제지원에 소요되는 비용은 사이버폭력의 가해학생 또는 그 보호자가 부담한다.

④ 국가가 제1항에 따라 촬영물등 삭제지원에 소요되는 비용을 지출한 경우 사이버폭력의 가해학생 또는 그 보호자에게 상환청구권을 행사할 수 있다.

⑤ 제1항 및 제2항에 따른 촬영물등 삭제지원의 내용·방법, 제4항에 따른 상환청구권 행사의 절차·방법 등에 필요한 사항은 대통령령으로 정한다.

[본조신설 2023. 10. 24.]

제17조(가해학생에 대한 조치) ① 심의위원회는 피해학생의 보호와 가해학생의 선도·교육을 위하여 가해학생에 대하여 다음 각 호의 어느 하나에 해당하는 조치(수 개의 조치를 동시에 부과하는 경우를 포함한다)를 할 것을 교육장에게 요청하여야 하며, 각 조치별 적용 기준은 대통령령으로 정한다. 다만, 퇴학처분은 의무교육과정에 있는 가해학생에 대하여는 적용하지 아니한다. 〈개정 2009. 5. 8., 2012. 1. 26., 2012. 3. 21., 2019. 8. 20., 2021. 3. 23., 2023. 10. 24.〉

1. 피해학생에 대한 서면사과

2. 피해학생 및 신고·고발 학생에 대한 접촉, 협박 및 보복행위(정보통신망을

이용한 행위를 포함한다)의 금지

3. 학교에서의 봉사

4. 사회봉사

5. 학내외 전문가, 교육감이 정한 기관에 의한 특별 교육이수 또는 심리치료

6. 출석정지

7. 학급교체

8. 전학

9. 퇴학처분

② 제1항에 따라 심의위원회가 교육장에게 가해학생에 대한 조치를 요청할 때 그 이유가 피해학생이나 신고·고발 학생에 대한 협박 또는 보복행위(정보통신망을 이용한 행위를 포함한다)일 경우에는 같은 항 제6호부터 제9호까지의 조치를 동시에 부과하거나 조치 내용을 가중할 수 있다. 〈신설 2012. 3. 21., 2019. 8. 20., 2021. 3. 23., 2023. 10. 24.〉

③ 제1항제2호부터 제4호까지 및 제6호부터 제8호까지의 처분을 받은 가해학생은 교육감이 정한 기관(대안교육기관을 포함한다)에서 특별교육을 이수하거나 심리치료를 받아야 하며, 그 기간은 심의위원회에서 정한다. 〈개정 2012. 1. 26., 2012. 3. 21., 2019. 8. 20., 2023. 10. 24.〉

④ 학교의 장은 학교폭력을 인지한 경우 지체 없이 제1항제2호의 조치를 하여야 한다. 〈신설 2023. 10. 24.〉

⑤ 학교의 장은 피해학생의 보호와 가해학생의 선도·교육이 긴급하다고 인정할 경우 우선 제1항제1호, 제3호, 제5호부터 제7호까지의 조치를 각각 또는 동시에 부과할 수 있다. 이 경우 심의위원회에 즉시 보고하여 추인을 받아야 한다. 〈개정 2012. 1. 26., 2012. 3. 21., 2019. 8. 20., 2021. 3. 23., 2023. 10. 24.〉

⑥ 학교의 장은 피해학생 및 그 보호자가 요청할 경우 전담기구 심의를 거쳐 제1항제6호 또는 제7호의 조치를 할 수 있다. 이 경우 심의위원회에 즉시 보

고하여 추인을 받아야 한다. 〈신설 2023. 10. 24.〉

⑦ 제5항 및 제6항에 따라 학교의 장이 부과하는 제1항제6호 조치의 기간은 심의위원회 조치결정시까지로 정할 수 있다. 〈신설 2023. 10. 24.〉

⑧ 심의위원회는 제1항 또는 제2항에 따른 조치를 요청하기 전에 가해학생 및 보호자에게 의견진술의 기회를 부여하는 등 적정한 절차를 거쳐야 한다. 〈개정 2012. 3. 21., 2019. 8. 20., 2023. 10. 24.〉

⑨ 제1항에 따른 요청이 있는 때에는 교육장은 14일 이내에 해당 조치를 하여야 한다. 〈개정 2012. 1. 26., 2012. 3. 21., 2019. 8. 20., 2023. 10. 24.〉

⑩ 학교의 장이 제4항부터 제6항까지에 따른 조치를 한 때에는 가해학생과 그 보호자에게 이를 통지하여야 하며, 가해학생이 이를 거부하거나 회피하는 때에는 학교의 장은 「초·중등교육법」 제18조에 따라 징계하여야 한다. 〈개정 2012. 3. 21., 2019. 8. 20., 2023. 10. 24.〉

⑪ 제1항제2호의 처분을 받은 가해학생의 보호자는 가해학생이 해당 조치를 적절히 이행할 수 있도록 노력하여야 한다. 〈신설 2023. 10. 24.〉

⑫ 가해학생이 제1항제3호부터 제5호까지의 규정에 따른 조치를 받은 경우 이와 관련된 결석은 학교의 장이 인정하는 때에는 이를 출석일수에 포함하여 계산할 수 있다. 〈개정 2012. 1. 26., 2012. 3. 21., 2021. 3. 23., 2023. 10. 24.〉

⑬ 심의위원회는 가해학생이 특별교육을 이수할 경우 해당 학생의 보호자도 함께 교육을 받게 하여야 하며, 피해학생이 장애학생일 경우 장애인식개선 교육내용을 포함하여야 한다. 〈개정 2012. 3. 21., 2019. 8. 20., 2023. 10. 24.〉

⑭ 가해학생이 다른 학교로 전학을 간 이후에는 전학 전의 피해학생 소속 학교로 다시 전학올 수 없도록 하여야 한다. 〈신설 2012. 1. 26., 2012. 3. 21., 2023. 10. 24.〉

⑮ 제1항제2호부터 제9호까지의 처분을 받은 학생이 해당 조치를 거부하거나 기피하는 경우 심의위원회는 제7항에도 불구하고 대통령령으로 정하는

바에 따라 추가로 다른 조치를 할 것을 교육장에게 요청할 수 있다. 〈신설 2012. 3. 21., 2019. 8. 20., 2023. 10. 24.〉

⑯ 피해학생 및 그 보호자는 제9항, 제10항 및 제15항에 따른 조치 또는 징계가 지연되거나 이행되지 아니할 경우 교육감에게 신고할 수 있으며, 신고하는 경우 교육감은 지체 없이 사실 여부를 확인하기 위하여 대통령령으로 정하는 바에 따라 교육장 또는 학교의 장을 조사하여야 한다. 〈신설 2024. 1. 9.〉

⑰ 가해학생에 대한 조치 및 제11조제6항에 따른 재입학 등에 관하여 필요한 사항은 대통령령으로 정한다. 〈신설 2012. 3. 21., 2023. 10. 24., 2024. 1. 9.〉

제17조의2(행정심판) ① 교육장이 제16조제1항 및 제17조제1항에 따라 내린 조치에 대하여 이의가 있는 피해학생 또는 그 보호자는 「행정심판법」에 따른 행정심판을 청구할 수 있다. 〈신설 2012. 3. 21., 2017. 11. 28., 2019. 8. 20.〉

② 교육장이 제17조제1항에 따라 내린 조치에 대하여 이의가 있는 가해학생 또는 그 보호자는 「행정심판법」에 따른 행정심판을 청구할 수 있다. 〈개정 2012. 3. 21., 2017. 11. 28., 2019. 8. 20.〉

③ 행정심판위원회는 피해학생 또는 그 보호자 및 피·가해학생의 소속 학교에 제2항에 따른 행정심판의 청구 사실을 통지하고 「행정심판법」 제20조에 따른 심판참가에 관한 사항을 문서로 안내하여야 한다. 〈신설 2023. 10. 24.〉

④ 제1항 및 제2항에 따른 행정심판청구에 필요한 사항은 「행정심판법」을 준용한다. 〈개정 2019. 8. 20., 2023. 10. 24.〉

⑤ 삭제 〈2019. 8. 20.〉

⑥ 삭제 〈2019. 8. 20.〉

[본조신설 2012. 1. 26.]

[제목개정 2019. 8. 20.]

제17조의3(행정소송) ① 교육장이 제16조제1항 및 제17조제1항에 따라 내린 조치에 대하여 이의가 있는 피해학생 또는 그 보호자는 「행정소송법」에 따른 행정소송을 제기할 수 있다.

② 교육장이 제17조제1항에 따라 내린 조치에 대하여 이의가·있는 가해학생 또는 그 보호자는 「행정소송법」에 따른 행정소송을 제기할 수 있다.

③ 교육장은 피·가해학생 또는 그 보호자 및 피·가해학생의 소속 학교에 제1항 및 제2항에 따른 행정소송의 제기 사실을 통지하고 「행정소송법」 제16조에 따른 소송참가에 관한 사항을 문서로 안내하여야 한다.

④ 제1항 및 제2항에 따른 행정소송 제기에 필요한 사항은 「행정소송법」을 준용한다.

[본조신설 2023. 10. 24.]

제17조의4(집행정지) ① 행정심판위원회 및 법원이 제17조제1항에 따른 조치에 대하여 「행정심판법」 제30조 또는 「행정소송법」 제23조에 따른 집행정지 결정을 하려는 경우에는 피해학생 또는 그 보호자의 의견을 청취하여야 한다. 다만, 피해학생 또는 그 보호자가 의견진술의 기회를 포기한다는 뜻을 명백히 표시한 경우 등에는 의견청취를 아니할 수 있다.

② 교육감 또는 교육장은 행정심판위원회 또는 법원으로부터 집행정지 신청 사실 및 그 결과를 통보받은 경우 피해학생 또는 그 보호자 및 피·가해학생의 소속 학교에 그 사실 및 결과를 통지하여야 한다.

③ 제17조제1항에 따른 조치에 대한 집행정지 신청이 인용된 경우, 피해학생 및 그 보호자는 학교의 장에게 가해학생과의 분리를 요청할 수 있고, 학교의 장은 전담기구 심의를 거쳐 가해학생과 피해학생을 분리하여야 한다.

④ 제1항에 따른 의견청취의 절차, 방법, 예외 등에 필요한 사항은 「행정심판법」 제30조에 따른 집행정지의 경우에는 대통령령으로 정하고, 「행정소송법」 제23조에 따른 집행정지의 경우에는 대법원규칙으로 정한다.

[본조신설 2023. 10. 24.]

제17조의5(재판기간에 관한 규정) 교육장이 제17조제1항에 따라 내린 조치에 대하여 이의가 있는 가해학생 또는 그 보호자가 「행정소송법」에 따른 행정소송을 제기한 경우 그 행정소송 사건의 재판은 다른 재판에 우선하여 신속히 하여

한 권에 담은 학교폭력의 바이블

야 하며, 그 판결의 선고는 제1심에서는 소가 제기된 날부터 90일 이내에, 제2심 및 제3심에서는 전심의 판결의 선고가 있은 날부터 각각 60일 이내에 하여야 한다.

[본조신설 2023. 10. 24.]

제18조(분쟁조정) ① 심의위원회는 학교폭력과 관련하여 분쟁이 있는 경우에는 그 분쟁을 조정할 수 있다. 〈개정 2019. 8. 20.〉

② 제1항에 따른 분쟁의 조정기간은 1개월을 넘지 못한다.

③ 학교폭력과 관련한 분쟁조정에는 다음 각 호의 사항을 포함한다. 〈개정 2019. 8. 20.〉

1. 피해학생과 가해학생간 또는 그 보호자 간의 손해배상에 관련된 합의조정

2. 그 밖에 심의위원회가 필요하다고 인정하는 사항

④ 심의위원회는 분쟁조정을 위하여 필요하다고 인정하는 때에는 관계 기관의 협조를 얻어 학교폭력과 관련한 사항을 조사할 수 있다. 〈개정 2019. 8. 20.〉

⑤ 심의위원회가 분쟁조정을 하고자 할 때에는 이를 피해학생·가해학생 및 그 보호자에게 통보하여야 한다. 〈개정 2019. 8. 20.〉

⑥ 시·도교육청 관할 구역 안의 소속 교육지원청이 다른 학생 간에 분쟁이 있는 경우에는 교육감이 직접 분쟁을 조정한다. 이 경우 제2항부터 제5항까지의 규정을 준용한다. 〈개정 2019. 8. 20.〉

⑦ 관할 구역을 달리하는 시·도교육청 소속 학교의 학생 간에 분쟁이 있는 경우에는 피해학생을 감독하는 교육감이 가해학생을 감독하는 교육감과의 협의를 거쳐 직접 분쟁을 조정한다. 이 경우 제2항부터 제5항까지의 규정을 준용한다. 〈개정 2019. 8. 20.〉

제19조(학교의 장의 의무) ① 학교의 장은 제16조, 제16조의2, 제17조에 따른 조치의 이행에 협조하여야 한다.

② 학교의 장은 학교폭력을 축소 또는 은폐해서는 아니 된다.

③ 학교의 장은 교육감에게 학교폭력이 발생한 사실과 제13조의2에 따라 학교의 장의 자체해결로 처리된 사건, 제16조, 제16조의2, 제17조 및 제18조에 따른 조치 및 그 결과를 보고하고, 관계 기관과 협력하여 교내 학교폭력 단체의 결성예방 및 해체에 노력하여야 한다.

④ 학교의 장은 학교폭력 예방을 위하여 필요한 경우 해당 학교의 학교폭력 현황을 조사하는 등 학교폭력 조기 발견 및 대처를 위하여 노력하여야 한다. 〈신설 2023. 10. 24.〉

[전문개정 2019. 8. 20.]

제20조(학교폭력의 신고의무) ① 학교폭력 현장을 보거나 그 사실을 알게 된 자는 학교 등 관계 기관에 이를 즉시 신고하여야 한다.

② 제1항에 따라 신고를 받은 기관은 이를 가해학생 및 피해학생의 보호자와 소속 학교의 장에게 통보하여야 한다. 〈개정 2009. 5. 8.〉

③ 제2항에 따라 통보받은 소속 학교의 장은 이를 심의위원회에 지체 없이 통보하여야 한다. 〈신설 2009. 5. 8., 2019. 8. 20.〉

④ 누구라도 학교폭력의 예비·음모 등을 알게 된 자는 이를 학교의 장 또는 심의위원회에 고발할 수 있다. 다만, 교원이 이를 알게 되었을 경우에는 학교의 장에게 보고하고 해당 학부모에게 알려야 한다. 〈개정 2009. 5. 8., 2012. 1. 26., 2019. 8. 20.〉

⑤ 누구든지 제1항부터 제4항까지에 따라 학교폭력을 신고한 사람에게 그 신고행위를 이유로 불이익을 주어서는 아니 된다. 〈신설 2012. 3. 21.〉

제20조의2(긴급전화의 설치 등) ① 국가 및 지방자치단체는 학교폭력을 수시로 신고받고 이에 대한 상담에 응할 수 있도록 긴급전화를 설치하여야 한다.

② 국가와 지방자치단체는 제1항에 따른 긴급전화의 설치·운영을 대통령령으로 정하는 기관 또는 단체에 위탁할 수 있다. 〈신설 2012. 1. 26.〉

③ 제1항과 제2항에 따른 긴급전화의 설치·운영·위탁에 필요한 사항은 대통령령으로 정한다. 〈개정 2012. 1. 26.〉

[본조신설 2009. 5. 8.]

제20조의3 삭제 〈2023. 10. 24.〉

제20조의4(정보통신망의 이용 등) ① 국가·지방자치단체 또는 교육감은 학교폭력 예방 업무 등을 효과적으로 수행하기 위하여 필요한 경우 정보통신망을 이용할 수 있다.

② 국가·지방자치단체 또는 교육감은 제1항에 따라 정보통신망을 이용하여 학교 또는 학생(학부모를 포함한다)이 학교폭력 예방 업무 등을 수행하는 경우 다음 각 호의 어느 하나에 해당하는 비용의 전부 또는 일부를 지원할 수 있다.

1. 학교 또는 학생(학부모를 포함한다)이 전기통신설비를 구입하거나 이용하는 데 소요되는 비용

2. 학교 또는 학생(학부모를 포함한다)에게 부과되는 전기통신역무 요금

③ 그 밖에 정보통신망의 이용 등에 관하여 필요한 사항은 대통령령으로 정한다.

[본조신설 2012. 3. 21.]

제20조의5(학생보호인력의 배치 등) ① 국가·지방자치단체 또는 학교의 장은 학교폭력을 예방하기 위하여 학교 내에 학생보호인력을 배치하여 활용할 수 있다.

② 다음 각 호의 어느 하나에 해당하는 사람은 학생보호인력이 될 수 없다. 〈신설 2013. 7. 30., 2021. 3. 23.〉

1. 「국가공무원법」 제33조 각 호의 어느 하나에 해당하는 사람

2. 「아동·청소년의 성보호에 관한 법률」에 따른 아동·청소년대상 성범죄 또는 「성폭력범죄의 처벌 등에 관한 특례법」에 따른 성폭력범죄를 저질러 벌금형을 선고받고 그 형이 확정된 날부터 10년이 지나지 아니하였거나, 금고 이상의 형이나 치료감호를 선고받고 그 집행이 끝나거나 집행이 유예·면제된 날부터 10년이 지나지 아니한 사람

3. 「청소년 보호법」 제2조제5호가목3) 및 같은 목 7)부터 9)까지의 청소년 출입·고용금지업소의 업주나 종사자

③ 국가·지방자치단체 또는 학교의 장은 제1항에 따른 학생보호인력의 배치 및 활용 업무를 관련 전문기관 또는 단체에 위탁할 수 있다. 〈개정 2013. 7. 30.〉

④ 제3항에 따라 학생보호인력의 배치 및 활용 업무를 위탁받은 전문기관 또는 단체는 그 업무를 수행하는 경우 학교의 장과 충분히 협의하여야 한다. 〈개정 2013. 7. 30., 2021. 3. 23.〉

⑤ 국가·지방자치단체 또는 학교의 장은 학생보호인력으로 배치하고자 하는 사람의 동의를 받아 경찰청장에게 그 사람의 범죄경력을 조회할 수 있다. 〈신설 2013. 7. 30.〉

⑥ 제3항에 따라 학생보호인력의 배치 및 활용 업무를 위탁받은 전문기관 또는 단체는 해당 업무를 위탁한 국가·지방자치단체 또는 학교의 장에게 학생보호인력으로 배치하고자 하는 사람의 범죄경력을 조회할 것을 신청할 수 있다. 〈신설 2013. 7. 30.〉

⑦ 학생보호인력이 되려는 사람은 국가·지방자치단체 또는 학교의 장에게 제2항 각 호의 어느 하나에 해당하지 아니한다는 확인서를 제출하여야 한다. 〈신설 2013. 7. 30.〉

[본조신설 2012. 3. 21.]

제20조의6(학교전담경찰관) ① 국가는 학교폭력 예방 및 근절을 위하여 학교폭력 업무 등을 전담하는 경찰관을 둘 수 있다.

② 제1항에 따른 학교전담경찰관의 운영에 필요한 사항은 대통령령으로 정한다.

[본조신설 2017. 11. 28.]

[종전 제20조의6은 제20조의7로 이동 〈2017. 11. 28.〉]

제20조의7(영상정보처리기기의 통합 관제) ① 국가 및 지방자치단체는 학교폭력 예방 업무를 효과적으로 수행하기 위하여 교육감과 협의하여 학교 내외에 설치된 영상정보처리기기(「개인정보 보호법」 제2조제7호에 따른 고정형 영상정보처리기기를 말

한다. 이하 이 조에서 같다)를 통합하여 관제할 수 있다. 이 경우 국가 및 지방자치단체는 통합 관제 목적에 필요한 범위에서 최소한의 개인정보만을 처리하여야 하며, 그 목적 외의 용도로 활용하여서는 아니 된다. 〈개정 2023. 3. 14.〉

② 제1항에 따라 영상정보처리기기를 통합 관제하려는 국가 및 지방자치단체는 공청회·설명회의 개최 등 대통령령으로 정하는 절차를 거쳐 관계 전문가 및 이해관계인의 의견을 수렴하여야 한다.

③ 제1항에 따라 학교 내외에 설치된 영상정보처리기기가 통합 관제되는 경우 해당 학교의 영상정보처리기기운영자는 「개인정보 보호법」 제25조제4항에 따른 조치를 통하여 그 사실을 정보주체에게 알려야 한다.

④ 통합 관제에 관하여 이 법에서 규정한 것을 제외하고는 「개인정보 보호법」을 적용한다.

⑤ 그 밖에 영상정보처리기기의 통합 관제에 필요한 사항은 대통령령으로 정한다.

[본조신설 2012. 3. 21.]

[제20조의6에서 이동 〈2017. 11. 28.〉]

제21조(비밀누설금지 등) ① 이 법에 따라 학교폭력의 예방 및 대책과 관련된 업무를 수행하거나 수행하였던 사람은 그 직무로 인하여 알게 된 비밀 또는 가해학생·피해학생 및 제20조에 따른 신고자·고발자와 관련된 자료를 누설하여서는 아니 된다. 〈개정 2012. 1. 26., 2021. 3. 23.〉

② 제1항에 따른 비밀의 구체적인 범위는 대통령령으로 정한다.

③ 제16조, 제16조의2, 제17조, 제17조의2, 제18조에 따른 심의위원회의 회의는 공개하지 아니한다. 다만, 피해학생·가해학생 또는 그 보호자가 회의록의 열람·복사 등 회의록 공개를 신청한 때에는 학생과 그 가족의 성명, 주민등록번호 및 주소, 위원의 성명 등 개인정보에 관한 사항을 제외하고 공개하여야 한다. 〈개정 2011. 5. 19., 2012. 3. 21., 2019. 8. 20.〉

제21조의2(「지방교육자치에 관한 법률」에 관한 특례) 교육장은 「지방교육자치에 관한

법률」 제35조에도 불구하고 이 법에 따른 고등학교에서의 학교폭력 피해학생 보호, 가해학생 선도·교육 및 피해학생과 가해학생 간의 분쟁조정 등에 관한 사무를 위임받아 수행할 수 있다.

[본조신설 2019. 8. 20.]

제22조(벌칙) 제21조제1항을 위반한 자는 1년 이하의 징역 또는 1천만원 이하의 벌금에 처한다.

[전문개정 2017. 11. 28.]

제23조(과태료) ① 제17조제13항에 따른 심의위원회의 교육 이수 조치를 따르지 아니한 보호자에게는 300만원 이하의 과태료를 부과한다. 〈개정 2019. 8. 20., 2023. 10. 24.〉

② 제1항에 따른 과태료는 대통령령으로 정하는 바에 따라 교육감이 부과·징수한다.

[본조신설 2017. 11. 28.]

부칙 〈제19942호, 2024. 1. 9.〉

이 법은 2024년 3월 1일부터 시행한다.

학교폭력예방 및 대책에 관한 법률 시행령
(약칭: 학교폭력예방법 시행령)

[시행 2024. 3. 1.] [대통령령 제34233호, 2024. 2. 27., 일부개정]

제1조(목적) 이 영은 「학교폭력예방 및 대책에 관한 법률」에서 위임된 사항과 그 시행에 필요한 사항을 규정함을 목적으로 한다.

제2조(성과 평가 및 공표) 「학교폭력예방 및 대책에 관한 법률」(이하 "법"이라 한다) 제6조제4항에 따른 학교폭력 예방 및 대책에 대한 성과는 「초·중등교육법」 제9조제2항에 따른 지방교육행정기관에 대한 평가에 포함하여 평가하고, 이를 공표하여야 한다. 〈개정 2024. 2. 27.〉

제2조의2(학교폭력 대응 전문교육기관 설치·운영 등) ① 교육부장관은 법 제6조의2제1항에 따라 다음 각 호의 업무를 수행하는 전문교육기관을 설치·운영할 수 있다.

1. 학생의 치유·회복을 위한 보호시설 운영

2. 학생의 치유·회복 관련 조사·분석 등 연구

3. 학교폭력 피해학생에 대한 교과학습 및 대안교육 실시

4. 학교폭력 피해학생에 대한 상담 및 치유·회복 프로그램 운영

5. 그 밖에 학생의 치유·회복 등과 관련하여 교육부장관이 필요하다고 인정하는 사항

② 제1항에 따른 전문교육기관의 운영에 필요한 세부사항은 교육부장관이 정한다.

[본조신설 2024. 2. 27.]

제2조의3(학교폭력 예방센터 지정·운영 등) ① 교육부장관은 법 제6조의2제2항에 따라 다음 각 호의 기관 또는 단체 중에서 학교폭력 예방센터를 지정할 수 있다.

1. 「공공기관의 운영에 관한 법률」 제4조에 따른 공공기관

2. 「정부출연연구기관 등의 설립·운영 및 육성에 관한 법률」 제2조에 따른 정부출연연구기관

3. 그 밖에 학교폭력 예방 및 대응 업무 수행에 필요한 전문인력과 전담조직을 갖추었다고 교육부장관이 인정하는 기관 또는 단체

② 제1항에 따라 학교폭력 예방센터로 지정받으려는 기관 또는 단체는 다음 각 호의 기준을 모두 갖추어야 한다.

1. 학교폭력 예방센터의 업무수행에 필요한 조직과 인력을 보유할 것

2. 학교폭력 예방센터의 업무수행에 필요한 사무실 및 시설을 갖출 것

3. 학교폭력 예방센터의 업무수행에 필요한 사업계획 및 운영규정을 갖출 것

③ 제2항에 따른 학교폭력 예방센터 지정 기준의 세부 내용은 교육부장관이 정하여 고시한다.

④ 교육부장관은 학교폭력 예방센터를 지정하려는 경우에는 제2항에 따른 기준이 포함된 지정계획을 10일 이상 관보 또는 교육부 인터넷 홈페이지에 공고해야 한다.

⑤ 학교폭력 예방센터로 지정받으려는 기관 또는 단체는 지정신청서에 다음 각 호의 서류를 첨부하여 교육부장관에게 제출해야 한다.

1. 업무수행에 필요한 조직·인력의 보유 현황이나 확보 계획

2. 업무수행에 필요한 사무실 및 시설의 보유 현황이나 확보 계획

3. 업무수행에 필요한 사업계획 및 운영규정

⑥ 교육부장관은 학교폭력 예방센터를 지정한 경우에는 관보 또는 교육부 인터넷 홈페이지에 그 사실을 게시해야 한다.

⑦ 제1항부터 제6항까지에서 규정한 사항 외에 학교폭력 예방센터의 지정·운영에 필요한 사항은 교육부장관이 정하여 고시한다.

[본조신설 2024. 2. 27.]

제3조(학교폭력대책위원회의 운영) ① 법 제7조에 따른 학교폭력대책위원회(이하 "대책위원회"라 한다)의 위원장은 회의를 소집하고, 그 의장이 된다.

② 대책위원회의 회의는 반기별로 1회 소집한다. 다만, 재적위원 3분의 1 이상이 요구하거나 위원장이 필요하다고 인정하는 경우에는 수시로 소집할 수 있다.

③ 대책위원회의 위원장이 회의를 소집할 때에는 회의 개최 5일 전까지 회의 일시·장소 및 안건을 각 위원에게 알려야 한다. 다만, 긴급히 소집하여야 할 때에는 그러하지 아니하다.

④ 대책위원회의 회의는 재적위원 과반수의 출석으로 개의(開議)하고, 출석위원 과반수의 찬성으로 의결한다.

⑤ 대책위원회의 위원장은 필요하다고 인정할 때에는 학교폭력 예방 및 대책과 관련하여 전문가 등을 회의에 출석하여 발언하게 할 수 있다.

⑥ 회의에 출석한 위원과 전문가 등에게는 예산의 범위에서 수당과 여비를 지급할 수 있다. 다만, 공무원인 위원이 그 소관 업무와 직접적으로 관련하여 회의에 출석하는 경우에는 그러하지 아니하다.

제3조의2(대책위원회 위원의 해촉) 대통령은 법 제8조제3항제2호부터 제8호까지의 규정에 따른 대책위원회의 위원이 다음 각 호의 어느 하나에 해당하는 경우에는 해당 위원을 해촉(解囑)할 수 있다.

1. 심신장애로 인하여 직무를 수행할 수 없게 된 경우

2. 직무와 관련된 비위사실이 있는 경우

3. 직무태만, 품위손상이나 그 밖의 사유로 인하여 위원으로 적합하지 아니하다고 인정되는 경우

4. 위원 스스로 직무를 수행하는 것이 곤란하다고 의사를 밝히는 경우

[본조신설 2016. 5. 10.]

제4조(학교폭력대책실무위원회의 구성·운영) ① 법 제8조제6항에 따른 학교폭력대책

실무위원회(이하 "실무위원회"라 한다)는 위원장(이하 "실무위원장"이라 한다) 1명을 포함한 12명 이내의 위원으로 구성한다. 〈개정 2013. 3. 23.〉

② 실무위원장은 교육부차관이 되고, 위원은 기획재정부, 교육부, 과학기술정보통신부, 법무부, 행정안전부, 문화체육관광부, 보건복지부, 여성가족부, 국무조정실 및 방송통신위원회의 고위공무원단에 속하는 공무원과 경찰청의 치안감 또는 경무관 중에서 소속 기관의 장이 지명하는 사람 각 1명이 된다. 〈개정 2013. 3. 23., 2014. 11. 19., 2017. 7. 26.〉

③ 제2항에 따라 실무위원회의 위원을 지명한 자는 해당 위원이 제3조의2 각 호의 어느 하나에 해당하는 경우에는 그 지명을 철회할 수 있다. 〈신설 2016. 5. 10.〉

④ 실무위원회의 사무를 처리하기 위하여 간사 1명을 두며, 간사는 교육부 소속 공무원 중에서 실무위원장이 지명하는 사람으로 한다. 〈개정 2013. 3. 23., 2016. 5. 10.〉

⑤ 실무위원장이 부득이한 사유로 직무를 수행할 수 없을 때에는 실무위원장이 미리 지명하는 위원이 그 직무를 대행한다. 〈개정 2016. 5. 10.〉

⑥ 회의는 대책위원회 개최 전 또는 실무위원장이 필요하다고 인정할 때 소집한다. 〈개정 2016. 5. 10.〉

⑦ 실무위원회는 대책위원회의 회의에 부칠 안건 검토와 심의 지원 및 그 밖의 업무수행을 위하여 필요한 경우에는 이해관계인 또는 관련 전문가를 출석하게 하여 의견을 듣거나 의견 제출을 요청할 수 있다. 〈개정 2016. 5. 10.〉

⑧ 실무위원장은 회의를 소집할 때에는 회의 개최 7일 전까지 회의 일시·장소 및 안건을 각 위원에게 알려야 한다. 다만, 긴급히 소집하여야 할 때에는 그러하지 아니하다. 〈개정 2016. 5. 10.〉

제5조(학교폭력대책지역위원회의 구성·운영) ① 법 제9조제1항에 따른 학교폭력대책지역위원회(이하 "지역위원회"라 한다)의 위원장은 특별시·광역시·특별자치시·도·특별자치도(이하 "시·도"라 한다)의 부단체장(특별시의 경우에는 행정(1)부시장, 광

역시 및 도의 경우에는 행정부시장 및 행정부지사를 말한다)으로 한다.

② 지역위원회의 위원장은 회의를 소집하고, 그 의장이 된다.

③ 지역위원회의 위원장이 부득이한 사유로 직무를 수행할 수 없을 때에는 지역위원회 위원장이 미리 지명하는 위원이 그 직무를 대행한다.

④ 지역위원회의 위원은 학식과 경험이 풍부하고 청소년보호에 투철한 사명감이 있는 사람으로서 다음 각 호의 어느 하나에 해당하는 사람 중에서 특별시장·광역시장·특별자치시장·도지사·특별자치도지사(이하 "시·도지사"라 한다)가 교육감과 협의하여 임명하거나 위촉한다. 〈개정 2020. 2. 25., 2020. 12. 31.〉

1. 해당 시·도의 청소년보호 업무 담당 국장 및 시·도교육청 생활지도 담당 국장

2. 해당 시·도의회 의원 또는 교육위원회 위원

3. 해당 시·도경찰청 소속 경찰공무원

4. 학생생활지도 경력이 5년 이상인 교원

5. 판사·검사·변호사

6. 「고등교육법」 제2조에 따른 학교의 조교수 이상 또는 청소년 관련 연구기관에서 이에 상당하는 직위에 재직하고 있거나 재직하였던 사람으로서 학교폭력 문제에 대한 전문지식이 있는 사람

7. 청소년 선도 및 보호 단체에서 청소년보호활동을 5년 이상 전문적으로 담당한 사람

8. 「초·중등교육법」 제31조제1항에 따른 학교운영위원회(이하 "학교운영위원회"라 한다)의 위원 또는 법 제12조제1항에 따른 학교폭력대책심의위원회(이하 "심의위원회"라 한다) 위원으로 활동하고 있거나 활동한 경험이 있는 학부모

9. 그 밖에 학교폭력 예방 및 청소년 보호에 대한 지식과 경험이 있는 사람

⑤ 지역위원회 위원의 임기는 2년으로 한다. 다만, 지역위원회 위원의 사임 등으로 새로 위촉되는 위원의 임기는 전임위원 임기의 남은 기간으로 한다.

⑥ 시·도지사는 제4항제2호부터 제9호까지의 규정에 따른 지역위원회의 위원이 제3조의2 각 호의 어느 하나에 해당하는 경우에는 해당 위원을 해임하거나 해촉할 수 있다. 〈신설 2016. 5. 10.〉

⑦ 지역위원회의 사무를 처리하기 위하여 간사 1명을 두며, 지역위원회의 위원장과 교육감이 시·도 또는 시·도교육청 소속 공무원 중에서 협의하여 정하는 사람으로 한다. 〈개정 2016. 5. 10.〉

⑧ 지역위원회 회의의 운영에 관하여는 제3조제2항부터 제6항까지의 규정을 준용한다. 이 경우 "대책위원회"는 "지역위원회"로 본다. 〈개정 2016. 5. 10.〉

제6조(학교폭력대책지역실무위원회의 구성·운영) 법 제9조제2항에 따른 실무위원회는 7명 이내의 학교폭력 예방 및 대책에 관한 실무자 및 민간 전문가로 구성한다.

제7조(학교폭력대책지역협의회의 구성·운영) ① 법 제10조의2에 따른 학교폭력대책지역협의회(이하 "지역협의회"라 한다)의 위원장은 시·군·구의 부단체장이 된다.

② 지역협의회의 위원장은 회의를 소집하고, 그 의장이 된다.

③ 지역협의회의 위원장이 부득이한 사유로 직무를 수행할 수 없을 때에는 위원장이 미리 지정하는 위원이 그 직무를 대행한다.

④ 지역협의회의 위원은 학식과 경험이 풍부하고 청소년보호에 투철한 사명감이 있는 사람으로서 다음 각 호의 어느 하나에 해당하는 사람 중에서 시장·군수·구청장이 해당 교육지원청(교육지원청이 없는 경우 법 제12조제1항 본문에 따라 조례로 정하는 기관으로 한다. 이하 같다)의 교육장(교육장이 없는 경우 법 제12조제1항 본문에 따라 조례로 정하는 기관의 장으로 한다. 이하 같다)과 협의하여 임명하거나 위촉한다. 〈개정 2014. 6. 11., 2020. 2. 25., 2024. 2. 27.〉

1. 해당 시·군·구의 청소년보호 업무 담당 국장(국장이 없는 시·군·구는 과장을 말한다) 및 교육지원청의 생활지도 담당 국장(국장이 없는 교육지원청은 과장을 말한다)

2. 해당 시·군·구의회 의원

3. 해당 시·군·구를 관할하는 경찰서 소속 경찰공무원

4. 학생생활지도 경력이 5년 이상인 교원

5. 판사·검사·변호사

6. 「고등교육법」 제2조에 따른 학교의 조교수 이상 또는 청소년 관련 연구기관에서 이에 상당하는 직위에 재직하고 있거나 재직하였던 사람으로서 학교폭력 문제에 대하여 전문지식이 있는 사람

7. 청소년 선도 및 보호 단체에서 청소년보호활동을 5년 이상 전문적으로 담당한 사람

8. 학교운영위원회 위원 또는 심의위원회 위원으로 활동하거나 활동한 경험이 있는 학부모

9. 그 밖에 학교폭력 예방 및 청소년보호에 대한 지식과 경험을 가진 사람

⑤ 지역협의회 위원의 임기는 2년으로 한다. 다만, 지역위원회 위원의 사임 등으로 새로 위촉되는 위원의 임기는 전임위원 임기의 남은 기간으로 한다.

⑥ 시장·군수·구청장은 제4항제2호부터 제9호까지의 규정에 따른 지역협의회의 위원이 제3조의2 각 호의 어느 하나에 해당하는 경우에는 해당 위원을 해임하거나 해촉할 수 있다. 〈신설 2016. 5. 10.〉

⑦ 지역협의회에는 사무를 처리하기 위해 간사 1명을 두며, 간사는 지역협의회의 위원장과 교육장이 시·군·구 또는 교육지원청 소속 공무원 중에서 협의하여 정하는 사람으로 한다. 〈개정 2014. 6. 11., 2016. 5. 10.〉

제8조(전담부서의 구성 등) ① 법 제11조제1항에 따라 다음 각 호의 업무를 수행하기 위하여 시·도교육청 및 교육지원청에 과·담당관 또는 팀을 둔다. 〈개정 2014. 6. 11., 2020. 2. 25., 2024. 2. 27.〉

1. 학교폭력 예방과 근절을 위한 대책의 수립과 추진에 관한 사항

2. 학교폭력 피해학생의 치료 및 가해학생에 대한 조치에 관한 사항

3. 학교폭력 피해학생과 가해학생 간의 관계 회복을 위하여 필요한 조치에 관한 사항

3의2. 학교폭력 피해학생을 위한 법률 자문 등 법률지원에 관한 사항

3의3. 학교폭력 관련 조사·상담에 관한 사항

4. 그 밖에 학교폭력의 예방·대책 및 통합지원과 관련하여 교육감이 정하는 사항

② 교육감은 법 제11조의2에 따른 학교폭력 조사·상담 업무의 효율적인 수행을 위하여 필요한 경우에는 제1항에 따른 전담부서에서 학교폭력 조사·상담 관련 전문가를 활용하도록 할 수 있다. 〈신설 2024. 2. 27.〉

③ 제2항에 따라 활용하는 학교폭력 조사·상담 관련 전문가의 역할, 요건, 수당 지급 등에 관한 세부 사항은 교육감이 정한다. 〈신설 2024. 2. 27.〉

제9조(실태조사) ① 법 제11조제8항에 따라 교육감이 실시하는 학교폭력 실태조사는 교육부장관과 협의하여 다른 교육감과 공동으로 실시할 수 있다. 〈개정 2013. 3. 23.〉

② 교육감은 학교폭력 실태조사를 교육 관련 연구·조사기관에 위탁할 수 있다.

제10조(전문기관의 설치 등) ① 교육감은 법 제11조제9항에 따라 시·도교육청 또는 교육지원청에 다음 각 호의 업무를 수행하는 전문기관을 설치·운영해야 한다. 〈개정 2014. 6. 11., 2024. 2. 27.〉

1. 법 제11조의2제1항에 따른 조사·상담 등의 업무

2. 학교폭력 피해학생·가해학생에 대한 치유프로그램 운영 업무

3. 학생의 치유·회복을 위한 보호시설 운영 업무

4. 피해학생을 위한 법률지원 등 통합지원 업무

② 교육감은 제1항제2호에 따른 치유프로그램 운영 업무 및 같은 항 제3호에 따른 보호시설 운영 업무를 다음 각 호의 어느 하나에 해당하는 기관·단체·시설에 위탁하여 수행하게 할 수 있다. 〈개정 2012. 7. 31., 2012. 9. 14., 2024. 2. 27.〉

1. 「청소년복지 지원법」 제31조제1호에 따른 청소년쉼터, 「청소년 보호법」 제35조제1항에 따른 청소년 보호·재활센터 등 청소년을 보호하기 위하여 국

가·지방자치단체가 운영하는 시설

2. 「청소년활동진흥법」 제10조에 따른 청소년활동시설

3. 학교폭력의 예방과 피해학생 및 가해학생의 치료·교육을 수행하는 청소년 관련 단체

4. 청소년 정신치료 전문인력이 배치된 병원

5. 학교폭력 피해학생·가해학생 및 학부모를 위한 프로그램을 운영 하는 종교기관 등의 기관

6. 그 밖에 교육감이 치유프로그램의 운영에 적합하다고 인정하는 기관

③ 제1항에 따른 전문기관의 설치·운영에 관한 세부사항은 교육감이 정한다.

제11조(학교폭력 조사·상담 업무의 위탁 등) 교육감은 법 제11조의2제2항에 따라 학교폭력 예방에 관한 사업을 3년 이상 수행한 기관 또는 단체 중에서 학교폭력의 예방 및 사후조치 등을 수행하는 데 적합하다고 인정하는 기관 또는 단체에 법 제11조의2제1항의 업무를 위탁할 수 있다.

제12조(관계 기관과의 협조 사항 등) 법 제11조의3에 따라 학교폭력과 관련한 개인정보 등을 협조를 요청할 때에는 문서로 하여야 한다.

제13조(심의위원회의 설치 및 심의사항) ① 법 제12조제1항 단서에서 "대통령령으로 정하는 사유가 있는 경우"란 학교폭력 피해학생과 가해학생이 각각 다른 교육지원청 관할 구역 내의 학교에 재학 중인 경우를 말한다. 〈개정 2020. 2. 25., 2024. 2. 27.〉

② 법 제12조제2항제5호에서 "대통령령으로 정하는 사항"이란 학교폭력의 예방 및 대책과 관련하여 학교의 장이 건의하는 사항을 말한다. 〈개정 2020. 2. 25.〉

[제목개정 2020. 2. 25.]

제14조(심의위원회의 구성·운영) ① 심의위원회의 위원은 다음 각 호의 어느 하나에 해당하는 사람 중에서 해당 교육장이 임명하거나 위촉한다. 이 경우 제5호의2에 해당하는 사람은 반드시 포함해야 한다. 〈개정 2020. 2. 25., 2024. 2. 27.〉

1. 해당 교육지원청의 생활지도 업무 담당 국장 또는 과장(법 제12조제1항에 따라 조례로 정하는 기관의 경우 해당 기관 소속의 공무원 또는 직원으로 한다)

1의2. 해당 교육지원청의 관할 구역을 관할하는 시·군·구의 청소년보호 업무 담당 국장 또는 과장

2. 교원으로 재직하고 있거나 재직했던 사람으로서 학교폭력 업무 또는 학생생활지도 업무 담당 경력이 2년 이상인 사람

2의2. 「교육공무원법」 제2조제2항에 따른 교육전문직원으로 재직하고 있거나 재직했던 사람

3. 법 제13조제1항에 따른 학부모

4. 판사·검사·변호사

5. 해당 교육지원청의 관할 구역을 관할하는 경찰서 소속 경찰공무원

5의2. 법 제20조의6제1항에 따라 학교폭력 예방 및 근절을 위해 학교폭력 업무 등을 전담하는 경찰관(이하 "학교전담경찰관"이라 한다)

6. 의사 자격이 있는 사람

6의2. 「고등교육법」 제2조에 따른 학교의 조교수 이상 또는 청소년 관련 연구기관에서 이에 상당하는 직위에 재직하고 있거나 재직했던 사람으로서 학교폭력 문제에 대하여 전문지식이 있는 사람

6의3. 청소년 선도 및 보호 단체에서 청소년보호활동을 2년 이상 전문적으로 담당한 사람

7. 그 밖에 학교폭력 예방 및 청소년보호에 대한 지식과 경험이 풍부한 사람

② 심의위원회의 위원장은 위원 중에서 교육장이 임명하거나 위촉하는 사람이 되며, 위원장이 부득이한 사유로 직무를 수행할 수 없을 때에는 위원장이 미리 지정하는 위원이 그 직무를 대행한다. 〈개정 2020. 2. 25.〉

③ 심의위원회의 위원의 임기는 2년으로 한다. 다만, 심의위원회 위원의 사임 등으로 새로 위촉되는 위원의 임기는 전임위원 임기의 남은 기간으로 한다. 〈개정 2020. 2. 25.〉

④ 교육장은 제1항제2호, 제2호의2, 제3호부터 제5호까지, 제5호의2, 제6호, 제6호의2, 제6호의3 및 제7호에 따른 심의위원회의 위원이 제3조의2 각 호의 어느 하나에 해당하는 경우에는 해당 위원을 해임하거나 해촉할 수 있다. 〈신설 2016. 5. 10., 2020. 2. 25., 2024. 2. 27.〉

⑤ 심의위원회의 회의는 재적위원 과반수의 출석으로 개의하고, 출석위원 과반수의 찬성으로 의결한다. 〈개정 2016. 5. 10., 2020. 2. 25.〉

⑥ 심의위원회의 위원장은 해당 교육지원청 소속 공무원(법 제12조제1항에 따라 조례로 정하는 기관의 경우 직원을 포함한다) 중에서 심의위원회의 사무를 처리할 간사 1명을 지명한다. 〈개정 2016. 5. 10., 2020. 2. 25.〉

⑦ 심의위원회의 회의에 출석한 위원에게는 예산의 범위에서 수당과 여비를 지급할 수 있다. 다만, 공무원인 위원이 그 소관 업무와 직접적으로 관련하여 회의에 출석한 경우에는 그렇지 않다. 〈개정 2016. 5. 10., 2020. 2. 25.〉

⑧ 심의위원회는 필요하다고 인정할 때에는 학교폭력이 발생한 해당 학교 소속 교원이나 학교폭력 예방 및 대책과 관련된 분야의 전문가 등을 출석하게 하거나 서면 등의 방법으로 의견을 들을 수 있다. 〈개정 2020. 2. 25.〉

⑨ 제1항부터 제8항까지에서 규정한 사항 외에 심의위원회의 운영 등에 필요한 사항은 교육장이 정한다. 〈신설 2020. 2. 25.〉

[제목개정 2020. 2. 25.]

제14조의2(소위원회) ① 심의위원회의 업무를 효율적으로 수행하기 위하여 필요하면 심의위원회에 소위원회를 둘 수 있다.

② 제1항에 따른 소위원회(이하 "소위원회"라 한다)의 위원은 심의위원회의 위원으로 구성한다.

③ 심의위원회는 필요한 경우에는 그 심의 사항을 소위원회에 위임할 수 있으며, 이 경우 소위원회에서 심의·의결된 사항은 심의위원회에서 심의·의결된 것으로 본다.

④ 소위원회는 심의가 끝나면 그 결과를 심의위원회에 보고해야 한다.

⑤ 제1항부터 제4항까지에서 규정한 사항 외에 소위원회의 설치·운영에 필요한 사항은 교육장이 정한다.

[본조신설 2020. 2. 25.]

제14조의3(학교의 장의 자체해결) 학교의 장은 법 제13조의2제1항에 따라 학교폭력 사건을 자체적으로 해결하는 경우 피해학생과 가해학생 간에 학교폭력이 다시 발생하지 않도록 노력해야 하며, 필요한 경우에는 피해학생·가해학생 및 그 보호자 간의 관계 회복을 위한 프로그램을 운영할 수 있다.

[본조신설 2020. 2. 25.]

제15조(상담실 설치) 법 제14조제1항에 따른 상담실은 다음 각 호의 시설·장비를 갖추어 상담활동이 편리한 장소에 설치하여야 한다.

1. 인터넷 이용시설, 전화 등 상담에 필요한 시설 및 장비

2. 상담을 받는 사람의 사생활 노출 방지를 위한 칸막이 및 방음시설

제16조(전담기구 운영 등) ① 법 제14조제3항에 따른 학교폭력문제를 담당하는 전담기구(이하 "전담기구"라 한다)의 구성원이 되는 학부모는 「초·중등교육법」 제31조에 따른 학교운영위원회에서 추천한 사람 중에서 학교의 장이 위촉한다. 다만, 학교운영위원회가 설치되지 않은 학교의 경우에는 학교의 장이 위촉한다.

② 전담기구는 가해 및 피해 사실 여부에 관하여 확인한 사항을 학교의 장에게 보고해야 한다.

③ 제1항 및 제2항에서 규정한 사항 외에 전담기구의 운영에 필요한 사항은 학교의 장이 정한다.

[전문개정 2020. 2. 25.]

제17조(학교폭력 예방교육) ① 법 제11조제13항에 따른 교육에는 다음 각 호의 사항이 포함돼야 한다. 〈신설 2024. 2. 27.〉

1. 법 제13조의2에 따른 학교의 장의 자체해결 요건 및 절차 등에 관한 사항

2. 법 제16조제1항 각 호 외의 부분 단서에 따른 가해자(교사를 포함한다. 이하 제17조의2에서 같다)와 피해학생의 분리 및 피해학생에 대한 긴급보호 조치에

관한 사항

3. 법 제17조제5항 및 제6항에 따른 가해학생에 대한 조치에 관한 사항

4. 그 밖에 학교폭력 예방 및 대응에 필요한 학교의 장 및 교감의 역할에 관한 사항

② 학교의 장은 법 제15조제7항에 따라 학생과 교직원 및 학부모에 대한 학교폭력 예방교육을 다음 각 호의 기준에 따라 실시한다. 〈개정 2024. 2. 27.〉

1. 학기별로 1회 이상 실시하고, 교육 횟수·시간 및 강사 등 세부적인 사항은 학교 여건에 따라 학교의 장이 정한다.

2. 학생에 대한 학교폭력 예방교육은 학급 단위로 실시함을 원칙으로 하되, 학교 여건에 따라 전체 학생을 대상으로 한 장소에서 동시에 실시할 수 있다.

3. 학생과 교직원, 학부모를 따로 교육하는 것을 원칙으로 하되, 내용에 따라 함께 교육할 수 있다.

4. 강의, 토론 및 역할연기 등 다양한 방법으로 하고, 다양한 자료나 프로그램 등을 활용하여야 한다.

5. 교직원에 대한 학교폭력 예방교육은 학교폭력 관련 법령에 대한 내용, 학교폭력 발생 시 대응요령, 학생 대상 학교폭력예방 프로그램 운영 방법 등을 포함하여야 한다.

6. 학부모에 대한 학교폭력 예방교육은 학교폭력 징후 판별, 학교폭력 발생 시 대응요령, 가정에서의 인성교육에 관한 사항을 포함하여야 한다.

제17조의2(가해자와 피해학생 분리 조치의 예외) 법 제16조제1항 각 호 외의 부분 단서에서 "피해학생의 반대의사 등 대통령령으로 정하는 특별한 사정"이란 다음 각 호의 경우를 말한다. 〈개정 2024. 2. 27.〉

1. 피해학생이 반대의사를 표명하는 경우

2. 가해자 또는 피해학생이 「학교안전사고 예방 및 보상에 관한 법률」 제2조제4호에 따른 교육활동 중이 아닌 경우

3. 법 제17조제5항 전단 및 같은 조 제6항 전단에 따른 조치로 이미 가해자

와 피해학생이 분리된 경우

[본조신설 2021. 6. 22.]

제18조(피해학생의 지원범위 등) ① 법 제16조제6항 단서에 따른 학교안전공제회 또
는 시·도교육청이 부담하는 피해학생의 지원범위는 다음 각 호와 같다. 〈개
정 2021. 6. 22.〉

1. 교육감이 정한 전문심리상담기관에서 심리상담 및 조언을 받는 데 드는
비용

2. 교육감이 정한 기관에서 일시보호를 받는 데 드는 비용

3. 「의료법」에 따라 개설된 의료기관, 「지역보건법」에 따라 설치된 보건소·보
건의료원 및 보건지소, 「농어촌 등 보건의료를 위한 특별조치법」에 따라 설
치된 보건진료소, 「약사법」에 따라 등록된 약국 및 같은 법 제91조에 따라
설립된 한국희귀·필수의약품센터에서 치료 및 치료를 위한 요양을 받거나
의약품을 공급받는 데 드는 비용

② 제1항의 비용을 지원 받으려는 피해학생 및 보호자가 학교안전공제회 또
는 시·도교육청에 비용을 청구하는 절차와 학교안전공제회 또는 시·도교육
청이 비용을 지급하는 절차는 「학교안전사고 예방 및 보상에 관한 법률」 제
41조를 준용한다.

③ 학교안전공제회 또는 시·도교육청이 법 제16조제6항에 따라 가해학생의
보호자에게 상환청구를 하는 범위는 제2항에 따라 피해학생에게 지급하는
모든 비용으로 한다. 〈개정 2021. 9. 29.〉

제18조의2(피해학생 지원 조력인의 지정·운영) ① 교육감 또는 교육장은 법 제16조의
3에 따라 다음 각 호의 요건을 모두 갖춘 사람으로서 청소년 보호 및 정서 지
원에 대한 지식과 경험이 풍부한 사람을 피해학생이 필요로 하는 법률, 상담,
보호 등을 위한 서비스 및 지원기관을 연계하는 조력인(이하 "피해학생 지원 조력
인"이라 한다)으로 지정할 수 있다.

1. 다음 각 목의 어느 하나에 해당하는 사람일 것

가. 「사회복지사업법」 제11조에 따른 사회복지사

나. 교원으로 재직하고 있거나 재직했던 사람

다. 경찰공무원으로 재직하고 있거나 재직했던 사람

라. 그 밖에 청소년 보호 및 정서 지원 등에 대한 지식과 경험이 풍부하다고 교육감 또는 교육장이 인정하는 사람

2. 다음 각 목에 해당하지 않는 사람일 것

가. 「국가공무원법」 제33조 각 호의 어느 하나에 해당하는 사람

나. 「아동·청소년의 성보호에 관한 법률」에 따른 아동·청소년대상 성범죄 또는 「성폭력범죄의 처벌 등에 관한 특례법」에 따른 성폭력범죄를 저질러 벌금형을 선고받고 그 형이 확정된 날부터 10년이 지나지 않았거나, 금고 이상의 형이나 치료감호를 선고받고 그 집행이 끝나거나 집행이 유예·면제된 날부터 10년이 지나지 않은 사람

다. 「청소년 보호법」 제2조제5호가목3) 및 같은 목 7)부터 9)까지의 청소년 출입·고용금지업소의 업주나 종사자

② 피해학생 지원 조력인이 되려는 사람은 교육감 또는 교육장에게 제1항제2호 각 목에 해당하지 않는다는 확인서를 제출해야 한다.

③ 교육감 또는 교육장은 제1항에 따라 피해학생 지원 조력인으로 지정된 사람이 다음 각 호의 어느 하나에 해당하는 경우에는 그 지정을 철회할 수 있다.

1. 심신쇠약으로 인하여 직무를 수행할 수 없게 된 경우

2. 직무와 관련된 비위사실이 있는 경우

3. 직무태만, 품위손상이나 그 밖의 사유로 인하여 피해학생 지원 조력인으로 적합하지 않다고 인정되는 경우

4. 피해학생 지원 조력인 스스로 직무를 수행하는 것이 곤란하다고 의사를 밝히는 경우

5. 제1항제2호 각 목의 어느 하나에 해당하는 사실이 밝혀진 경우

④ 제1항부터 제3항까지에서 규정한 사항 외에 피해학생 지원 조력인의 운영 등에 필요한 사항은 교육감 또는 교육장이 정한다.

[본조신설 2024. 2. 27.]

제18조의3(사이버폭력 피해학생의 지원 내용 및 방법 등) ① 교육부장관은 법 제16조의4제1항에 따라 사이버폭력에 해당하는 촬영물, 음성물, 복제물, 편집물, 개인정보, 허위사실 등(이하 이 조에서 "촬영물등"이라 한다)의 유포로 피해를 입은 학생에 대하여 다음 각 호의 지원을 할 수 있다.

1. 촬영물등 삭제가 필요한 피해 등에 관한 상담

2. 촬영물등 유포로 인한 피해 정보의 수집

3. 촬영물등 삭제 여부에 대한 확인·점검

4. 그 밖에 촬영물등 삭제지원과 관련하여 교육부장관이 필요하다고 인정하는 사항

② 제1항에 따른 피해학생, 그 보호자 또는 피해학생이나 그 보호자가 지정하는 대리인(이하 이 조에서 "삭제지원요청자"라 한다)은 다음 각 호의 서류를 갖추어 교육부장관에게 제1항 각 호의 지원을 요청할 수 있다.

1. 삭제지원요청자의 신분을 증명하는 서류

2. 피해학생과의 관계를 증명하는 서류(삭제지원요청자가 피해학생의 보호자이거나 그 보호자가 지정하는 대리인인 경우만 해당한다)

3. 피해학생이나 그 보호자가 자필 서명한 위임장 및 피해학생의 신분을 증명하는 서류 사본(삭제지원요청자가 피해학생이나 보호자가 지정하는 대리인인 경우만 해당한다)

③ 교육부장관은 제1항 각 호의 지원과 관련하여 중앙행정기관 등 관계 기관이나 단체에 필요한 협조를 요청할 수 있다.

④ 교육부장관은 법 제16조의4제4항에 따라 상환청구권을 행사하려는 경우에는 사이버폭력의 가해학생 또는 그 보호자에게 청구금액의 산출근거 등을 명시하여 이를 납부할 것을 서면으로 통지해야 한다. 이 경우 납부기한

은 통지일부터 60일 이내로 한다.

[본조신설 2024. 2. 27.]

제19조(가해학생에 대한 조치별 적용 기준) 법 제17조제1항의 조치별 적용 기준은 다음 각 호의 사항을 고려하여 결정하고, 그 세부적인 기준은 교육부장관이 정하여 고시한다. 〈개정 2013. 3. 23.〉

1. 가해학생이 행사한 학교폭력의 심각성·지속성·고의성

2. 가해학생의 반성 정도

3. 해당 조치로 인한 가해학생의 선도 가능성

4. 가해학생 및 보호자와 피해학생 및 보호자 간의 화해의 정도

5. 피해학생이 장애학생인지 여부

제20조(가해학생에 대한 전학 조치) ① 교육장은 심의위원회가 법 제17조제1항에 따라 가해학생에 대한 전학 조치를 요청하는 경우에는 그 사실을 해당 학생이 소속된 학교의 장에게 통보해야 한다. 이 경우 해당 통보를 받은 학교의 장은 교육감 또는 교육장에게 해당 학생이 전학할 학교의 배정을 지체 없이 요청해야 한다. 〈개정 2020. 2. 25.〉

② 교육감 또는 교육장은 가해학생이 전학할 학교를 배정할 때 피해학생의 보호에 충분한 거리 등을 고려하여야 하며, 관할구역 외의 학교를 배정하려는 경우에는 해당 교육감 또는 교육장에게 이를 통보하여야 한다.

③ 제2항에 따른 통보를 받은 교육감 또는 교육장은 해당 가해학생이 전학할 학교를 배정하여야 한다.

④ 교육감 또는 교육장은 제2항과 제3항에 따라 전학 조치된 가해학생과 피해학생이 상급학교에 진학할 때에는 각각 다른 학교를 배정하여야 한다. 이 경우 피해학생이 입학할 학교를 우선적으로 배정한다.

제21조(가해학생에 대한 우선 출석정지 등) ① 법 제17조제5항 전단 및 같은 조 제6항 전단에 따라 학교의 장이 출석정지 또는 학급교체 조치를 할 수 있는 경우는 다음 각 호와 같다. 〈개정 2024. 2. 27.〉

1. 2명 이상의 학생이 고의적·지속적으로 폭력을 행사한 경우

2. 학교폭력을 행사하여 전치 2주 이상의 상해를 입힌 경우

3. 학교폭력에 대한 신고, 진술, 자료제공 등에 대한 보복을 목적으로 폭력을 행사한 경우

4. 학교의 장이 피해학생을 가해학생으로부터 긴급하게 보호할 필요가 있다고 판단하는 경우

5. 피해학생 및 그 보호자가 가해학생과의 분리를 요청하는 경우

② 학교의 장은 제1항에 따라 출석정지 또는 학급교체 조치를 하려는 경우에는 해당 학생 또는 보호자의 의견을 들어야 한다. 다만, 학교의 장이 해당 학생 또는 보호자의 의견을 들으려 하였으나 이에 따르지 아니한 경우에는 그러하지 아니하다. 〈개정 2024. 2. 27.〉

제22조(가해학생의 조치 거부·기피에 대한 추가 조치) ① 심의위원회는 법 제17조제1항제2호부터 제9호까지의 조치를 받은 학생이 해당 조치를 거부하거나 기피하는 경우에는 법 제17조제15항에 따라 교육장으로부터 그 사실을 통보받은 날부터 7일 이내에 추가로 다른 조치를 할 것을 교육장에게 요청할 수 있다. 〈개정 2020. 2. 25., 2024. 2. 27.〉

② 교육감이 법 제17조제16항에 따라 교육장 또는 학교의 장을 조사해야 하는 경우는 다음 각 호와 같다. 이 경우 서면으로 조사하는 것을 원칙으로 하되, 필요한 경우에는 대면으로 조사할 수 있다. 〈신설 2024. 2. 27.〉

1. 법 제17조제1항에 따라 심의위원회가 교육장에게 조치를 요청했으나 같은 조 제9항에 따라 교육장이 14일 이내에 해당 조치를 하지 않은 경우

2. 법 제17조제4항부터 제6항까지의 규정에 따라 학교의 장이 조치를 했으나 가해학생이 이를 거부하거나 회피한 경우로서 같은 조 제10항에 따라 학교의 장이 징계하지 않은 경우

3. 법 제17조제15항에 따라 심의위원회가 교육장에게 추가로 다른 조치를 할 것을 요청했으나 교육장이 이를 지연하거나 이행하지 않은 경우

제23조(퇴학학생의 재입학 등) ① 교육감은 법 제17조제1항제9호에 따라 퇴학 처분을 받은 학생에 대하여 법 제17조제17항에 따라 해당 학생의 선도의 정도, 교육 가능성 등을 종합적으로 고려하여 「초·중등교육법」 제60조의3에 따른 대안학교로의 입학 등 해당 학생의 건전한 성장에 적합한 대책을 마련하여야 한다. 〈개정 2024. 2. 27.〉

② 제1항에서 규정한 사항 외에 가해학생에 대한 조치 및 재입학 등에 필요한 세부사항은 교육감이 정한다.

제24조(피해학생 진술권 보장) ① 행정심판위원회가 법 제17조의4제1항 단서에 따라 의견청취를 하지 않을 수 있는 경우는 다음 각 호와 같다.

1. 피해학생 또는 그 보호자가 의견진술의 기회를 포기한다는 뜻을 명백히 표시한 경우

2. 피해학생 또는 그 보호자가 이미 해당 사건에 관하여 충분히 의견을 진술하여 다시 진술할 필요가 없다고 인정되는 경우

3. 그 밖에 행정심판위원회가 피해학생 또는 그 보호자의 의견청취가 현저히 곤란하다고 인정하는 경우

② 행정심판위원회는 법 제17조의4제1항 본문에 따라 피해학생 또는 그 보호자의 의견을 청취하는 경우에는 피해의 정도 및 결과, 가해학생에 대한 조치에 관한 의견, 그 밖에 해당 사건에 관한 의견을 진술할 기회를 주어야 한다.

③ 행정심판위원회는 피해학생 또는 그 보호자가 가해학생 또는 그 보호자를 대면하여 진술할 경우 충분히 진술할 수 없다고 인정하는 경우에는 가해학생 또는 그 보호자를 퇴장하게 한 후 진술하게 하거나 피해학생 또는 그 보호자에게 서면으로 의견을 제출하게 할 수 있다.

[본조신설 2024. 2. 27.]

제25조(분쟁조정의 신청) 피해학생, 가해학생 또는 그 보호자(이하 "분쟁당사자"라 한다) 중 어느 한쪽은 법 제18조에 따라 해당 분쟁사건에 대한 조정권한이 있는 심의위원회 또는 교육감에게 다음 각 호의 사항을 적은 문서로 분쟁조정을

신청할 수 있다. 〈개정 2020. 2. 25.〉

1. 분쟁조정 신청인의 성명 및 주소

2. 보호자의 성명 및 주소

3. 분쟁조정 신청의 사유

제26조(심의위원회 위원의 제척·기피 및 회피) ① 심의위원회의 위원은 법 제16조, 제17조 및 제18조에 따라 피해학생과 가해학생에 대한 조치를 요청하는 경우와 분쟁을 조정하는 경우 다음 각 호의 어느 하나에 해당하면 해당 사건에서 제척된다. 〈개정 2020. 2. 25.〉

1. 위원이나 그 배우자 또는 그 배우자였던 사람이 해당 사건의 피해학생 또는 가해학생의 보호자인 경우 또는 보호자였던 경우

2. 위원이 해당 사건의 피해학생 또는 가해학생과 친족이거나 친족이었던 경우

3. 그 밖에 위원이 해당 사건의 피해학생 또는 가해학생과 친분이 있거나 관련이 있다고 인정하는 경우

② 학교폭력과 관련하여 심의위원회를 개최하는 경우 또는 분쟁이 발생한 경우 심의위원회의 위원에게 공정한 심의를 기대하기 어려운 사정이 있다고 인정할 만한 상당한 사유가 있을 때에는 분쟁당사자는 심의위원회에 그 사실을 서면으로 소명하고 기피신청을 할 수 있다. 〈개정 2020. 2. 25.〉

③ 심의위원회는 제2항에 따른 기피신청을 받으면 의결로써 해당 위원의 기피 여부를 결정해야 한다. 이 경우 기피신청 대상이 된 위원은 그 의결에 참여하지 못한다. 〈개정 2020. 2. 25.〉

④ 심의위원회의 위원이 제1항 또는 제2항의 사유에 해당하는 경우에는 스스로 해당 사건을 회피할 수 있다. 〈개정 2020. 2. 25.〉

[제목개정 2020. 2. 25.]

제27조(분쟁조정의 개시) ① 심의위원회 또는 교육감은 제25조에 따라 분쟁조정의 신청을 받으면 그 신청을 받은 날부터 5일 이내에 분쟁조정을 시작해야 한다. 〈개정 2020. 2. 25.〉

② 심의위원회 또는 교육감은 분쟁당사자에게 분쟁조정의 일시 및 장소를 통보해야 한다. 〈개정 2020. 2. 25.〉

③ 제2항에 따라 통지를 받은 분쟁당사자 중 어느 한 쪽이 불가피한 사유로 출석할 수 없는 경우에는 심의위원회 또는 교육감에게 분쟁조정의 연기를 요청할 수 있다. 이 경우 심의위원회 또는 교육감은 분쟁조정의 기일을 다시 정해야 한다. 〈개정 2020. 2. 25.〉

④ 심의위원회 또는 교육감은 심의위원회 위원 또는 지역위원회 위원 중에서 분쟁조정 담당자를 지정하거나, 외부 전문기관에 분쟁과 관련한 사항에 대한 자문 등을 할 수 있다. 〈개정 2020. 2. 25.〉

제28조(분쟁조정의 거부·중지 및 종료) ① 심의위원회 또는 교육감은 다음 각 호의 어느 하나에 해당하는 사유가 발생한 경우에는 분쟁조정의 개시를 거부하거나 분쟁조정을 중지할 수 있다. 〈개정 2020. 2. 25.〉

1. 분쟁당사자 중 어느 한쪽이 분쟁조정을 거부한 경우

2. 피해학생 등이 관련된 학교폭력에 대하여 가해학생을 고소·고발하거나 민사상 소송을 제기한 경우

3. 분쟁조정의 신청내용이 거짓임이 명백하거나 정당한 이유가 없다고 인정되는 경우

② 심의위원회 또는 교육감은 다음 각 호의 어느 하나에 해당하는 사유가 발생한 경우에는 분쟁조정을 끝내야 한다. 〈개정 2020. 2. 25.〉

1. 분쟁당사자 간에 합의가 이루어지거나 심의위원회 또는 교육감이 제시한 조정안을 분쟁당사자가 수락하는 등 분쟁조정이 성립한 경우

2. 분쟁조정 개시일부터 1개월이 지나도록 분쟁조정이 성립하지 아니한 경우

③ 심의위원회 또는 교육감은 제1항에 따라 분쟁조정의 개시를 거부하거나 분쟁조정을 중지한 경우 또는 제2항제2호에 따라 분쟁조정을 끝낸 경우에는 그 사유를 분쟁당사자에게 각각 통보해야 한다. 〈개정 2020. 2. 25.〉

제29조(분쟁조정의 결과 처리) ① 심의위원회 또는 교육감은 분쟁조정이 성립하면

다음 각 호의 사항을 적은 합의서를 작성하여 분쟁당사자와 피해학생 및 가해학생이 소속된 학교의 장에게 각각 통보해야 한다. 〈개정 2020. 2. 25.〉

1. 분쟁당사자의 주소와 성명

2. 조정 대상 분쟁의 내용

가. 분쟁의 경위

나. 조정의 쟁점(분쟁당사자의 의견을 포함한다)

3. 조정의 결과

② 제1항에 따른 합의서에는 심의위원회가 조정한 경우에는 분쟁당사자와 조정에 참가한 위원이, 교육감이 조정한 경우에는 분쟁당사자와 교육감이 각각 서명날인해야 한다. 〈개정 2020. 2. 25.〉

③ 심의위원회의 위원장은 분쟁조정의 결과를 교육감에게 보고해야 한다. 〈개정 2020. 2. 25.〉

제30조(긴급전화의 설치·운영) 법 제20조의2에 따른 긴급전화는 경찰청장과 시·도경찰청장이 운영하는 학교폭력 관련 기구에 설치한다. 〈개정 2020. 12. 31.〉

제31조(정보통신망의 이용 등) 법 제20조의4제3항에 따라 국가·지방자치단체 또는 교육감은 정보통신망을 이용한 학교폭력 예방 업무를 다음 각 호의 기관 및 단체에 위탁할 수 있다.

1. 「한국교육학술정보원법」에 따라 설립된 한국교육학술정보원

2. 공공기관의 위탁을 받아 정보통신망을 이용하여 교육사업을 수행한 실적이 있는 기업

3. 학교폭력 예방에 관한 사업을 3년 이상 수행한 기관 또는 단체

제31조의2(학교전담경찰관의 운영) ① 경찰청장은 법 제20조의6제1항에 따라 학교전담경찰관을 둘 경우에는 학생 상담 관련 학위나 자격증 소지 여부, 학생 지도 경력 등 학교폭력 업무 수행에 필요한 전문성을 고려해야 한다. 〈개정 2024. 2. 27.〉

② 학교전담경찰관은 다음 각 호의 업무를 수행한다.

1. 학교폭력 예방활동

2. 피해학생 보호 및 가해학생 선도

3. 학교폭력 단체에 대한 정보 수집

4. 학교폭력 단체의 결성예방 및 해체

5. 그 밖에 경찰청장이 교육부장관과 협의해 학교폭력 예방 및 근절 등을 위해 필요하다고 인정하는 업무

③ 학교전담경찰관이 소속된 경찰관서의 장과 학교의 장은 학교폭력 예방 및 근절을 위해 상호 협력해야 한다.

[본조신설 2018. 12. 31.]

제32조(고정형 영상정보처리기기의 통합 관제) 법 제20조의7제1항에 따라 고정형 영상정보처리기기를 통합하여 관제하려는 국가 및 지방자치단체는 다음 각 호의 절차를 거쳐 관계 전문가와 이해관계인의 의견을 수렴하여야 한다. 〈개정 2018. 12. 31., 2023. 9. 12.〉

1. 「행정절차법」에 따른 행정예고의 실시 또는 의견 청취

2. 학교운영위원회의 심의

[제목개정 2023. 9. 12.]

제33조(비밀의 범위) 법 제21조제1항에 따른 비밀의 범위는 다음 각 호와 같다.

1. 학교폭력 피해학생과 가해학생 개인 및 가족의 성명, 주민등록번호 및 주소 등 개인정보에 관한 사항

2. 학교폭력 피해학생과 가해학생에 대한 심의·의결과 관련된 개인별 발언 내용

3. 그 밖에 외부로 누설될 경우 분쟁당사자 간에 논란을 일으킬 우려가 있음이 명백한 사항

제33조의2(고유식별정보의 처리) ① 국가·지방자치단체 또는 학교의 장은 다음 각 호의 사무를 수행하기 위하여 불가피한 경우 「개인정보 보호법 시행령」 제19조에 따른 주민등록번호 또는 외국인등록번호가 포함된 자료를 처리할 수 있다.

1. 법 제20조의5제2항에 따른 학생보호인력의 결격사유 유무 확인에 관한 사무

2. 법 제20조의5제5항에 따른 학생보호인력의 범죄경력조회에 관한 사무

② 법 제20조의5제3항에 따라 학생보호인력의 배치 및 활용 업무를 위탁받은 전문기관 또는 단체는 다음 각 호의 사무를 수행하기 위하여 불가피한 경우 「개인정보 보호법 시행령」 제19조에 따른 주민등록번호 또는 외국인등록번호가 포함된 자료를 처리할 수 있다.

1. 법 제20조의5제2항에 따른 학생보호인력의 결격사유 유무 확인에 관한 사무

2. 법 제20조의5제6항에 따른 학생보호인력의 범죄경력조회 신청에 관한 사무

[본조신설 2017. 6. 20.]

제34조 삭제 〈2021. 3. 2.〉

제35조(과태료의 부과기준) 법 제23조제1항에 따른 과태료의 부과기준은 별표와 같다.

[본조신설 2018. 12. 31.]

부칙 〈제34233호, 2024. 2. 27.〉

제1조(시행일) 이 영은 2024년 3월 1일부터 시행한다.

제2조(심의위원회의 구성에 관한 경과조치) 이 영 시행 당시 종전의 제14조제1항에 따라 구성된 심의위원회는 제14조제1항 각 호 외의 부분 단서 및 같은 항 제5호의2의 개정규정에 따른 기준에 적합하게 구성된 것으로 본다. 다만, 이 영 시행 이후 심의위원회의 위원을 임명하거나 위촉하는 경우 제14조제1항 각 호 외의 부분 단서 및 같은 항 제5호의2의 개정규정에 따른 기준을 충족할 때까지 제14조제1항제5호의2의 개정규정에 해당하는 위원을 위촉해야 한다.

한 권에 담은 학교폭력의 바이블